rororo

rororo

Zu diesem Buch:

Der Herzschlag, das Pulsieren von Hormonen und das bisweilen ekstatische Feuern der Nerven im Gehirn: Viele Vorgänge im menschlichen Körper sind nicht nur ausgeprägt rhythmisch – sie haben auch ihre eigene Musikalität. Ist es möglich, dass Krankheiten wie Herzflimmern, Osteoporose oder Parkinsonismus, bei denen die verwobenen Rhythmen gestört sind, tatsächlich «musikalische Probleme» sind, wie Novalis einst behauptete?

Dieses Buch versucht, die komplexen Rhythmen des Körpers zu verstehen. Es vergleicht die Dynamik der Hormone mit den Improvisationen im Free Jazz, es erklärt die Arbeit des Gehirns mit den launischen und sprunghaften Gedichten des schizophrenen Alexander und demonstriert, wie sich ein epileptischer Anfall auf dem Klavier anhört.

Gemeinsam mit Sven Sahle gibt Gerold Baier auf der beiliegenden Audio-CD Beispiele für die Musikalität der Rhythmen, die unserer Biologie zu eigen sind. Am Ende zeigt sich: Das «Bum-budi-bum», das Auf und Ab, das Hin und Her von Pulsen, Takten, Tropfen und Wellen gehört nicht nur zum Leben, es ist das Leben selbst.

Gerold Baier, geboren 1959, ist Professor für Nichtlineare Dynamik an der Universität von Morelos in Cuarnavaca, Mexiko (baier@servm.uaem.mx). Er veröffentlichte zahlreiche Publikationen zu den Themen Musterbildung, Chaos, selbst organisierte biochemische Reaktionen. Seine aktuellen Arbeitsgebiete sind die Dynamik der Epilepsie und die physiologischen Grundlagen der Musik.

Gerold Baier

Rhythmus

Tanz in Körper und Gehirn

Mit einer CD von
Sven Sahle und Gerold Baier

Rowohlt Taschenbuch Verlag

rororo science
Lektorat Angelika Mette

Veröffentlicht im Rowohlt Taschenbuch Verlag GmbH,
Reinbek bei Hamburg, November 2001

Fachliche Beratung Eva Ruhnau,
Humanwissenschaftliches Zentrum,
Ludwig-Maximilians-Universität München
Redaktion Imke Hoffmann
Umschlaggestaltung any.way, Barbara Hanke
(Foto: Tony Stone Images)
Satz Minion und DeadHistory PostScript
QuarkXPress 4.1
Gesamtherstellung Clausen & Bosse, Leck
Printed in Germany
ISBN 3 499 60822 7

Die Schreibweise entspricht den Regeln
der neuen Rechtschreibung.

Inhalt

Ein Vorschlag 9

Übersicht 13

Herz 15

Der Herzschlag – ein rhythmisches Problem 15

Vertonte Herzrhythmen 19

Definition: Die innere Logik des Rhythmus 19

Die Erregung des Herzmuskels 24

Eine einzelne Herzzelle 26

Tanz 28

Die Selbsterregung einer Zelle des Herzens 31

Muskelpumpen 34

Die natürliche Variabilität des Herzschlags 37

Bum-budi Bum-budi Bu-bu-bum 43

Das Elektrokardiogramm 44

Extrasystolen – die Abweichung vom Grundrhythmus 45

Weniger ist nicht immer besser – die CAST-Studie 50

Rhythmische Experimente 56

Ein rhythmisches Experiment 56

Ein klassisches Weltbild: Descartes' Zweifel 62

Ein klassisches Weltbild: Newtons Idee 64

Tropfen und Feuern sind verwandt 69

Ein chaotischer Rhythmusgenerator 74
Mehr Chaos im tropfenden Wasser 79
Die Nacht der tanzenden Tropfen 83

Hormone 85
Die Schübe des Wachstumshormons 85
Die Messung von Hormonen 91
Dynamische Rückkopplungen 92
Die Ursache der Schübe 95
Rhythmische Hormone 98
Hormonjam 100

Gesunde Rhythmen 104
Das Parathormon 104
Rhythmische Krankheiten 108
Ein rhythmischer Code? 109
Das Hustenduett 111
Dynamische Gesundheit 112

Oszillierende Biochemie 115
Unsichtbare Ursachen 115
Lotkas Modell und die Konferenz in Prag 117
Ein Prototyp 120
Und «in vivo»? 124
Die Botschaften des Kalziums 125

Interaktionen 131
Räuber und Beute 131
Rhythmus und Homöostase 138

Ohr 144
Rhythmen hören 144
Schnittstelle Innenohr 148
Rhythmische Etüden einer Nervenzelle 154

Im Fünfachteltakt 160
Die Evolution des rhythmischen Gehörs 161
Eine hörende Wissenschaft 164

Bewegung 168
Bewegung im Choral 168
Die Wirkung der Bewegung ist ihre Ursache 171
Befriedigende Selbsterregung 175
Die Wahl des Willens 176
Bewegung im Mutterleib 178
Mit den Muskeln denken? 179
Schaukeln 181
Rhythmus und Arbeit 182

Gehirn 186
Musik und Gehirn 186
Zufällige und zuverlässige Erregungen 188
Vorübergehende Synchronisation 191
Was ist Divergenz? 194
Das hörende Gehirn 199
Eine zufällige und spontane Musik? 203

Improvisationen 205
Alexanders Gedichte 205
Wortcluster 211
Die Pfade der Erregungen 215
Kollektive Improvisationen mit eigenen Themen 219

Musikalisches Feedback 226
Rhythmische Attacke auf den Körper 226
Der Rhythmus des kleinen Übels 228
Dizzards Koma 234
Migräne 239
Selbstregulation ist erlernbar 240

Pension Isabel 244
Krankheit und Musik 249

Ein Nachschlag 254

Dank 257

Verzeichnis der Abbildungen 259

Literatur 261

Register 262

Ein Vorschlag

Das Manuskript ist praktisch im Kasten. Die Gedanken kehren zum Anfang zurück. Als ich vor etwa drei Jahren begann, die ersten Sätze für diesen Text zu schreiben, hatte ich nur die vage Idee, dass er neben vielen Anläufen zum zentralen Thema – dem rhythmischen Geschehen im menschlichen Körper – auch ein Kapitel über «Musik» enthalten sollte. Dieses Kapitel fehlt. Doch die Musik ist in gewisser Weise geblieben.

Fernsehen. Kanal 18. MTV. Vierundzwanzig Stunden lang Rhythmus. Die zehn meistgewünschten Titel der Woche. Verschwitzte Gesichter. Schnitt. Stampfende Stiefelspitzen. Schnitt. Grelle Blitze auf das wogende Publikum. Im Scheinwerfer: Jünglinge in Jeans, die unermüdlich in die Luft springen. Mädchen in glänzenden Lederhosen, die ihre Köpfe mit den langen Haaren ekstatisch durch die Luft kreisen. Schnitt-Schnitt-Schnitt. Refrains wie «I Believe In Love» und «Don't Stop DJ», die danach lechzen, wiederholt zu werden, auch wenn der Titel schon verklungen ist. Ist das der Rhythmus?

Und: Was lässt sich darüber schreiben? Eine geschriebene Antwort scheint fehl am Platze. Was stellt sich ein Leser vor, der «Schnitt-Schnitt-Schnitt» liest? Besser, man ließe sich die Musik noch einmal auflegen, stiege selbst auf die Bühne und tanzte ausgiebig mit. Das füllt kein einziges Blatt Papier und ist doch mehr als alle Worte. Hier klafft eine unüberbrückbare Kluft zwischen dem Spektakel dort hinter dem Bildschirm und den Sätzen, die mir hier am Schreibtisch dazu einfallen. Aber die Kluft darf nicht das Problem sein. Es ist nicht Aufgabe des Wissenschaftlers, vor einer Videokamera zu springen und zu singen, damit das Publikum sich daran ergötze. Nein, *dort* ist das Phänomen, das Experiment, und *hier* macht er seine Beobachtungen und schreibt sie nieder. Genau das ist der Ansatz, damit es nicht bei der persönlichen einmaligen Erfahrung bleibt. Damit ein Phänomen durch die Beschreibung später *wieder erkannt* werden kann, wenn es sich wiederholt. Damit es auch dann wieder erkannt wird, wenn es versteckt, maskiert oder verwandelt ist.

Es ist Abend. In den Bäumen zirpen die Zikaden schrill über die Gärten hinweg. Ein Gecko schnalzt einige Male und verstummt. Auf der Hauptstraße rauschen noch immer Autos vorüber. Eine Frau diskutiert mit meinem Nachbarn, und es ist, als würden sie sich gegenseitig kleine Sprechstücke zuwerfen. Vorhin im Supermarkt war mir die Kassiererin aufgefallen, die, weil keine Kundschaft bei ihr anstand, einige Spitzen ihrer langen Haare wie zu einem Pinsel zusammengefasst hatte und sich damit immer wieder über die Lippen strich, abwechselnd von links nach rechts und von rechts nach links. Rhythmus. Auch das Wackeln meiner Finger mit dem Bleistift beim Schreiben hat etwas davon. Aber ich bemerke es erst, seit ich versucht habe, das Tropfen von Wasser mit genau diesen drei Fingern nachzutrommeln. All das hat mit Rhythmus zu tun. Auch wenn es nicht Gegenstand intensiver wissenschaftlicher Forschung ist – im Gegensatz zum Herzschlag, zur Ausschüttung von Hormonen, zu den Gehirnwellen, den Themen, denen ich zentrale Kapitel des Buches widme.

Und die Musikwissenschaft? Im dtv-Atlas zur Musik ist im Sachregister zum Stichwort «Rhythmus» nur genau eine Seitenangabe vermerkt, die Seite 67. Dort steht dann auch tatsächlich das Wort *Rhythmus*. Genau einmal. Der Satz, in den es eingebettet ist, lautet: «Als Grundschlag für den Rhythmus und als Zählzeit für das Metrum gilt normalerweise die Viertelnote.» Punkt. Eine dürftige Ausbeute in einem Buch, das die Essenz der abendländischen Musikgeschichte zusammenzufassen versucht. Dabei soll der Rhythmus nach landläufiger Meinung ein tragender Bestandteil *aller* Musik sein.

Hans Seidels ausführlichere Abhandlung mit dem Titel «Rhythmus – eine Begriffsbestimmung» beginnt mit dem Resümee, dass die Frage nach dem musikalischen Rhythmus nicht schlüssig zu beantworten sei. Insbesondere im zwanzigsten Jahrhundert sei die Rhythmik in eine «Krise» geraten. Unbefriedigend, nicht wahr? Aber nach der Lektüre des Buches konnte ich dieser These nicht widersprechen. Sie bestärkte mich darin, den Rhythmus außerhalb der Musikwissenschaft zu suchen.

In den experimentellen Naturwissenschaften und in der Medizin gibt es so gut wie keine Disziplin, die den Rhythmus explizit in den Mittelpunkt stellt. Was aber nicht heißt, dass das Wort Rhythmus nicht benutzt wird. Es kommt sogar sehr häufig vor, als Synonym für «periodisches Ereignis» beispielsweise. Dies erinnert an die Gleichsetzung des musikalischen Rhythmus mit dem Ticken des Metronoms: Es ist, als ginge entweder etwas Wesentliches verloren, oder aber es unterstellt stillschweigend, dass mit «Rhythmus» selbstverständlich *mehr* ausgedrückt ist als das, was da zu hören ist. Zum anderen steht der Begriff als vager Oberbegriff für praktisch jede Form von «Strukturierung». In dieser Form gleicht er der «Komplexität», ein Begriff, der ebenso als Stellvertreter für eine Vielzahl schwer definierbarer Phänomene herhalten muss, in diesem Gebrauch aber eine echte Erklärung schuldig bleibt. Dies wird in Kauf genommen, weil er ein intuitives Vorverständnis anspricht.

Ein Handicap für die naturwissenschaftliche Forschung ist, dass Rhythmus in populärer Lesart eine subjektive Komponente hat und damit zwangsläufig auf methodisches Glatteis führt. Das «Gefühl» für Rhythmus lässt sich literarisch ausdrücken, in Metaphern und Vergleichen, aber dem Gefühl fehlt ein streng definierbares, differenziertes Vokabular, besonders wenn «komplexe» Phänomene zur Beschreibung anstehen. Das Subjektive, das Intuitive beschwört geradezu den Verdacht herauf, dass ein Gegenstand unwissenschaftlich sei: es ist nicht messbar, lässt sich nicht verallgemeinern, nicht durch Experimente prüfen. Dabei kann man die elementarste Form des Rhythmus, die wir subjektiv und unmittelbar erleben und in der wir unser Gefühl für Rhythmus ausdrücken können, sehr wohl messen, analysieren und mit Experimenten sichtbar machen: die Bewegung – das Zusammenziehen und Strecken von Muskeln.

Eine Wissenschaft von zuckenden Muskeln also? Das reicht noch nicht, denn es fehlt ein wichtiges Bindeglied zwischen dem Erleben eines Tanzes (oder auch des Nasebohrens) und den Potenzialen von Elektroden, die in einen der beteiligten Muskeln gestochen werden. Wodurch nehmen wir den Rhythmus auch in beliebigen wissenschaftlichen Messungen *wahr*? Was vereint die Muskelbewegung mit allen anderen messbaren rhythmischen Vorgängen, sei es dem Herzschlag oder einem epileptischen Anfall? Die Antwort: Es ist das *Musikalische.*

Musik aber erschließt sich weder in Zahlen noch in Formeln, auch nicht in Diagrammen oder Bildern. Musik erreicht den Blinden, aber nicht den Tauben. Sie erschließt sich über das Ohr. Die These dieses Buches ist: Eine Wissenschaft, die den Rhythmus zu ihrem Thema macht und ihn in der Bewegung der Füße beim Tanzen, aber eben auch bei Problemen mit dem Herzschlag und in der Aktivität des Gehirns beim Kreisen der Gedanken entdecken will, darf sich dem Musikalischen nicht verschließen. Sie muss sich ihm öffnen. Und das heißt: Sie muss zuhören, hinhören, mithören. Oder vielmehr: Sie muss *das Hören* lernen.

Übersicht

Dass der Herzschlag unter der Führung eines Schrittmachers entsteht und wie er unter der Konkurrenz mehrerer Schrittmacher so stark behindert werden kann, dass er versagt, beschreibt das Kapitel «Herz». Der Dynamik des tropfenden Wasserhahns und eines Nervs in einem Tintenfisch widmet sich das Kapitel «Rhythmische Experimente», in dem auch der Ansatz einer fachübergreifenden Erklärung der Phänomene besprochen wird. Das folgende Kapitel findet Indizien für ein körperdurchflutendes rhythmisches Kommunikationsnetz im System der «Hormone». «Gesunde Rhythmen» stellt fest, dass bei manchen Krankheiten des Menschen zwar keine organischen Schäden vorliegen, dass die Körperrhythmen aber auffällig verändert sind. Wie molekulare Reaktionen zu sichtbaren Farbwechseln führen können und welche Rolle dies bei der Befruchtung einer Eizelle spielt, untersucht das Kapitel «Oszillierende Biochemie». Bereits in den zwanziger Jahren des vergangenen Jahrhunderts wurde vermutet, dass Tierpopulationen in Ökosystemen spontanen Schwankungen unterliegen können. Im Kapitel «Interaktionen» wird an einem Beispiel gezeigt, dass eine dynamische Sicht von zeitlichen Ereignissen in jenen Jahren im Ansatz vorhanden war, sich aber nicht durchsetzen konnte.

Das Kapitel «Ohr» argumentiert, dass sich Rhythmus als musikalisches Phänomen nicht nur dem Auge, sondern vor allem auch dem Ohr erschließt, und plädiert für eine Erweiterung der Wissenschaften um die Dimension des Hörens. Im Kapitel über die «Bewegung» wird die Ansicht, dass die Gehirnaktivität die Ursache der Bewegungen des Körpers ist, um den Zusatz ergänzt, dass rhythmische Bewegungen ihrerseits auch eine der Ursachen von Gehirnaktivität und damit des Denkens sind. Das Kapitel «Gehirn» stellt einige wichtige Eigenschaften der Aktivität von Nerven zusammen. Sie illustrieren die These, dass Informationen im Gehirn als rhythmische Ereignisse in der Zeit verarbeitet werden. Die «Improvisationen» greifen dies auf einer höheren Ebene noch einmal auf. Die Gedichte eines Schizophrenen demonstrieren den spielerischen und kreativen Umgang mit Sprache im normalen Gehirn. Das Kapitel endet mit einer musikalischen Metapher für die Gehirnaktivität. Und das Kapitel «Feedback» schließlich spekuliert, dass der menschliche Körper wegen seiner rhythmischen Organisation auch durch Rhythmus, oder allgemeiner durch Musik, manipuliert werden kann, und läuft auf die Frage hinaus, ob die Kenntnis der individuellen Rhythmen eines Menschen es erlaubt, «musikalische» Therapien für seine rhythmischen Krankheiten zu entwickeln.

Herz

Der Herzschlag – ein rhythmisches Problem

«Mein Herz schlägt bis auf den heutigen Tag wirklich normal»
(Alexander)

Sie wissen, dass Herzrhythmusstörungen lebensgefährlich, ja tödlich sein können? Sie wissen auch, dass zur Behandlung dieser Störungen Medikamente eingesetzt werden, die Anti-Arrhythmika heißen? Und dass es sein kann, dass Sie, wenn bei Ihnen «Arrhythmien» diagnostiziert werden, eines dieser Mittel verschrieben bekommen? Dann sollten Sie auch den folgenden Satz bedenken: «Mit einer Arrhythmieverstärkung ist grundsätzlich bei allen Anti-Arrhythmika und bei allen Patienten zu rechnen.» Das heißt, durch die Therapie kann sich das Problem verschlimmern. Man dürfte daher nicht wirklich überrascht sein, wenn der Effekt das Gegenteil von dem ist, was man sich erhofft. Denn: «Eine pathophysiologisch gezielte anti-arrhythmische Therapie ist in den meisten Fällen nicht möglich.»

Beide Zitate stehen in dem Buch «Herzrhythmusstörungen – Diagnostik und Therapie» des Herzrhythmusspezialisten Bernd Lüderitz aus dem Jahre 1998. Das bedeutet selbstverständlich nicht, dass die behandelnden Ärzte fahrlässig oder gar unverantwortlich handeln. Im Gegenteil. Sie bemühen sich, auf dem aktuellen Stand der Dinge das Bestmögliche für ihre Patienten zu tun. Das Problem ist der Stand der wissenschaftlichen Kenntnis. Bis heute fehlt eine detaillierte Erklärung und ein echtes Verständnis der Herzrhythmusstörungen, aber gerade dies wäre die Voraussetzung für eine gezielte Vorbeugung oder Therapie.

Herzrhythmusstörungen sind etwas, mit dem der Mensch auf die eine oder andere Art schon seit langem vertraut ist. In China, Ägypten und Griechenland wurden der Puls, seine Eigenheiten und seine Variationen bereits in vorchristlichen Jahrhunderten beobachtet und kategorisiert. In Griechenland versuchte man dabei auch, den Puls musikalisch zu verstehen. Er sollte natürlich und gesund proportioniert sein, so wie man das vom Rhythmus in der Musik verlangte. In China, in Griechenland und (seit der Spätantike) im ganzen Abendland wurde versucht, *jeder* Krankheit des Körpers eine rhythmische Störung des Pulses zuzuordnen. Erst im siebzehnten Jahrhundert zog der englische Philosoph und Arzt William Harvey die Verbindung zwischen Puls und Herzschlag und erklärte damit den Blutkreislauf.

Seit mehr als einem Jahrhundert gibt es die Elektrokardiographie, die bis heute wichtigste Messtechnik für die *Dynamik* des Organs Herz. Mit ihr entwickelte sich im zwanzigsten Jahrhundert eine intensive Forschung, die natürlich genau um das eingangs angeschnittene Problem kreiste. Denn Herzrhythmusstörungen und die durch sie verursachten Todesfälle sind kein Randproblem. Jährlich sterben daran hunderttausende Menschen.

Wie ist es trotz dieser langen Erfahrung, trotz aller Messungen und Forschungen möglich, dass dieses Herz, das jedes einzelne Leben von der Geburt bis zur letzten Stunde begleitet, und das deshalb etwas Vertrautes, vielleicht sogar das vertrauteste Organ schlechthin ist, dass gerade dieses Vertrauteste der Wissenschaft bis heute fremd ist? Fremd in dem Sinne, wie es die Eingangszitate belegen: Die Therapie von Rhythmusstörungen kann ihre Folgen nicht abschätzen. Wo liegt das Problem?

Wer einmal gesehen hat, wie Blut aus einer offenen Schlagader herausspritzt, kennt auch die Funktion des Herzschlags. Das Herz ist das Organ, das den ganzen Körper (mit Ausnahme der Lungen, sich selbst aber eingeschlossen) mit Blut versorgt. Sein Schlagen ist der Grund dafür, dass das Blut pausenlos im Körper kreist. Das Herz arbeitet als Pumpe.

Das Pumpen des Herzens verbraucht Energie. Damit sich das Herz nicht schon nach kurzer Zeit erschöpft und still steht, sondern im Körper fünf, sieben oder neun Jahrzehnte tätig sein kann, muss die verbrauchte Energie nonstop nachgeliefert werden. Da jedes Organ des

Körpers aber seine Energie aus dem Blut bezieht, kommt der Nachschub für das Herz vom Herzen selbst. Von der Hauptschlagader, die aus dem Herzen wegführt, zweigen zwei kleinere Adern ab, die zum Herz zurücklaufen, sich verästeln und den Herzmuskel mit einem Geflecht von feinen und feinsten Äderchen, den Herzkranzgefäßen, überziehen. Dieses Geflecht versorgt jede einzelne Zelle. Die Kreislaufpumpe Herz sichert ihre Energieversorgung gerade dadurch, *dass* sie arbeitet. Solange es dem Körper nicht an Sauerstoff und Nahrung mangelt, kann das Herz durch diese Schleife, über die es mit sich selbst verbunden ist, im Prinzip unbegrenzt tätig sein. Wenn wir das Herz damit aber schon richtig verstehen, wenn es einfach eine sich selbst versorgende Pumpe ist – warum könnte es dann zu Problemen mit der Wartung kommen? Warum lassen sich Störungen nicht im Handumdrehen beheben und warum «verstärken» Korrekturen bei auftretenden Fehlern die Fehler unter Umständen sogar, wie es in dem oben zitierten Satz heißt? Und warum sollte eine gezielte Therapie «in den allermeisten Fällen nicht möglich» sein? Warum versagt es so oft, warum sterben so viele Menschen an Fehlern der Herztätigkeit, wenn es doch nur darum geht, eine Pumpe am Laufen zu halten? Wäre es nicht besser, das Herz auszutauschen gegen eine mechanische Pumpe aus wenigen robusten Komponenten, die regelmäßig gewartet und bei Verschleiß erneuert werden können?

Offenbar ist die Analogie Herz – mechanische Pumpe nicht in jeder Hinsicht korrekt. Der auffälligste Unterschied zeigt sich bei Störungen der beiden Systeme. Eine mechanische Pumpe, vereinfacht betrachtet, funktioniert oder versagt. Die Muskelpumpe Herz kennt zwischen einer fehlerfreien Schlagsequenz und dem völligen Versagen ein breites Spektrum an «Störungen», eben gerade die Arrhythmien. Nicht einmal ein gesundes Herz ist frei davon, und nicht alle Arrhythmien sind auch gleich gefährlich. Allerdings kann sich das Studium des Herzschlags nicht auf die Suche nach «mehr» oder «weniger» Störungen beschränken, sondern muss seine Aufmerksamkeit auch den qualitativen Unterschieden zwischen den einzelnen Störungen widmen. Das Studium des Herzschlags wird zur Suche nach der Natur seiner zeitlichen Störungen, zur Suche nach dem Rhythmus.

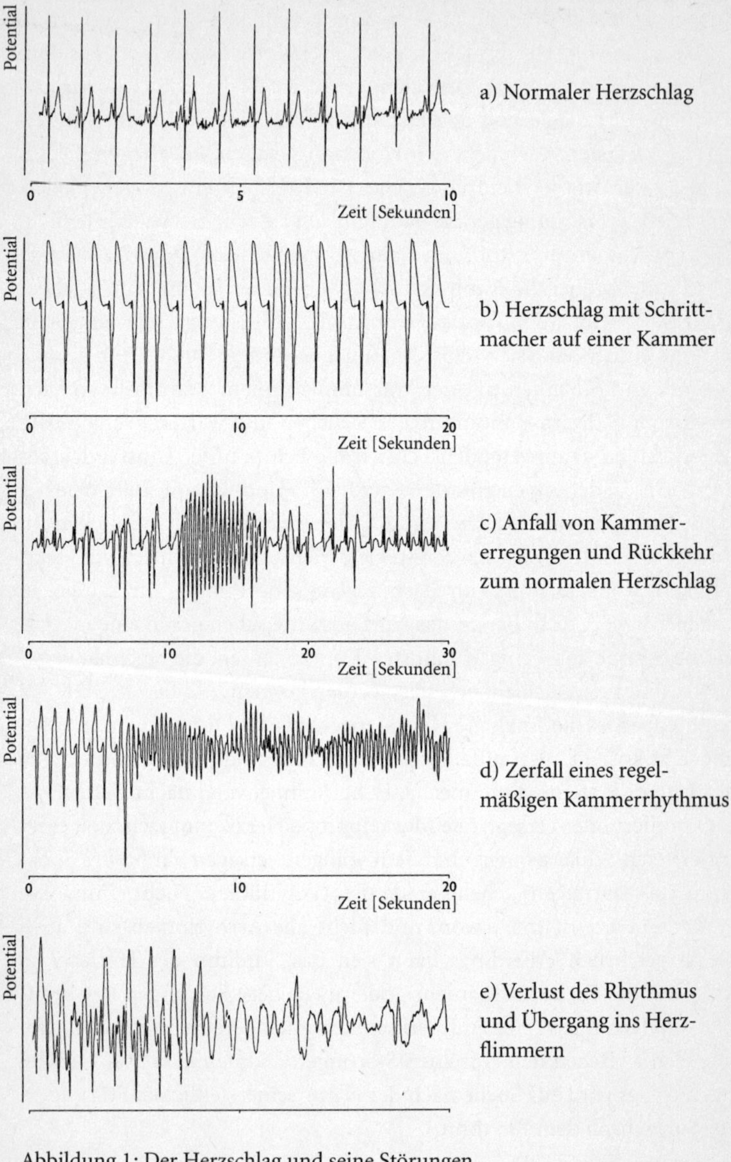

Abbildung 1: Der Herzschlag und seine Störungen

Vertonte Herzrhythmen

Die beiliegende CD bietet vier Beispiele von Herzrhythmen. Dafür wurden Elektrokardiogramme direkt im Computer in synthetische Klänge übersetzt. Eine Aufzeichnung der Herztöne mit einem Mikrophon wurde dadurch überflüssig. Jeder starke Schlag entspricht einem koordinierten Pumpen der Herzkammern.

CD-Ton 1: Ein normaler Herzschlag. Die Aufnahme ist im Zeitraffer mit etwa doppelter Geschwindigkeit abgespielt. Der gesunde Herzschlag ist nicht regelmäßig.

CD-Ton 2: Eine regelmäßige Herzrhythmusstörung, eine so genannte Kammertachykardie. Der konstante Grundrhythmus wird durch «Extra-Beats» akzentuiert.

CD-Ton 3: Wechsel von einem normalen Herzschlag zu starken Störungen und Anfällen von schnellem Herzflattern.

CD-Ton 4: Übergang von einer regelmäßigen Herzrhythmusstörung (Kammertachykardie) zum Flattern und schließlich zum Herzflimmern. Der Herzschlag versagt.

Definition: Die innere Logik des Rhythmus

Zwischen der achten und zehnten Woche der Schwangerschaft beginnt sich der menschliche Fötus im Mutterleib zu bewegen. Hände und Füße strecken sich und kreisen, die Beine strampeln, die Finger fahren zur Nabelschnur, der Mund öffnet und schließt sich. Diese ersten Bewegungen sind spontan, aus eigenem Antrieb. Später, ab der vierzehnten Woche, räkelt sich der Fötus nach einem Lachen oder einem Husten der Mutter, er nimmt sie wahr und reagiert mit wiederholten Muskelkontraktionen. Die Wiederholung seiner Bewegungen muss er nicht lernen, sie ist angeboren.

Plato definiert Rhythmus als die *Ordnung der Bewegungen* des Körpers. Besonders im Tanz kann die Ordnung der Bewegungen der unsterblichen Seele seiner Meinung nach helfen, ihren Zwiespalt im sterblichen (dem Leib verbundenen) Dasein zu überwinden. Im Tanz sei der Mensch daher mit dem Göttlichen vereint.

Etymologen verbinden das griechische Wort *rhythmos* mit dem Stamm *rhéein* (fließen, strömen). Das ist merkwürdig, denn Fließen und Strömen (zum Beispiel des Wassers) evozieren eher das Bild einer unstrukturierten, ungegliederten, gleichförmigen Bewegung oder die akustische Vorstellung eines monotonen Rauschens. Das «Fließen» könnte sich darauf beziehen, dass jedes neue Ereignis in einem Rhythmus folgerichtig und nahtlos an die früheren Ereignisse anknüpft und sich beispielsweise in eine «fließende» Folge von Bewegungen übersetzen lässt. Auch Aristoxenus aus Tarent motiviert und illustriert seine Theorie des musikalischen Rhythmus mit der fließenden, tänzerischen Bewegung des Körpers. Tanz ist für ihn das kontinuierliche Heben und Senken der Füße. Der diskrete Akzent beim Berühren des Bodens ist der Schritt, und der wiederum ist die sichtbare Einheit eines jeden Rhythmus. Nur was das Körpergefühl mit Hilfe einer schreitenden Bewegung nachvollziehen kann, ist auch wirklich rhythmische Ordnung. Rhythmus existiert deshalb nicht «an sich», sondern braucht einen Körper, um verwirklicht zu werden.

Die Beobachtung aber, dass menschliche Föten schon in sehr früher Entwicklungsstufe klar strukturierte Bewegungen (des Kopfes, der Arme und der Füße) zeigen, spricht sogar dafür, dass es feste Regeln geben könnte, mit denen nicht nur das Gehirn, sondern der Leib als Ganzes seine Arbeit und seine Bewegungen zeitlich strukturiert. Wenn dies stimmt, dann wären nicht nur die geordneten Bewegungen, sondern alle auffälligen wiederholten Ereignisse im menschlichen Leben Indizien für die natürlichen Gesetze, die dem Körper Rhythmus verleihen.

Aristoxenus wurde im Jahre 379 vor Christus in Tarent in Süditalien geboren, unweit der Stadt Metaponto, wo mehr als hundert Jahre zuvor Pythagoras gelebt hatte. Mit einigem vom Vater erlernten musikalischen Wissen kam Aristoxenus als junger Mann nach Athen und trat in die berühmte Schule der Peripatetiker (der «Umhergehenden») ein, die von Aristoteles geleitet wurde. Er schrieb eine Biographie über Pythagoras und darüber hinaus angeblich mehr als vierhundert weitere Bücher oder Essays, die aber praktisch alle verloren sind. Überliefert sind lediglich seine «Elemente der Harmonie» und ein Teil seines Buches «Elemente des Rhythmus». Als Basis eines Rhythmus darf eine Sequenz von Schritten nicht regellos sein. Sie muss einer «inneren Logik» gehorchen, das heißt, jeder Abstand zwischen zwei Schritten muss zum vorangegangenen und zum nachfolgenden Abstand eine Beziehung haben. Der Zeitpunkt, *wann* der Fuß das nächste Mal auftritt, unterliegt einer Regel. Dies ist die Grundthese des Aristoxenus. Die einfachste vorstellbare Logik ist ihm zufolge die exakte Wiederholung: Jeder Schritt ist genauso lang wie sein Vorgänger und sein Nachfolger. Damit ein wirklicher Rhythmus entsteht, muss jeder Schritt außerdem unterteilt werden in das «Auf» und das «Ab», und auch die Dauer des «Auf» und des «Ab» des Fußes soll einer inneren Logik gehorchen. Als «logisch» empfand Aristoxenus dabei, dass beide Teile entweder gleich lang sind, oder dass das Auf gerade doppelt oder gerade halb so lang ist wie das Ab. Dies ergäbe Unterteilungen des Schritts im Verhältnis 1:1, 2:1 oder 1:2.

Die Idee der Teilung des Schritts im Verhältnis kleiner Zahlen geht auf die Harmonielehre der Pythagoräer zurück: Eine harmonische Verbindung von zwei Tönen, ein Wohlklang, entsteht, wenn die Längen zweier schwingender Saiten gerade in einem einfachen Verhältnis zueinander stehen. Ist die erste Saite eines Instruments gerade doppelt so lang wie die zweite (2:1), ertönt ein harmonischer Klang (eine Oktave), liegt aber ein Verhältnis von 2,1:1 oder 3:7 vor, ertönt ein Missklang. Diese Theorie ist, weil sie sich auf *Längen* und Längenverhältnisse stützt, ursprünglich geometrisch. Die Leistung des Aristoxenus bestand darin, die statische geometrische Idee der Pythagoräer auf das dynamische zeitliche Phänomen «Rhythmus» zu übertragen. (Eine ganz ähnliche Idee schien im fünften Jahrhundert vor Christus der chinesische Arzt Pien Tse Io gehabt zu haben, der die Rhythmik des menschlichen Pulses studierte. Er glaubte, der Puls sei aus den Einzelrhythmen der Organe des Körpers zusammengesetzt. Ein Mensch sei gesund, wenn diese Rhythmen wie die verschiedenen Töne auf einem Saiteninstrument «harmonisch» zusammenpassten. Bei einer Krankheit glaubte er eine «Disharmonie» des Pulses zu erkennen.

Auch im Takt der westlichen Musik findet sich dieser antike Rhythmusbegriff mit seinen festen Zählzeiten und seiner Unterteilung im Verhältnis einfacher ganzer Zahlen. Die Unterteilungen sind einfach und geometrisch anschaulich (zum Beispiel das Halbieren oder Dritteln der Länge einer Saite), sodass sich diese Grundtakte relativ leicht erlernen und verinnerlichen lassen. Die Einfachheit dieser Beziehungen darf aber nicht darüber hinwegtäuschen, dass ein geometrisches «Taktgefühl» weder natürlich noch angeboren ist. Kinder im Vorschulalter, die den Takt noch nicht gelernt haben, klatschen zu einer vorgespielten Musik in der Regel nach Belieben, unregelmäßig und meist ohne festen Bezug zu den Zählzeiten. Das Klatschen im Takt wird erst im kulturellen Umfeld erlernt.

Aber nicht nur das Händeklatschen, auch Gehen, Kauen, Däumchen drehen und Küssen verraten etwas über die zeitliche Organisation des Körpers. Bewegung, so scheint es, ist ein Ausdruck der inneren, natürlichen Rhythmik des Menschen. Einem variantenreichen Küssen, das sich nach und nach von einem Körperteil zum anderen tastet, können wir ohne weiteres eine klare Rhythmik zusprechen. Das periodische Klatschen oder das Schreiten im Takt einer Musik scheint nur ein Spezialfall eines viel umfangreicheren rhythmischen Repertoires und eine kulturabhängige Einschränkung der körperlichen Möglichkeiten zu sein.

Zu den körperlichen Möglichkeiten gehören aber nicht nur «gesunde» und «natürliche» Bewegungen. Auch Bewegungsstörungen können eine wenn auch eigentümliche Rhythmik haben. *Tics* sind unwillkürliche und ungewollte Bewegungen, die sich monoton wiederholen. Sie werden nicht als natürlich, sondern als Ausdruck eines nicht beherrschbaren Zwangs gedeutet. Sie treten bei neurotischen und schizophrenen Störungen auf, beim Parkinsonismus und – besonders gehäuft – beim Gilles-de-la-Tourette-Syndrom, der gelegentlich so genannten «Tic-Krankheit». Beispiele für Tics bei diesem seltenen Syndrom, deren zwanghafte Qualität sich dem Beobachter unmittelbar erschließt, sind: Husten, Räuspern, Grunzen, Schnauben, Schnalzen mit der Zunge, Knirschen mit den Zähnen, Fingerklopfen, Scharren mit den Füßen, aber auch Bellen, Miauen oder die zwanghafte Wiederholung eines beschämenden

Wortes wie «ficken». Das Problem bei Tics ist die sture, gleichförmige Wiederholung, das Fehlen von Variation.

Die Bewegungen beim Veitstanz (die Folge einer bakteriellen Entzündung im Gehirn) sind unbeabsichtigt irregulär, sich nicht wiederholend und unvorhersehbar zuckend. Sie neigen dazu, wie willkürlich von einer Muskelgruppe zur anderen zu springen, und lassen sich deshalb nicht in koordinierte Handlungen eingliedern. Rainer Maria Rilke beschreibt im «Malte Laurids Brigge» einen Mann, in dessen Körper das «schreckliche zweisilbige Hüpfen ... herumirrte». Aber in den zuckenden Bewegungen macht sich für den Dichter, ebenso wie für den Namensgeber der Krankheit, Thomas Sydenham, eine gewisse «Tanzkraft» bemerkbar. Die Entscheidung, das springende Zucken als «Tanzen» zu benennen, zeugt davon, dass in den Bewegungen immer noch eine gewisse «Logik» und damit im weitesten Sinne auch ein Rhythmus zu erkennen ist.

Das geometrisch motivierte Argument des Aristoxenus ist zwar einfach, es schließt aber viele als rhythmisch empfundene Bewegungsformen aus. Daher erscheint es wünschenswert, den Rhythmusbegriff zu erweitern. Welche anderen Möglichkeiten, welche anderen inneren Logiken (Regeln, Naturgesetze) gibt es aber, eine Sequenz von Ereignissen in der Zeit zu ordnen? Im Prinzip müssten das unendlich viele sein, wobei für eine plausible Rhythmusdefinition allerdings Einschränkungen gelten. Sicher ist es sinnvoll, «natürliche» Regeln zu suchen, denn die innere Logik, die Aristoxenus fordert, hat zweifellos den Hintergedanken, dass ein gespielter oder gesungener Rhythmus vom Zuhörer nachvollzogen werden muss. Der Zuhörer soll einen Rhythmus verstehen und mitsingen, mitspielen und auch mittanzen können. Lassen wir die Beschränkung auf exakte Zahlenverhältnisse also fallen und definieren Rhythmus als *eine Folge von sich wiederholenden Ereignissen, die einer inneren Logik gehorcht, und die deswegen für andere Menschen nachvollziehbar ist.*

Das «Nachvollziehen» kann dabei sicher keine rationale Analyse sein, die längeres Nachdenken erfordert. Aristoxenus suchte mit gutem Grund nach einer möglichst einfachen inneren Logik. Er wollte, dass die möglichen Unterteilungen der Schritte auch *unmittelbar*, ohne weitere Erklärung, verständlich seien. Nachvollziehen und Verstehen aber sind

Aufgabe des Gehirns. Es scheint daher, als müsste die Tätigkeit des Gehirns in eine Definition des Rhythmus mit einbezogen werden.

Das Gehirn prüft die Struktur einer wahrgenommenen Folge von Ereignissen, indem es jedes weitere Ereignis mit seiner eigenen Erwartung, das heißt, mit einer Vorhersage vergleicht. Schon der spätantike Denker Aristides Quintilianus hatte diese These formuliert; wie aber erzeugt das Gehirn seine Erwartung, seine Prognosen für das nächste Ereignis? Doch offenbar, indem es die Wahrnehmung mit seiner eigenen «Logik» vergleicht. Kennt man erst die Regeln, die das Gehirn benützt, um aus Wahrnehmungen seine Erwartung aufzubauen, dann hat man sehr wahrscheinlich ein gutes Fundament, um einen natürlichen Rhythmusbegriff zu entwickeln, der sowohl dem strampelnden Fötus als auch dem Veitstänzer angemessen ist.

Die Erregung des Herzmuskels

Ein kurzer Spannungsstoß – und das Herz zuckt. Wie der in der Wissenschaftsgeschichte berühmt gewordene Froschschenkel, der einst die Wirkung des elektrischen Stroms demonstrierte, indem er bei Berührung mit einem spannungsgeladenen Draht zuckte, braucht der Herzmuskel für seine Tätigkeit eine Reizung. Diese Erkenntnis nutzt der Defibrillator. Hat das Herz seine interne Koordination verloren, kann ein starker Spannungsstoß, der das gesamte Gewebe auf einmal erfasst, dem Herzen helfen, die normale Tätigkeit wieder aufzunehmen. Ein wiederkehrender Reiz löst die alltägliche Herztätigkeit aus. Pro Herzschlag ist dies genau einer, und da das Herz eines Menschen auch in einem dunklen, schalldichten und elektrisch abgeschirmten Raum ohne Störungen weiterschlägt, kann das Signal für die Reizung nicht außerhalb des Körpers liegen. Die Konzentrationen vieler Stoffe im Blut schwanken zwar stark, aber auf alle diese Schwankungen kann der Herzschlag verzichten. Trennt man zusätzlich (im Tierversuch) auch noch alle Nerven durch, die das Herz mit dem Rückenmark, dem Gehirn und indirekt mit allen anderen Organen verbinden, schlägt es trotzdem weiter. Es arbeitet *autonom.* Die Spannungsstöße, die das Herz am Schlagen halten, kommen vom Herzen selbst.

Die Hauptpumpen des Herzens sind seine zwei *Kammern.* Während das Herz ruht, füllen sie sich mit Blut, beim nächsten Schlag stoßen sie es in die Lungen und in den übrigen Körper. Den Kammern sind zwei *Vorhöfe* als Hilfspumpen vorgeschaltet. Kurz vor jedem Schlag pressen sie die erst zum Teil gefüllten Kammern richtig voll, sodass pro Schlag mehr Blut transportiert werden kann. Setzen die Vorhöfe aus, überlebt ein Organismus zwar ohne weiteres, doch für eine optimale Blutversorgung dürfen sie nicht beliebig arbeiten. Die Vorhöfe müssen pumpen, sobald der passive Blutfluss in die Kammern nachlässt und kurz bevor sich die Kammern zusammenziehen. Der Anstoß dazu kommt von einem Signalgeber.

Der elektrische Signalgeber des Herzens ist der *Sinusknoten.* Er sitzt auf einem der beiden Vorhöfe, recht genau in unserer Körpermitte, unter dem Brustbein. Er erzeugt einen kurzen Potenzialstoß nach dem anderen. Ausgehend vom Sinusknoten überziehen elektrisch aktive Fasern die Vorhöfe, die zum Atrioventrikular- oder AV-Knoten führen. Jeder Potenzialstoß reizt die Vorhöfe zur Kontraktion und reizt zugleich den AV-Knoten.

Der AV-Knoten ist eine Umschaltstation. Er hat die Aufgabe, das Signal von den Vorhöfen kurz zu verzögern und dann weiterzuleiten. Von ihm laufen ebenfalls elektrisch aktive Fasern aus. Sie verbreiten das Signal über beide Herzkammern und lösen deren Kontraktion aus. Durch die kleine Verzögerung ist sichergestellt, dass die Kammern erst kurz nach den Vorhöfen pumpen – in dem Moment, da sie schon prall mit Blut gefüllt sind. So koordiniert das System der zwei Signalknoten im Normalfall die Pumptätigkeit des Herzmuskels. Unterstützt durch die Rückstoßventile der Herzklappen an allen Ein- und Ausgängen der Kammern und Vorhöfe, hält dieses zweiteilige Pumpen das Blut des Körpers im steten Fluss, vorausgesetzt allerdings, das Signal kommt im richtigen Moment von der richtigen Quelle.

Eine einzelne Herzzelle

Das Herz ist wie jedes andere biologische Gewebe aus Zellen aufgebaut. Der Großteil von ihnen sind Muskelzellen. Ohne sie würde das Herz auch mit dem richtigen elektrischen Signal nicht kontrahieren. Muskelzellen können zwei verschiedene Zustände einnehmen: einen lang gestreckten Ruhezustand, wenn der Muskel geweitet und das Herz mit Blut gefüllt ist; und einen gedrungenen, geschrumpften Erregungszustand, wenn der Muskel kontrahiert ist. Ihre Funktion erfüllen die Zellen dadurch, dass sie sich auf ein Signal hin schnell verkürzen und so vom Ruhe- in den Erregungszustand schnappen. Danach kehren sie wieder in den Ruhezustand zurück, um für die nächste Kontraktion, den nächsten «Schlag» bereit zu sein. Zusammen bilden diese zwei gegenläufigen Prozesse den Grundschlag des Herzrhythmus.

Kontraktion und Streckung einer Herzmuskelzelle gehen auf die Bewegung von großen Eiweißmolekülen in ihrem Zellinnern zurück. Im Ruhezustand ist die Zelle lang gestreckt, weil ihre molekularen «Federn», die Actin- und Myosinfilamente, gespreizt sind und in dieser Stellung stabilisiert werden. Die Federn bleiben so lange angespannt, wie es im Innern der Zelle an positiven Kalziumionen mangelt. Da andererseits außen immer sehr viele Kalziumionen schwimmen, steht die Zelle durch diese Ungleichverteilung nicht nur mechanisch unter Spannung, sondern ist auch elektrisch geladen.

In diesem Zustand trifft auf die Zelle ein Signal, im Normalfall der elektrische Spannungsstoß vom Sinusknoten. Als Antwort auf das Signal öffnet die Zelle ihre Schleusen, die das Kalzium im Ruhezustand am Eindringen gehindert haben. Bei geöffneten Schleusen kann Kalzium spontan ins Zellinnere fließen. Dort lockert es die Spreizung der Actin- und Myosinfilamente. Die Federn schnurren zusammen. Die Zelle kontrahiert sich, und neue Prozesse laufen an. Das Kalzium, das soeben erst in die kontrahierte Zelle eingeflossen ist, wird sofort wieder aus ihr hinausgepumpt. Eine erneute Spreizung und Befestigung der Actin- und Myosinfedern setzt ein, die Zelle kehrt in den Ruhestand zurück und ist damit bereit für das nächste Signal.

Als Antwort auf den Spannungspuls durchläuft die Muskelzelle einen

Zyklus vom gespannten Ruhezustand in die Kontraktion und wieder zurück. Die äußere Form der Zelle, ob sie lang gestreckt ist oder kontrahiert, ist eine direkte Folge davon, ob in ihrem Innern Kalzium herumschwimmt oder nicht. Und dies wiederum hängt davon ab, ob die Schleusen in der Zellwand geöffnet oder geschlossen sind.

In der Fachliteratur heißen die Schleusen «Kanäle». Sie sind jeweils auf eine bestimmte Teilchensorte spezialisiert, zum Beispiel Kalziumkanäle, die gerade so gebaut sind, dass durch sie bevorzugt Kalzium fließt. Eine einzelne Herzmuskelzelle hat viele solcher Kanäle, und die Menge an Kalzium, die nach einem Puls in die Zelle einströmt, hängt davon ab, wie viele Kalziumkanäle geöffnet sind – und wie lange. Überprüft man die Öffnungszeiten einzelner Kanäle genauer, erlebt man eine Überraschung. Die meisten Kanäle öffnen und schließen sich erratisch. Es besteht kein direkter Bezug zur Intensität oder Länge des auslösenden Signals. Manche Kanäle sind oft geöffnet, aber dafür nur kurz. Andere sind länger geöffnet und dafür selten. Wieder andere (immerhin etwa ein Drittel aller Schleusen) öffnen sich trotz eines Signals überhaupt nicht. Man hat den Eindruck, dass jeder Kanal aktiv ist, solange er will. Die Erklärung dieses eigenartigen Verhaltens ist, dass die Aktivität eines einzelnen Kanals nur einen sehr kleinen Einfluss auf den Kalziumgehalt der Zelle hat. Es ist die *durchschnittliche* Öffnungszeit *aller* Kanäle, die entscheidet, ob viel Kalzium einströmt oder nicht. Ohne einen Spannungsimpuls ist dieser Durchschnitt sehr niedrig. Nach einem Puls ist er für kurze Zeit sehr hoch, und Kalzium kann fließen. Wir bemerken aber, dass wir das, was uns interessiert, aus den Augen zu verlieren beginnen, wenn wir zu tief in die zellulären Details eindringen. Aus der Beobachtung eines einzelnen Ionenkanals können wir über den *Rhythmus* des Herzschlags nicht mehr viel lernen. Die kleinste physiologische Einheit, die rhythmisch noch sinnvoll ist, ist die Zelle.

Um den Zyklus eines Pumpvorgangs komplett zu verstehen, muss noch folgende Frage beantwortet werden: Warum kontrahieren die Vorhöfe und die Kammern als Ganzes, obwohl die elektrisch aktiven Fasern mit dem Potenzialreiz nur einzelne Muskelzellen erreichen und deshalb ihr Signal auch nur an einzelne Zellen übertragen? Die allermeisten Muskelzellen sind ausschließlich von anderen Muskelzellen umgeben und haben keinen direkten Kontakt zum Netz der Reizleitung. Der Grund dafür ist einfach. Jede Muskelzelle verändert während einer Kontraktion auch ihre Spannung (zum Beispiel durch den Fluss der Kalziumionen). Die Spannungsänderung in einer Zelle erzeugt auch in allen Nachbarzellen einen Spannungspuls. Sofort öffnen jene ihre Schleusen und kontrahieren. Dieser Vorgang setzt sich fort, und so gibt jede bereits angeregte Zelle den Spannungspuls weiter. Die Nachbarn wiederholen das Spiel, und die Kontraktion durchläuft den gesamten Muskel wie eine Welle.

Jede Herzmuskelzelle arbeitet im Prinzip autonom und ist im isolierten Zustand elektrisch erregbar. Auch im Verband tun sie nichts anderes: Sie warten auf ein Signal und kontrahieren sich, wenn es kommt. Für den Herzschlag muss dann nur noch sichergestellt sein, dass alle autonomen Komponenten richtig koordiniert sind. Aber dieses Problem ist bereits gelöst: Die Komponenten koordinieren sich selbst.

Tanz

«Erkenne, welcher Rhythmus den Körper in seinen Banden hält.»
(Archilochos)

Das zwölfjährige Dienstmädchen Han will sterben. Aus tiefer Enttäuschung darüber, dass sie vom «jungen Herrn» Wu nicht mehr beachtet wird, aus Eifersucht auf die anderen herrschaftlichen Kinder, mit denen Wu spielt, aus Wut über die Strafe, die ihr für ihre Anmaßung erteilt wurde. Sie liegt im Regen, im Park der Villa, in der sie arbeitet. Die Bewohner und das Personal des Hauses stehen besorgt und ratlos im Torbogen des Haupteingangs. Han erinnert sich, wie sie als kleines Kind mit ihren Geschwistern in einer Reihe stehen musste, zitternd vor dem brutalen Vater, der, wie es seine Gewohnheit war, sich anschickte, die Kinder durchzuprügeln. Und wie damals überwindet sie auch jetzt wieder die Ohnmacht des Moments durch etwas, das keiner erwartet und das sie rettet: «Sie sahen sie sich erheben, sahen das fremde wilde Kind sich vom durchweichten Boden erheben, ihre nassen Kleider und die Haare an ihren Körper geklebt, in neu erwachender Energie ihre Arme hinausschleudernd, und ihren Körper wider den trommelnden Regen drehen in einem rasenden Tanz.» (Catherine Lim, «The Bondmaid»)

> «Nur das kehrt wieder, was selbst bejaht oder was bejaht wird.»
> (Gilles Deleuze über Nietzsches Lehre von der Wiederkehr)

Im 15. Jahrhundert brachen in verschiedenen Regionen Europas Menschen auf, um an Tanzprozessionen teilzunehmen. Viele Arme waren dabei, viele Frauen. Die Prozessionen zogen mit Musik und Gesang durch die Lande, und spontan schlossen sich immer neue Begeisterte an. Laut zeitgenössischen Quellen ließen manche sogar Familie und Beruf im Stich, um sich wie berauscht den Umzügen hinzugeben. Die Menschen tanzten und tanzten und tanzten, besinnungslos und ohne den Taumel zu unterbrechen, teils singend oder unartikuliert schreiend, bis zur völligen Erschöpfung, bis zum körperlichen Zusammenbruch, um schließlich in Verzückung zu verfallen, um mystische Visionen zu durchleben, oder auch, um am eigenen Leib die Macht des Teufels zu spüren.

Manche Beobachter glaubten, die Ursache der hemmungslosen körperlichen Bewegung sei der Biss eines giftigen Tieres, zum Beispiel der Tarantel, und sie nannten das Phänomen *Tarantismus.* Wir wissen nicht, wer der «Erste» einer solchen Prozession war. Dass wirklich das Gift einer Tarantel der Auslöser war, darf man bezweifeln. Wahrscheinlich begann es nicht mit einem Einzelnen, sondern mit einer Gruppe von Gleichgesinnten. Sobald sich der tanzende Umzug einmal in Bewegung gesetzt hatte, genügte der Klang der Musik und der Anblick der fuchtelnden, springenden und schreienden Leiber, um Neugierige aus den Häusern und auf die Straße zu locken. Wahrscheinlich war es für viele, die sich anschlossen, ein Versuch, den Qualen von Armut, Kriegen oder Pestepidemien für einige Momente, Stunden oder Tage ihr «nacktes Sein» entgegenzusetzen: Der kollektive Tanz riss sie aus dem dumpfen, unerträglichen Alltag heraus. Sie konnten spüren, dass sie noch lebten.

Rhythmen wurden in der Evolution möglicherweise zuerst mit dem *Gleichgewichtsorgan* wahrgenommen. Es ist das Organ, das das Schwanken und Drehen, das Taumeln und Tanzen des Körpers in der Welt registriert und korrigieren hilft. Wie das Gehen ist auch das Tanzen ein

Wechsel einer Ausfallbewegung (wie um zu fallen) mit einer abfangenden Gegenbewegung. Die geniale Erfindung des Gehirns bestand darin, durch die Gegenbewegung den Körper nicht in die Ruhe, den Stillstand, die Stabilität zurückzuholen, sondern aufs Neue fallen zu lassen. Jeder Fall wird in einen neuen umgelenkt. Weil es absichtlich geschieht, macht es keine ernsten Probleme, denn das Gehirn, das eine Bewegung einleitet, sieht den Fall voraus, es antizipiert ihn, und leitet rechtzeitig die richtige Korrekturbewegung ein. Tanz ist ein Spiel mit der beherrschbaren Instabilität. Der Körper, der tanzt, ist mit seinem Gleichgewichtsorgan ein Meister des gewollten Ungleichgewichts.

«Die Regel des Spiels lautet: Mit dem Chaos in sich einen tanzenden Stern zu gebären.» (Friedrich Nietzsche)

«Ich habe oft die Schwierigkeit bemerkt, mit Tänzern irgendeine Art von Konversation zu führen, die irgendeine Art logischer Konsistenz hatte – ihre Gedanken springen herum (vielleicht wie mein Körper) – die Logik als solche liegt auf der Ebene der Muskelaktivität.» (Martha Graham, Tänzerin)

Die Katatonie ist ein rätselhaftes Erstarren oder Einfrieren des Körpers in zeitlosen und wie leblos anmutenden Positionen. Von einer Katatonie-Patientin in einem Nervenkrankenhaus wird berichtet, nach zehn Jahren der Erstarrung habe sie bei einer Party zur Musik eines Plattenspielers plötzlich angefangen zu tanzen. Rechts vor, rechts zurück, links vor …, einen so genannten Hokey Pokey. Der Tanz war der erste Ausbruch ihres Körpers nach einem Jahrzehnt der Gefangenschaft in sich selbst. (Jean Richards, in der *New York Times* vom 23. Januar 2001)

Im Tempel von Chidambaram in Südindien wird der tanzende Gott Shiva Nataraj verehrt. Ohne Pause opfern die Brahmanen dem Gott Speisen, Obst und Blumen. Täglich sprechen sie Gebete, singen und entzünden Öllichter, damit er gnädig gestimmt ist und weitertanzt. Denn wenn er sich nicht mehr dreht, ist die Erde verloren. Wenn er stillsteht, stoppt im gleichen Augenblick das Universum. Nur in den Bewegungen des Gottes tanzt auch das Leben weiter.

«Dance, dance, dance …» (Refrain eines Popsongs)

Die Selbsterregung einer Zelle des Herzens

Der Sinusknoten ist ein wenig auffälliger Fleck, der außen auf dem Herzen sitzt, nahe der Stelle, wo das Blut aus dem Gehirn ins Herz mündet. Er ist länglich, einen bis zwei Zentimeter lang und weniger als einen halben Zentimeter breit. Und dieses kleine Stück Gewebe pulst. Nicht sichtbar und nicht hörbar; es sind elektrische Impulse, die vom Sinusknoten ausgehen, kleine Potenzialstöße.

Von Geburt an und ein Leben lang kommen vom Sinusknoten die Signale, das Blut durch die Lungen zu pumpen, um Sauerstoff für den Körper zu holen. Aber auch vor der Geburt, wenn die Lungen noch mit Wasser gefüllt sind und das sauerstoffreiche Blut aus dem Kreislauf der Mutter kommt, treiben seine Signale bereits das Herz des Fötus und seinen Kreislauf an. Die Potenziale beginnen sogar schon, bevor es überhaupt ein Herz und einen Kreislauf gibt: Im Gewebe des noch kaum differenzierten Embryos lassen sich bei Säugetieren bereits Schwingungen in den Zellen messen, die später zum Sinusknoten werden. Ohne Unterbrechung pulsieren sie, bis sich das Herz ausgebildet hat. Dann überträgt es die Signale in die Kontraktionen, die wir den Herzschlag nennen.

Die Zellen des Sinusknotens und die Herzmuskelzellen sind eng verwandt. Beide entstehen im Embryo aus demselben Urgewebe und sind nur Varianten desselben Grundtyps. Um die Dynamik des Sinusknotens zu verstehen, muss man nicht noch einmal von vorne anfangen. Mit dem Wissen über die Muskelzellen sind schon fast alle Ingredienzen beisammen. Allerdings können sich die Zellen des Sinusknotens weder strecken noch zusammenziehen.

Auch die Zellen des Sinusknotens sind elektrisch geladen, sie können ihre Schleusen öffnen, um Ionen durch die Zellwand fließen zu lassen, und sich nach einer Erregung durch das Pumpen von Ionen selbständig regenerieren. Warum aber treten sie spontan in den Zyklus der Erregung ein, ohne von anderen Zellen einen Impuls zu bekommen? Der Sinusknoten schafft es, sich ohne Stimulation durch Nachbarzellen selbst zu erregen. Im Ruhezustand verhindert die Zellwand, dass positive Teilchen von außen in das negativ geladene Innere einfließen. Doch diese Trennung von Plus und Minus ist nicht perfekt. Die Zelle leckt. Sehr langsam zwar, aber sie leckt. Zum Beispiel, weil sich einzelne Kanäle in der Zellwand zufällig für kurze Zeit öffnen. Das wäre nicht weiter schlimm, denn wie ein Schiff hat jede Zelle Pumpen, die dem Leck entgegenarbeiten. Das negative Innere der Zelle wird aber trotz allem Pumpen langsam positiver. Und es kommt noch schlimmer. Denn wo immer einige positive Teilchen ins Innere schlüpfen, beginnen in der Nähe liegende Ionenkanäle, sich etwas öfter und etwas länger zu öffnen – und so können noch mehr positive Teilchen einfließen. Es ist der Einstrom von Teilchen, der den Einstrom von Teilchen beschleunigt. Eine Selbstbeschleunigung.

Dieser Effekt der Selbstbeschleunigung ist anfangs sehr schwach, denn er hängt von der Zahl der netto eindringenden Teilchen ab, und die ist gering. Der Erfolg tritt aber unweigerlich ein. Er ist theoretisch schon mit dem ersten positiven Teilchen garantiert, das netto in die Zelle dringt. Von da ab folgen immer mehr, und zwar so lange, bis die Schwelle zur Erregung erreicht ist und sich schlagartig die Mehrheit der Schleusen öffnet. Nach der Rückkehr in den Ausgangszustand beginnt das Spiel von vorne – ein nicht endendes sisyphusartiges Spiel. Nimmt man dieses zufällige, aber unvermeidliche Lecken dazu, dann wiederholt sich der Zyklus der Erregung, den wir schon von der Herzmuskelzelle kennen, ohne jedes Signal von außen, ohne jede Stimulation durch andere Zellen. Eine einzelne pulsierende Zelle des Sinusknotens durchläuft diesen Zyklus etwa einmal pro Sekunde. Sie ist ein elektrischer Oszillator.

Wie bei den Herzmuskelzellen liegen die Zellen auch beim Sinusknoten so nah beisammen, dass jede Zelle die Impulse ihrer Nachbarn «spürt». Falls also eine Zelle einen Impuls vorzeitig abgibt, wird ein noch «ruhender» Nachbar einfach mitgerissen. Das heißt, jeder Nachzügler holt auf. Unter normalen Bedingungen pulsieren deshalb alle Zellen eines Verbandes im Sinusknoten praktisch gleichzeitig, sie *einigen* sich durch ihre nachbarschaftlichen Verbindungen auf eine gemeinsame Erregung, und der von allen gemeinsam erzeugte Spannungspuls ist es, der einmal pro Sekunde auf die Muskelzellen der Vorhöfe und danach auf die Kammern übertragen wird.

Den AV-Knoten, der wie der Sinusknoten auf dem rechten Vorhof des Herzens liegt, hatten wir bislang nur als Überbringer von Signalen auf die Herzkammern erwähnt. Doch auch wenn das seine wichtigste Funktion ist, wird es ihm doch nicht ganz gerecht. Er ist nämlich ebenfalls ein Oszillator, er ist der *zweite* Schrittmacher. Das zeigt sich, sobald der Sinusknoten ausgefallen oder im Experiment künstlich stillgelegt ist. Die Zellen des AV-Knotens durchlaufen dann den gleichen Zyklus der Selbsterregung wie die Zellen des Sinusknotens. Und sie koordinieren sich untereinander zu gemeinsamen Pulsen, die sie an Vorhöfe und Kammern leiten. Das Herz schlägt bei Ausfall seines ersten Schrittmachers weiter.

Auffällig ist, dass das Herz unter der Kontrolle des AV-Knotens weniger oft schlägt, als wenn es, wie vorgesehen, vom Sinusknoten angetrieben wird. Die Selbsterregung des AV-Knotens ist langsamer, es dauert länger, bis seine Zellen den nächsten Impuls von sich aus erzeugen. Das ist der Grund, warum der AV-Knoten beim normalen Herzschlag nicht als Schrittmacher, sondern als Überträger arbeitet. Der Puls vom Sinusknoten erreicht ihn stets, bevor er selbst einen Puls abgeben kann. Seine Eigenschwingung wird verdeckt, solange der Sinusknoten wie vorgesehen arbeitet. Und wenn auch noch der AV-Knoten ausfällt? Experimentell kann man zur Probe die Verbindungsfasern vom AV-Knoten zu den Herzkammern unterbrechen und damit sowohl den ersten wie den zweiten Schrittmacher abstellen. Das Resultat: Die Kammern schlagen weiter. Die Herzmuskeln kontrahieren und entspannen sich immer noch! Das Herz schlägt ohne Schrittmacher – weil auch die elektrisch aktiven Fasern auf den Herzkammern im Ruhezustand lecken und die zelleigene Schwelle zur Selbsterregung erreichen und überschreiten.

Das Herzgewebe, so stellt sich heraus, ist gar nicht *nur* ein «erregbares System». Im Grunde ist *jede* einzelne Zelle des Herzens ein elektrischer Oszillator und damit im Prinzip auch ein Schrittmacher – auch wenn sie unter normalen Bedingungen nicht als solcher arbeitet. Bei Ausfall der eigentlichen Schrittmacher ist der Herzschlag sehr viel langsamer als bei Kontrolle durch den Sinusknoten und auch langsamer als bei Kontrolle durch den AV-Knoten. Die Frequenz der Herzkammern, die von sich aus zucken, ist gerade mal halb so schnell wie ein normaler Herzschlag, etwa dreißig bis fünfunddreißig Schläge pro Minute. Die Koordination der Vorhöfe und Kammern, die durch den Pulsgeber Sinusknoten und den Überträger AV-Knoten so elegant gelöst war, ist ohne sie nicht mehr gesichert. Das Herz steht nicht still, aber es fehlt der unangefochtene Schrittmacher, der die Koordination übernimmt – und das kann zu Problemen führen.

Muskelpumpen

In Maurice Eschers Lithographie «Wasserfall» fällt Wasser über eine Kante aus der Höhe auf ein Mühlrad. Vom Mühlrad fällt es in ein Bekken, dessen Abfluss in einen kleinen Kanal mündet. Der Kanal hat eine leichte Neigung, und so folgt das Wasser fließend seiner Neigung in wechselnde Richtungen, bis es schließlich wundersamerweise wieder an die offene Kante zurückkehrt, von der es erneut als Wasserfall in die Tiefe stürzt. Auf das gleiche Mühlrad wie beim ersten Mal. Der Kreis ist geschlossen. Das Mühlrad kann sich ewig drehen.

Eschers Lösung für das Problem des Kreislaufs, der eine Mühle (oder jede beliebige andere Maschinerie) endlos mit Energie versorgt, ist eleganter als die Realisierung des Blutkreislaufs beim Menschen, der vom Herzschlag angetrieben wird. Der «Wasserfall» bedient sich lediglich einer einzigen, stets verfügbaren Antriebskraft: der Schwerkraft des Wassers. Die Energie, die das Wasser aus der Schwerkraft zieht, reicht aus, um den Wasserfall zu überwinden, so lange weiterzufließen, bis der Kreis geschlossen ist, und wieder von vorn zu beginnen. Deshalb kann es ewig fließen und das Wasserrad bewegen, das den Mühlstein dreht. Das stetige und Energie sparende (ja, sogar Energie aus dem Nichts erzeugende) Modell Eschers kennt keine Rhythmen, kein periodisches Pumpen, nur das ruhige und mühelose ewige Fließen des Wassers. Allerdings hat sich eine Mühle ohne Bach bis heute nicht als Energiequelle für ein reales Problem verwirklichen lassen.

Muskelpumpen dagegen arbeiten nach einem zweiteiligen Prinzip. Infolge eines elektrischen Signals ziehen sich in einer ersten Phase viele Fasern eines Muskels gleichzeitig zusammen und stoppen dann ihre Bewegung. Um weiterarbeiten zu können, regenerieren sie sich in der zweiten Phase. Wäre die Regeneration die exakte Umkehr der Kontraktion, dann würde sich nach einem Zyklus nichts verändern. Die Zustände vor

Abbildung 2: Maurice C. Escher, Wasserfall (1961)

und nach der Bewegung lohnten sich nicht: Sie hätten genauso gut nicht gemacht werden müssen.

Tatsächlich aber sind Kontraktion und Regeneration keine Spiegelbilder, sondern zwei voneinander getrennte und bei Muskelpumpen stets ungleiche Prozesse. Deswegen steht am Ende eines jeden Bewegungszyklus eine Veränderung. Durch eine geschickte Anordnung von Muskeln kann ihre zyklische Bewegung vom Körper in Nettoarbeit umgemünzt werden. Zum Beispiel, um analog dem Herzen andere Muskeln und sich selbst mit sauerstoffreichem Blut zu versorgen.

Eine zweite Muskelpumpe, die den Körper ebenfalls mit Energie versorgt, ist der Magen-Darm-Trakt. Er ist dafür zuständig, die Nahrung und die Flüssigkeit, die ihm bei den Mahlzeiten zugeführt werden, zur Verwertung von der Speiseröhre bis an den Ausgang an seinem Ende (und darüber hinaus) zu befördern. Auch im Magen-Darm-Trakt herrscht kein ruhiges und gleichmäßiges, müheloses Fließen, sondern Gedrücke und Geschiebe wie im Herzen. Gelegentlich kommt es auf kurzen Abschnitten zu gleichmäßigen und koordinierten Wanderwellen, die unter dem Begriff «Peristaltik» bekannt geworden sind. Häufig genug aber zucken kurze Segmente spontan und erfüllen dabei trotzdem ihre Transportaufgabe in die richtige Richtung, das heißt «analwärts».

Wie dem Herzschlag geht auch jeder Darmkontraktion ein elektrisches Signal voraus. Und ebenso wie der Herzschlag besitzt der Magen-Darm-Trakt autonome Schrittmacher für seine Aktivität, eigene Oszillatoren, die ohne externe Impulse von Nervenzellen arbeiten. Anders als das Herz können sich Magen und Darm aber längere Ruhepausen gönnen. Sobald der Großteil seiner Füllung verdaut ist, schaltet der Trakt deshalb auf einen gemütlicheren Ausputzrhythmus zurück, das sind Aktivitätsschübe im Abstand von etwa einer bis anderthalb Stunden. Erst mit der nächsten Mahlzeit muss er seine schnellen Verdauungskontraktionen wieder aufnehmen.

Die dritte wichtige Muskelpumpe für die Versorgung des Organismus ist das System Brustkorb-Zwerchfell, das die Atmung gewährleistet. Der Brustkorb und das Zwerchfell ziehen sich zusammen und pressen Luft aus der Lunge durch Nase und Mund hinaus, und bei Entspannung des Brustkorbs und des Zwerchfells füllt sich die Lunge wieder mit Luft aus der Umgebung. Ein besonders erfolgreicher Nettotransport der Luft gelingt dabei nicht, denn das ausgepresste Luftvolumen wird bei der Entspannung der Muskeln wieder zurückgeholt. Doch an dieses aktive Hin- und Herschaukeln eines bestimmten Volumens ist ebenfalls ein Nettotransport von Sauerstoff (und im Gegenzug von Kohlendioxid) gekoppelt. In der Lunge verliert die Atemluft Sauerstoff ans Blut, und die ausgeatmete Luft verwirbelt sich vor dem Mund mit Luft aus der Umgebung, die mehr Sauerstoff enthält. Auch bei ruhiger Körperhaltung ersticken wir deshalb nicht, da wir die ausgeatmete Luft nie zu hundert Prozent wieder zurückholen.

Wie der Herzschlag und die Darmtätigkeit benötigt auch die Atmung einen Schrittmacher. Die Kontraktion und Entspannung der Atmungsmuskulatur sind aber nicht autonom. Sie wird direkt vom Gehirn gesteuert. Dort arbeiten zwei voneinander getrennte Antriebe. Zum einen stimulieren Gruppen von sich selbst erregenden Nervenzellen im Stammhirn das unbewusste, vegetative Heben und Senken des Brustkorbs. Zum anderen kann die Atmung unmittelbar vom Willen geführt und sogar für begrenzte Zeit gestoppt werden. Die Impulse hierfür kommen von höheren Zentren des Gehirns, sie umgehen die Schrittmacherzellen im Stammhirn und aktivieren die Atmungsmuskulatur direkt. Durch diesen zweifachen Antrieb ist die Atmung auch für Aufgaben geeignet, die über die materielle Versorgung des Körpers durch rhythmischen Transport hinausgehen. Sind beispielsweise die Zentren des willkürlichen Atemantriebs gestört, dann fehlt die Möglichkeit, zu sprechen oder zu singen. Sowohl Sprechen als auch Singen brauchen den aktiven, willentlichen Beitrag des Brustkorbs und des Zwerchfells beim Ausatmen.

Verdauung und Atmung können ebenso wenig wie das Herz auf eine rhythmische Tätigkeit ihrer Muskeln verzichten. Wo Energie gebraucht wird, wird Energie gepumpt. Wo Energie verbraucht wird, wird Abfall gepumpt. Kohlendioxid und Fäkalien müssen ausgestoßen werden. Das strukturlose und eintönige Kreisen aus Eschers Bild ist im lebenden Organismus nicht zu finden. Wo Energie fließt, ist auch Rhythmus.

Die natürliche Variabilität des Herzschlags

An einem von außen besehen ereignisarmen Tag tut sich im Körper sehr viel, jedenfalls wenn der Herzschlag ein Maß für die Vorgänge unter der Haut ist. Die Zahl der Herzschläge pro Minute gemessen über vierundzwanzig Stunden zittert, schwankt, bricht aus, beruhigt sich, zittert stärker, wird weicher, fällt stark ab – der Kurvenverlauf wirkt so unsinnig kompliziert, dass es schwer ist, dahinter etwas anderes als den regellosen blinden Zufall zu vermuten. So gut wie keine Wiederholungen oder Muster kommen vor, aus denen man auf ergründbare, sinnvolle Zusammenhänge schließen kann. Im Tiefschlaf schlägt das Herz im Schnitt seltener, seine Frequenz ist niedriger – dies ist eine der wenigen zuverlässigen Aussagen. Aber der hält nicht lange an. In der nächsten Schlafphase beginnt das Herz wieder schneller und sogar unvermittelt heftig zu schlagen, vielleicht weil den Körper ein aufwühlender Traum erregt. Eine umfassende Interpretation ist schwierig, eine gute Prognose für den nächsten Tag unmöglich. Es passiert zu viel auf einmal. Einzelne starke Schwankungen lassen sich einfach erklären. Ein kurzer Spurt jagt den Herzschlag in die Höhe, die Muskeln fordern mehr Sauerstoff für ihre Arbeit. Ärger, Angst oder eine Beschämung erhöhen den Puls, das Gehirn aktiviert Nerven, die zum Herzen führen, und es schüttet Hormone ins Blut aus. Beides beschleunigt den Kreislauf. Liegt man lang gestreckt auf dem Sofa und entspannt sich, beruhigt er sich wieder. Der Herzschlag reagiert auf Belastungen und die Verfassung des Körpers.

Der Körper und seine Organe haben viele Ansprüche an das Herz. Die Ansprüche werden simultan registriert und dem Herzen zum Beispiel über vegetative Nerven an Punkte auf den Vorhöfen und den Kammern gemeldet. Das vegetative Nervensystem ist mit zwei Typen von Zellen an das Herz angeschlossen: den sympathischen und den parasympathischen. Beide steuern die Aktivität des Herzens, sie nehmen aber wegen unterschiedlicher Ankopplungen entgegengesetzten Einfluss auf die Häufigkeit der Schläge. Sympathische Meldungen «aktivieren», das heißt, sie erhöhen die Frequenz. Parasympathische Signale «hemmen», sie verlangsamen den Herzschlag und können ihn im Extremfall sogar ganz stoppen. Mit diesem Instrumentarium kann dem aktuellen Anspruch, zum Beispiel dem Bedarf an Sauerstoff in Muskeln und Gehirn, rasch entsprochen werden. Das ist nicht weiter erstaunlich, denn dafür ist der Herzschlag da. Es erklärt aber bei weitem noch nicht alle seine Schwankungen.

Auch bei längerer Ruhelage des Körpers, ohne Belastung der Muskeln, und ohne aufwühlende Emotionen schwankt der Herzschlag noch immer deutlich. Ein Teil dieser Fluktuationen ist auf Wechsel von Aktivierung und Hemmung aus dem vegetativen Nervensystem zurückzuführen. Da die Signale der Nervenzellen Informationen aus sehr vielen Quellen überbringen, wird klar, warum der Herzschlag innerhalb von Minuten mehrfach an- und wieder abschwellen kann. Es ist auch möglich, dass das vegetative Nervensystem nicht nur passiver Überträger fremder Botschaften ist, sondern auch internen Schwankungen unterliegt, die sich auf den Herzschlag auswirken. Dann wäre ein Teil der Fluktuationen immer da und auch vom Körper in gewisser Weise gewollt. Die Reaktion auf den aktuellen Bedarf würde diese Grundschwankung nur überlagern. Die Vorstellung, im Brustkorb ticke ein Metronom, das nur bei Bedarf etwas schneller oder langsamer eingestellt wird, ist sicher zu simpel.

Auch die Atmung nimmt ihren Einfluss auf den Herzschlag. Atmung ist selbst eine unaufhörliche Oszillation von Muskulatur mit einem eigenen separaten Schrittmacher. Ebenso wie der Herzschlag wird sie nach Bedarf durch vegetative Nerven geregelt und passt sich an, wenn der Körper durch Bewegungen belastet, von Emotionen bewegt oder vom Schlaf überwältigt wird. Die Atmung und der Herzschlag können direkt miteinander verbunden sein. Der Herzschlag reagiert darauf, dass sich der Druck im Brustkorb beim Atmen verändert. So kann der Atemrhythmus dem Herzrhythmus überlagert werden. Überprüfen Sie das an sich. Atmen Sie hörbar und fühlen Sie gleichzeitig den Puls. Schon nach kurzer Zeit werden Sie für die Schwankungen Ihres Herzschlags sensibel. Wenn Sie dann die Geschwindigkeit des Atmens ändern, können Sie feststellen, ob der Puls dieser Veränderung folgt oder nicht.

Es gibt Atemtechniken für Meditationen, die mit etwas Training einen bewussten Einfluss auf vegetative Zustände erzielen. Unter Umständen lässt sich sogar eine stabile Beziehung zwischen Atmung und Herzschlag einleiten, die ohne bewusstes Nachregulieren einige Zeit anhält. Beim ruhenden Erwachsenen aber kann sich der Herzschlag sowohl während des Ein- wie auch während des Ausatmens beschleunigen. Die zwei Vorgänge scheinen weitgehend unabhängig voneinander zu sein. Aber bei kräftiger, tiefer Atmung passt sich die Geschwindigkeit des Herzschlags an die Atemphasen an. Sie beschleunigt sich beim Ein- und verlangsamt sich beim Ausatmen.

Neuere Untersuchungen zu dieser Frage deuten an, dass sich auch im Alltag *vorübergehende* Beziehungen zwischen Atmung und Herzschlag einstellen, die sich aber normalerweise auch genauso leicht wieder lösen. Das Verhältnis von Atemfrequenz zu Herzfrequenz kann zwischen den Polen «feste Beziehung» (also zum Beispiel sechs Herzschläge pro Atemzug) und «keine Beziehung» mit fließenden Übergängen wechseln – ein typisches Phänomen im Verhältnis von zwei schwach oder indirekt verbundenen Rhythmen.

Der Herzschlag wird einfacher, wenn er sich weder an die Anforderungen des Körpers anpassen muss noch von der Arbeit anderer Rhythmen beeinflusst wird. Ein vom Körper isoliertes Herz zeigt in seiner Schlagfolge deutlich weniger Irritationen und Komplikationen, aber selbst dann sind die zeitlichen Abstände zwischen zwei Schlägen noch immer nicht konstant. Der Grund dafür besteht darin, dass die Zellen des Sinusknotens ihre Potenzialimpulse auch unter konstanten Bedingungen nicht gleichmäßig austeilen. Selbst der von der Umwelt und vom Organismus abgekoppelte Herzschlag ist variabel. Modellexperimente hierzu werden an Gewebeproben von tierischen Herzen unter gut kontrollierbaren, konstanten Laborbedingungen durchgeführt. Beispielsweise lassen sich Zellen des Herzens vom Hühnerembryo entnehmen und in Glasschalen kultivieren, in einer definierten Nährlösung, losgelöst vom Zusammenspiel mit dem Rest des Körpers. Die isolierten Gewebeproben «schlagen» weiter, solange in der Lösung genügend Nährstoffe und die für die Erregung benötigten Ionen vorhanden sind. Die Abstände zwischen den Schlägen sind aber ungleich. So gut man die Bedingungen im Labor auch kontrolliert, eine saubere Periode stellt sich nie ein, obwohl der Schlag aller Zellen innerhalb eines Verbandes synchron ist. Und diese Schwankungen sind durchaus kräftig. Bei einer durchschnittlichen Dauer zwischen zwei Pulsen von 690 Millisekunden schwanken sie im Einzelfall zwischen 670 und 720 Millisekunden. Auch besitzen sie keine einfache Ordnung. Es ist also nicht so, dass die Zeiträume erst langsam ab- und dann langsam wieder zunehmen, oder dass stets eine kurze auf eine lange Dauer folgt. Die Variationen sind schwächer als beim Herzen, das im frei laufenden Huhn schlägt, doch die Irregularität bleibt.

Der dünne Film durchsichtiger Zellen, die in einer Petrischale schwimmen, eignet sich ausgezeichnet für Versuche. Daraus lassen sich zwar noch keine definitiven Schlüsse über die Kontraktionen des voll entwickelten Herzens ziehen, denn es fehlen noch die ausgebildeten kontrahierenden Muskelzellen. Aber das spontane elektrische Pulsieren ist dem Pulsieren des späteren Schrittmachers schon so verwandt, dass sich konkrete Hinweise auf *mögliche* Störungen des Herzschlags und insbesondere Antworten auf die Frage, wie und warum sich der Charakter des Herzschlags wandeln kann, erwarten lassen.

Das Entstehen eines Pulses in einer einzelnen Zelle ist vom Salzgehalt der Umgebung der Zelle abhängig. Deshalb werden die präparierten Zellen in Lösungen unterschiedlicher Salzkonzentrationen getaucht und in ihrer Aktivität verglichen. In einer physiologischen Lösung schwanken die Potenziale um einen Mittelwert, aber sie sehen stets gleich aus (vergleiche die untere Kurve in Abbildung 3). Diese Lösung entspricht der Flüssigkeit, welche die Zellen auch im Organismus vorfinden.

Erhöht man nun aber die Konzentration des Kalziums in der Petrischale, dann beginnt der Verband der Zellen spontan anders zu schlagen. Die Pulsfolge hat gegenüber den Schwankungen bei dem «normalen» Kalziumgehalt (Abbildung 3, oben) eine neue Qualität. Es gibt Passagen, die wie eine normale Schlagfolge aussehen, dann aber setzen einzelne Schläge oder sogar Gruppen von Schlägen aus, und es können auch drei

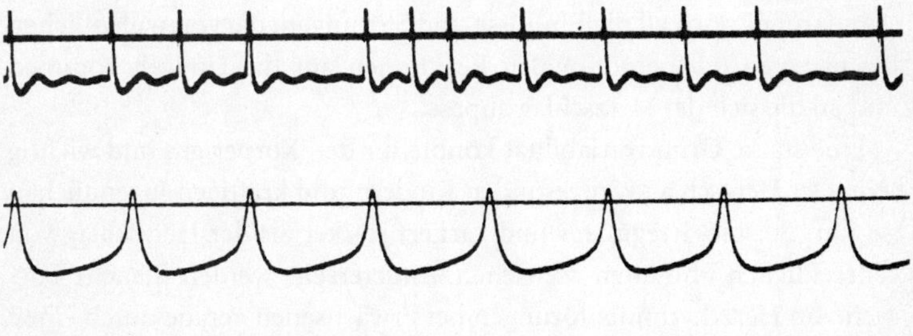

Abbildung 3: Irreguläre Erregungen von kultivierten Herzzellen mit zu viel Kalzium (oben) und normale Erregungen (unten)

Schläge sehr schnell aufeinander folgen. Hatten wir unter normalen Bedingungen einen zwar variablen, aber doch einfachen Grundrhythmus, so ist mit mehr Kalzium der Sprung zu einem «Stolperrhythmus» gemacht. Ein so angetriebenes Herz würde nie zu seinem Grundrhythmus finden, sondern sich laufend «verstolpern». Kontraktionen fehlten, oder die Kontraktionen wären so schnell, dass die Kammern nicht ausreichend Zeit hätten, sich mit Blut zu füllen.

Schwimmen die Zellen in einer Lösung mit noch mehr Kalzium, wird das Ergebnis noch dramatischer. Der Stolperrhythmus verschwindet. Es verlieren sich sogar *alle* echten Erregungspulse. Die Messelektroden registrieren nur noch nervöses Flimmern der Potenziale. So etwas wie ein «Rhythmus» ist nicht mehr vorhanden. Der Grund dafür besteht darin, dass die Zellen der Gewebeprobe nicht mehr synchron schlagen. Die interne Koordination der Zellen untereinander ist verloren. Jede Zelle pulsiert nur noch für sich, zu beliebigen Zeitpunkten, ohne auf die Signale der Nachbarn Rücksicht zu nehmen. Ein Schrittmacher mit einem solchen rhythmischen Wirrwarr kann keine klaren Impulse mehr geben. Würden sich auch die Muskelzellen der Vorhöfe oder Kammern so undiszipliniert erregen, dann wäre eine wirkungsvolle Kontraktion ausgeschlossen. Das Verhalten der Zelle in der Kulturschale erinnert deshalb – vielleicht nicht ganz zu Unrecht – an das gefährliche «Herzflimmern».

Unter normalen Verhältnissen gibt der Schrittmacher des Herzens einen in Grenzen stabilen, aber variablen Rhythmus vor. Dieser unvermeidbaren Grundvariabilität überlagern sich die Einflüsse der Atmung, der Verdauung, der Drüsen- und der Gehirnaktivität. Zuletzt addieren sich darüber noch all die Einflüsse und Störungen, die von willentlichen Bewegungen oder emotionalen Reaktionen auf die Umwelt kommen und an die sich der Herzschlag anpasst.

Eine starke Grundvariabilität könnte für den Körper gut und wichtig sein. Der Herzschlag von gesunden Kindern und kräftigen Jugendlichen ist zum Beispiel irregulärer und variiert stärker als der Herzschlag von gebrechlichen und alten Menschen. Andererseits werden manche Formen von Herzrhythmusstörungen bei Erwachsenen gerade durch einen starren und wenig variablen Herzrhythmus eingeleitet. Und bei Föten im Mutterleib ist eine geringe Variabilität des Herzschlags eher bedrohlich und wird als Zeichen eines erhöhten Risikos interpretiert. Die Variabilität des gesunden Herzens ist vielleicht nicht nur unvermeidlich, sie hilft dem Körper, flexibel zu sein. Aber nicht alles, was irregulär ist, ist auch «natürlich» und «variabel». Sobald ein Herzschlag seine Koordination verliert wie jene Zellen in der Petrischale, wird die Frage nach dem Rhythmus zu einer Überlebensfrage.

Bum-budi Bum-budi Bu-bu-bum

Wenn es nur immer so einfach wäre! Manche Beschwerden, so schlimm sie auch sein mögen, haben eine eindeutige und benennbare Ursache. Und wenn man die Ursache kennt und ihr sogar von Angesicht zu Angesicht gegenübersteht, dann ist – zumindest in der Idealwelt des populären Schlagers – auch schon die Lösung in greifbarer Nähe. Vor allem, wenn es sich um Angelegenheiten des Herzens handelt.

Ein Schlager, der mir beim Schreiben dieses Textes einfällt, stammt aus den sechziger Jahren. Obwohl ich mich nicht erinnern kann, das Lied in den letzten dreißig Jahren gehört zu haben, erkannte ich es sofort wieder, als es vor kurzem im Radio lief: Eine Frau kommt zum Arzt und schildert ihre Beschwerden. Etwas stimmt nicht mit ihr, sie kann sich gar nicht denken, woher es kommt. Sie ist so aufgewühlt, so durcheinander, weiß nicht mehr, wo ihr der Kopf steht. Etwas in ihr sagt, dass sie den Arzt aufsuchen muss. Ach ja, und nicht zu vergessen, das Herz. Was ist das nur? Es schlägt in einem fort

Bum-budi Bum-budi Bum-budi-bum
Bum-budi Bum-budi Bu-bu-bum

Der Arzt runzelt lächelnd die Stirn. *Quel Malheur, Madame*, bemerkt er charmant. Ein sonderbarer Fall. Was mag es wohl sein? Sie wird doch nicht etwa …? Er muss sich das genauer anhören, vor allem das Herz. Er nimmt sein Stethoskop und horcht, dabei vielleicht sogar sanft ihre Brust drückend. Er schüttelt scheinbar ungläubig den Kopf. Denn tatsächlich, es ist gut zu hören – ihr Herz schlägt

Bum-budi Bum-budi Bum-budi-bum
Bum-budi Bum-budi Bu-bu-bum

Es wird jetzt sogar noch schlimmer! Und durch die zunehmend lustvoller werdende Untersuchung stellt sich (natürlich nicht ganz unerwartet) heraus, dass die Ursache aller Verwirrung und Aufwallung gar nicht so weit entfernt ist. Es ist der Arzt selber (gesungen von Peter Frankenfeld, glaube ich mich zu erinnern), oder vielmehr *der Mann* in ihm, sein männlicher Körper (obwohl das Genre des Schlagers die direkte Sprache meidet und dies nur andeutet). *Er*, niemand anders als *er*, ist die Ursache aller Aufregung und Turbulenz, und – so darf man schließen – niemand anders als *er* ist wohl auch die beste Therapie. Jedenfalls für *sie* und für ihr

Bum-budi Bum-budi Bum-budi-bum
Bum-budi Bum-budi Bu-bu-bum
Bum-budi Bum-budi …

Das Elektrokardiogramm

Ein schlagendes Herz verschickt auch elektrische Signale, denn mit jeder Erregung verteilen sich positive und negative Ladungen um, mit jeder Rückkehr in den Ruhezustand ebenfalls. Es arbeitet wie ein schwingender Dipol und erzeugt ein elektromagnetisches Feld, das sich im Körper in alle Richtungen ausbreitet. Dadurch wird das Herz zu einem «Sender», der seine Signale wie über eine Antenne «abstrahlt».

Information über die Erregung der Herzzellen kann nicht nur am Herzen selbst, sondern auch noch in einiger Entfernung empfangen werden. Dies macht man sich bei der Elektrokardiographie zunutze. Die Umpolung mit jedem Herzschlag ist stark genug, um auf der Brust ein Signal von einigen Millivolt zu erzeugen. An den Händen und Füßen ist es immerhin noch etwa ein Millivolt. Viel weiter reicht das Feld allerdings nicht. Denn die Luft ist ein viel schlechterer Leiter als die Organe und Körperflüssigkeiten. Aber es erspart dem Arzt die Mühe, zur Kontrolle des Herzschlags Elektroden direkt in den Herzmuskel stechen zu müssen. Stattdessen setzt er sie auf die Haut. Traditionell kommen Elektroden an die beiden Handgelenke und an den linken Fuß. Das Ergebnis der Messung des elektromagnetischen Feldes ist das Elektrokardiogramm.

Die Technik der Elektrokardiographie wurde erstmals 1903 von dem holländischen Arzt Willem Einthoven unter dem Titel «Ein neues Galvanometer» beschrieben. Er hatte einen Quecksilberspiegel beobachtet, der unter dem Einfluss der Potenziale des Herzens wackelte. Es gelang ihm, aus diesem Wackeln verschiedene «Zacken» zu rekonstruieren und sie den Phasen des Herzschlags zuzuordnen: zum Beispiel eine Zacke für die Erregung der Vorhöfe und eine andere für die Erregung der Kammern. Die Bedeutung dieser Form der Messung für die klinische Diagnose wurde rasch erkannt, und Einthoven erhielt 1924 für seine Arbeiten den Nobelpreis für Medizin.

Extrasystolen – die Abweichung vom Grundrhythmus

Jede Zelle des Herzens hat ihren eigenen Rhythmus. Das Schlimmste, was dem Herzen im Sinne des Rhythmus passieren kann, ist, wenn alle seine Zellen voneinander elektrisch isoliert sind. Jede wäre für sich aktiv, aber sie hätten aufeinander keinerlei Einfluss mehr. Fehlt jede Kopplung, dann entsteht das größtmögliche Durcheinander. Ohne Kopplung ist die maximale Unordnung unvermeidlich, selbst wenn alle Zellen ursprünglich einmal perfekt gleichgeschaltet waren. Ihre Variabilität lässt jeden Gleichtakt schnell zerfallen. Jedwede Ordnung geht verloren: Das ist die rhythmische Katastrophe.

Das Optimale, was dem Herzen im Sinne seines Rhythmus passieren kann, ist, wenn zwischen jeder Zelle mit allen ihren Nachbarn eine perfekte Kopplung besteht. Die Zellen des Sinusknotens geben klare Impulse, Vorhöfe und Kammern kontrahieren jeweils synchron. Alle Zellen werden von dem einen Schrittmacher beherrscht und unterwerfen sich ihm. Die Dominanz ist gegeben, solange die Impulse des Sinusknotens die schnellsten sind, den Muskelzellen zugleich aber genügend Zeit zur Regeneration lassen.

Die optimale Koordination des Herzschlags kann aber gestört werden; weil jede Zelle ein Oszillator ist und alle Zellen miteinander gekoppelt sind, ist im Prinzip auch jede andere Zelle in der Lage, die Rolle des Schrittmachers zu übernehmen. Dafür kommen zwei Gründe infrage. Möglicherweise ist zum einen der Sinusknoten zu langsam geworden und zögert zu lange, um einen Impuls zu senden, der seine Kontrolle sichert. Unter Umständen kommt ein neuer Impuls in dieser Phase des Verzugs dann von einem anderen Teil des Herzens. Seine Quelle kann der AV-Knoten sein, eine reizleitende Faser, aber auch ein Bündel von Zellen auf der Herzkammer, das sich gerade zufällig selbst erregt. Vielleicht ist zum anderen auch ein Stück Gewebe auf den Vorhöfen oder Kammern physiologisch verändert. Es hat dadurch eine schnellere Selbsterregung als seine Umgebung und schafft es durch eine günstige Konstellation, einen Puls vor dem Sinusknoten auszulösen. In beiden Fällen verursacht die falsche Geschwindigkeit der Selbsterregung einiger weniger Zellen die Störung der optimalen Koordination. Die Folge der Störung sind die Arrhythmien oder Herzrhythmusstörungen, von denen ich einige Beispiele anhand ihrer Elektrokardiogramme vorstelle.

Der optimal koordinierte Herzschlag hinterlässt im Elektrokardiogramm ein Muster, dessen auffälligstes Merkmal eine scharfe Spitze ist, die von der regulären Kontraktion der Herzkammern herrührt. Diese Spitze soll den Herzschlag repräsentieren, der vom Sinusknoten ausgeht.

Der normale Herzschlag ist ein typischer «Einerrhythmus». Jeder Schlag ist gleich, musikalisch würde man sagen, gleiche Klangfarbe und gleich betont. Wir können alle Spitzen mit dem gleichen Symbol markieren, zum Beispiel mit einem B (für «Beat»). Die Abstände zwischen den Schlägen schwanken, und dies spiegelt die Variabilität des Sinuskno-

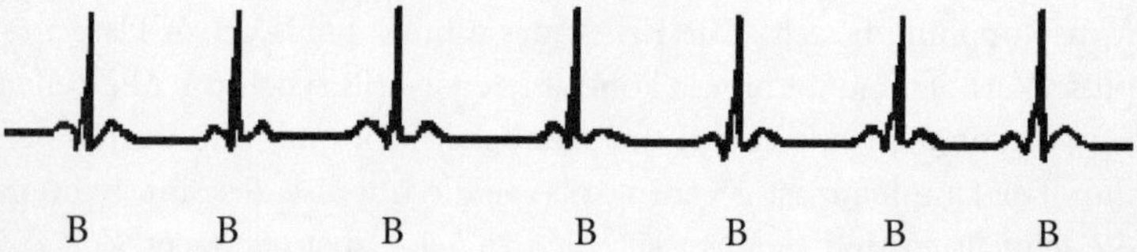

Skizze 1: Normaler Herzschlag

tens wider. Es behindert den Grundrhythmus nicht. Bei Herzrhythmusstörungen treten neue Schläge mit einer anderen Form auf. Sie werden Extrasystolen genannt und sind mit dem Symbol E markiert. Extrasystolen vom Typ E zeigen, dass auf dem Herzen ein zweiter Schrittmacher neben dem Sinusknoten aktiv ist. Ihre Form hebt sich vom Typ B ab, weil die Koordination der Erregung umgestellt ist. Bleiben sie selten, dann sind sie meist harmlos. Hier ein Beispiel, in dem sie häufig vorkommen:

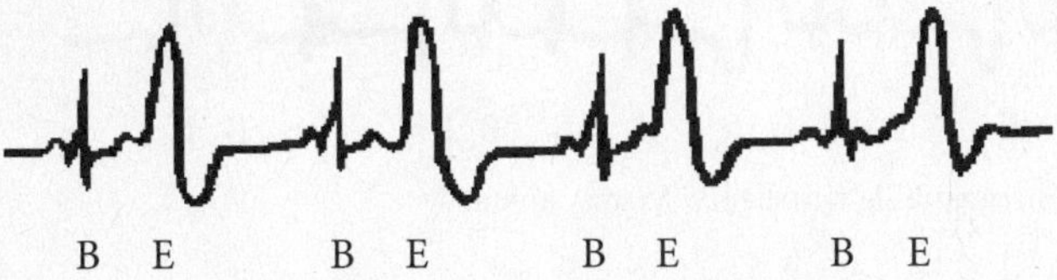

Skizze 2: Eine Extrasystole pro normalem Herzschlag

Jedem B(eat) folgt ein E(xtrabeat) und nach jedem E eine Pause. Im Vergleich zum Grundrhythmus fehlt jeder zweite Schlag vom Typ B – der Extrabeat E hat ihn verhindert. Das Schema ergibt einen Dreierrhythmus mit zwei unterschiedlichen Schlägen und einer Pause. Dies wird gelegentlich als Bigeminie («Zwei-Schlägigkeit») bezeichnet. Musikalisch gedeutet, kommt das Schema einem Dreiertakt nahe. Hört man ihn mit betonten E-Schlägen (jeweils ein E auf dem ersten Ton eines Taktes), dann hört man eine rhythmische Struktur wie in dem Lied: In EI-nem WIE-sen GRUN-de (da) SCHLÄGT-ein MÜH-len RAD …

Bei einem langsamen Grundschlag können sich Extrasystolen einfädeln, ohne den Rhythmus der regulären Beats zu stören:

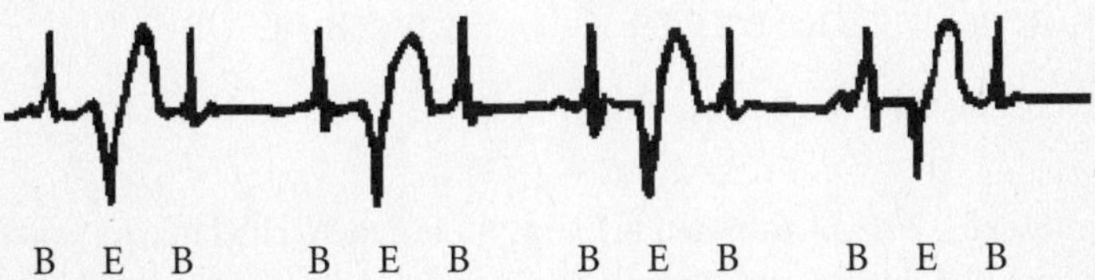

Skizze 3: Eine Extrasystole für je zwei normale Schläge

Hier schlägt die Extrasystole nach jedem zweiten Grundschlag, der ursprüngliche B-Schlag bleibt erhalten. Eine Pause fehlt. Musikalisch ist das Schema dem vorherigen nah verwandt. Es wären aber zwei B-Schläge pro Takt zu hören.

Auf solchen regelmäßigen Grundschemen lassen sich komplexere Rhythmen aufbauen, die sich der gleichen Elemente bedienen:

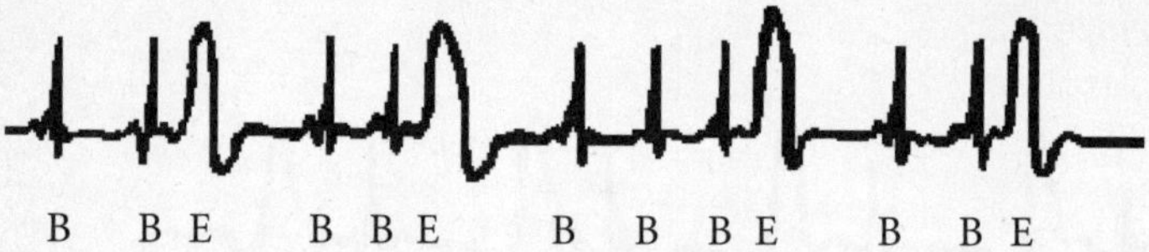

Skizze 4: Unregelmäßig einfallende Extrasystolen

Die Extrasystolen E fallen in diesem Beispiel entweder nach zwei *oder* nach drei Schlägen B ein und unterdrücken jeweils einen normalen Schlag. Die ersten zwei Motive legen einen Vierviertelktakt nahe. Versucht man aber die Extrasystolen E mitzuklatschen, dann sind die ersten beiden am richtigen Platz – doch die dritte kommt «zu spät». Sie ist durch ein zusätzliches B verzögert. Man hört eine *Synkope* – den richtigen Schlag zur falschen Zeit.

Eine ganz andere Variante bilden *Salven* von Extrasystolen:

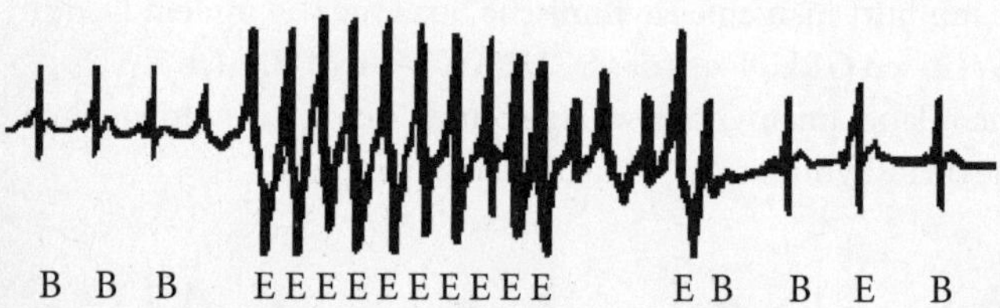

Skizze 5: Eine Salve von Extrasystolen

Hier löst eine einzeln auftretende Extrasystole den Wechsel in eine ganze Serie von E-Schlägen aus. Anstelle von zwei B- stehen je drei E-Schläge. Sie sind also schneller. Trotzdem kehrt der Grundrhythmus nach der kurzen Salve wieder. Musikalisch hören sich die Schläge der Salve wie *Triolen* an. Der Ausruf «What a wonderful world!» in dem gleichnamigen populären Lied ist charakteristisch und eingängig, weil «wonderful» als Triole gesungen wird. Sie täuscht einen Taktwechsel an, doch wird dies schon mit dem nächsten Ton («world») wieder korrigiert. Singt man die Phrase stattdessen mit «eine wundervolle Welt!», dann geht der innige Ausdruck verloren. Das regelmäßige, viersilbige «wundervolle» wirkt vergleichsweise belanglos.

Lässt man sich von der Musik inspirieren und denkt sich weitere rhythmische Kombinationen von Schlägen des Typs B und E aus, dann ist es gut möglich, dass sich auch eine Person findet, deren Herz in dieser Kombination schlägt. Allerdings werden «Taktschemen» weder präzise noch über lange Zeit befolgt. Zu viele andere Faktoren nehmen ihren Einfluss darauf. Die Übereinstimmungen sind daher immer nur vorübergehend. Interessant ist aber, dass bei aller Vergänglichkeit bei ein und derselben Person ein Schema zwar nicht erhalten bleibt, aber rhythmische *Motive* dennoch häufig wiederkehren. Bestimmte Kombinationen von B und E haben eine höhere Wahrscheinlichkeit, verwirklicht zu werden. Manchmal sind sie so typisch, dass man die Person anhand des Elektrokardiogramms, an der es gemessen wurde, identifizieren kann. Die Wiederkehr von auffälligen und aus der Reihe tanzenden Motiven gibt einem Menschen, genauso wie einem Musikstück, eine charakteristische rhythmische Färbung oder Qualität.

In den Beispielen mit zwei Typen von Schlägen konnten wir hören und sehen, wie auf dem Herzen zwei Schrittmacher gleichzeitig arbeiten. Der Herzrhythmus war das Produkt einer Konkurrenz, die zu einer Absprache, einem rhythmischen Kompromiss führte. Solch ein Kompromiss gelingt nicht immer, denn im Grunde versucht jeder Schrittmacher, die Oberhand zu gewinnen und mit seiner Erregung möglichst das ganze Herz zu überziehen. Manchmal gelingt dies spontan und ohne viel Mühe. Wenn der Sinusknoten in der Konkurrenz unterliegt, dann kann der Schrittmacher mit den Schlägen E das Herz uneingeschränkt beherrschen. Ein Beispiel ist das Kammerflattern.

Die Herzkammern werden stark und gleichmäßig erregt. Doch zwischen zwei Schlägen bleibt dem Blut kaum Zeit zum Nachfließen. Die

Kammern pumpen nur sehr wenig Blut. Greifen ein dritter und gar noch ein vierter Schrittmacher in das Geschehen ein, dann ist es mit der rhythmischen «Absprache» vorbei. Ein sinnvolles, koordiniertes Schlagen des Herzens wird beinahe unmöglich. Kein einzelner Impuls kann mehr das ganze Herz erregen. Jeder Versuch dazu wird von einem Konkurrenzschrittmacher zumindest zum Teil verhindert. Fast immer laufen mehrere Erregungen gleichzeitig über Vorhöfe und Kammern. Die Folgen sind, wie es manchmal sachlich ausgedrückt wird, «hämodynamisch ungünstig»: Das Blut fließt nur noch schlecht oder gar nicht mehr. Die musikalische Analyse wird schwierig, denn es sind keine separaten Einzelschläge zu erkennen. Ähnlich wie bei den Zellen des Hühnerherzens ist aller Rhythmus verloren. Es wird nur noch ein Zittern gemessen (siehe Abbildung 1e, Seite 18). Das Herz flattert nicht mehr, es *flimmert.* Es ist kurz davor, ganz zu versagen.

Weniger ist nicht immer besser – die CAST-Studie

Eine häufige Ursache des «plötzlichen Herztods» ist das so genannte Kammerflimmern, eine bedrohliche Störung des Herzrhythmus. Das «Flimmern» bezeichnet ein ungeordnetes Durcheinander von Erregungen. Am flimmernden Herzen von Tieren sieht man bei geöffnetem Brustkorb auf beiden Herzkammern an verschiedensten Stellen nervöses Zucken, ohne dass sich der Herzmuskel als Ganzes dabei nennenswert dehnt oder zusammenzieht. Der Sinusknoten ist als Schrittmacher ausgefallen, es konkurrieren mehrere oder sogar viele Erregungszentren auf den Herzkammern. Sie behindern sich gegenseitig und keines scheint gewillt, nachzugeben. Das Herz ist durchaus noch aktiv, aber es kann kein Blut mehr pumpen. Stellt man sich das Kammerflimmern zusammengesetzt aus den Erregungen vieler einzelner Pseudoschrittmacher vor, dann wird klar, dass die ersten Extrasystolen, die von solchen Zentren auf den Kammern kommen, mögliche Vorläufer des Herzflimmerns und damit auch des «plötzlichen Herztods» sind. Die Analyse der Extrasystolen im Elektrokardiogramm ist daher ein wichtiges Instrument, um das Risiko des plötzlichen Herztods abzuschätzen.

Mit dieser Hypothese beschäftigten sich 1971 Bernhard Lown und Marshall Wolf. In einem Artikel entwarfen sie ein Klassifikationsschema für die Extrasystolen der Herzkammern, das von vereinzelten Schlägen (... B-B-B-B-E-B-B-B ...) bis zum Kammerflattern (... E-E-E-E ...) reicht. Zu jener Zeit war bereits bekannt, dass eine große Zahl von Extrasystolen des Typs E auch ein hohes Risiko bedeutet. Lown und Wolf schlugen deshalb vor, dieses Risiko, am plötzlichen Herztod zu sterben, mit Anti-Arrhythmika zu vermindern, das heißt, Patienten mit vielen Extrasystolen sollten präventiv Mittel einnehmen, die die Zahl der Kammererregungen verkleinern. Um die Hypothese wissenschaftlich abzusichern, empfahlen die Autoren umfangreiche Studien an Personen, die einen Herzinfarkt überlebt haben und dadurch besonders gefährdet sind, an den Folgen des Kammerflimmerns zu sterben.

Der Artikel von Lown und Wolf enthält aber zwei wichtige Warnungen für solche klinischen Studien. Die erste ist, dass einige der (damals im Umlauf befindlichen) Anti-Arrhythmika bei längerer Einnahme für den Körper giftig und für eine vorbeugende Behandlung deshalb ungeeignet sind. Die zweite Warnung entspringt ihrer Beobachtung, dass viele Patienten auch mit häufigen Kammersystolen sehr gut leben können. Es wird betont, es sei vielleicht gar nicht so sehr die Zahl der Extrasystolen als vielmehr das *Muster* ihres Auftretens, das als eigentlicher Vorläufer des Kammerflimmerns zu gelten habe. Lown und Wolf raten deshalb nachdrücklich, dass erst geklärt sein müsse, welche Motive und Muster von Extrasystolen wirklich ein hohes Risiko bedeuten, bevor man auf wissenschaftlicher Grundlage Anti-Arrhythmika vorbeugend einsetzen kann. Als sechzehn Jahre später eine große Studie im Sinne von Lown und Wolf begann, wurde die zweite Warnung nicht beachtet.

Die Untersuchung, die später als CAST-Studie berühmt werden sollte (CAST = Cardiac Arrhythmia Suppression Trial), formuliert als Grundlage im Wesentlichen die Hypothese von Lown und Wolf: Es ist bekannt, dass Personen mit mehr als zehn Kammersystolen pro Stunde statistisch viermal häufiger sterben als Menschen mit weniger als zehn solcher Schläge. Folglich kann ein Medikament, das die Zahl der Extrasystolen pro Stunde verkleinert, auch das Risiko des plötzlichen Herztods, der durch Arrhythmien ausgelöst wird, verringern. Eine schlüssige Testreihe, die dies belegen könnte, war sowohl für die Hersteller von Anti-Arrhythmika als auch für die behandelnden Ärzte umso dringlicher geworden, als eine Anzahl von Studien zwischen 1977 und 1987 diese Hypothese *nicht* bestätigt hatte. Für die CAST-Studie wurden 1498 Patienten ausgewählt, die alle bereits einen Herzinfarkt hinter sich hatten. Ein Teil von ihnen wurde ohne medikamentöse Behandlung überwacht. Die übrigen Patienten wurden in zwei Gruppen geteilt. Jede Gruppe erhielt ein antiarrhythmisches Medikament. Die Testreihe war vom renommierten National Institute of Health in Bethesda angelegt und auf drei Jahre geplant worden. Schon nach zehn Monaten jedoch wurde die Untersuchung abgebrochen und die Behandlung mit den Anti-Arrhythmika «Ectainide» und «Flectainide» eingestellt.

In dieser Zeit waren neunundfünfzig Patienten an Arrhythmien des Herzens gestorben. In einer Gruppe von Infarktpatienten mit erhöhtem Risiko wäre das für sich genommen noch nicht ungewöhnlich. Ungünstigerweise aber befanden sich unter den neunundfünfzig Patienten, die an den Folgen von Herzrhythmusstörungen gestorben waren, nur sechzehn aus der Kontrollgruppe, die *kein* Medikament bekommen hatte. Dreiundvierzig der verstorbenen Patienten dagegen hatten Anti-Arrhythmika eingenommen. Die Veröffentlichung dieser Ergebnisse zwei Jahre nach dem Abbruch der Behandlungen resümiert frustriert: «Die Mechanismen der erhöhten Sterblichkeit während der Behandlung [mit Anti-Arrhythmika] bleiben unbekannt.» Ebenso richtig wäre der Satz gewesen: Wir wissen nicht, warum ein größerer Anteil von Patienten überlebte, die nicht mit einem Medikament behandelt worden waren. Die Korrektheit der Daten dieser Studie ist bis heute nicht ernsthaft angezweifelt worden.

Welche Bedeutung hat dieses Ergebnis dreißig Jahre nach der Warnung von Lown und Wolf und zehn Jahre nach Veröffentlichung der CAST-Studie? Es ist zunächst wichtig, die Grenzen der Aussagekraft der Studie nicht zu vergessen. Erstens waren nur Patienten nach einem überstandenen Herzinfarkt ausgewählt worden. Zweitens wurden nur zwei Mittel mit negativem Ergebnis getestet, «Enctainide» und «Flectainide». Und drittens war die Sterblichkeit bei der Behandlung mit diesen Mitteln keineswegs so hoch, dass man zu Recht behaupten könnte, die Patienten seien *durch die Behandlung* mit den Medikamenten gestorben. Sicher ist aber, dass sich bei den ausgewählten Patienten kein Vorteil durch die Behandlung mit Anti-Arrhythmika erkennen ließ. Allerdings nahmen die beteiligten Fachärzte den beobachteten Effekt so ernst, dass sie die Studie, die sie mit großem Aufwand auf drei Jahre angelegt hatten, nach nur zehn Monaten abbrachen.

Die Studie hat zu einer Verunsicherung beim Umgang mit Anti-Arrhythmika geführt und deutlich gemacht, dass diese Behandlungsform beim Umgang mit Komplikationen des Herzrhythmus zumindest bis zu einem gewissen Grad wie eine Versuch-und-Irrtum-Methode erscheint, deren wissenschaftliche Basis noch nicht hinreichend abgesichert ist. Die so genannte CAST-II-Studie mit einem weiteren Mittel («Moricizin») kam zu einem ähnlich negativen Resultat. Die Studie SWORD (survival with Oral d-Sotabol) wurde nach vierzehn Monaten abgebrochen, weil mehr behandelte Patienten an Herzrhythmusstörungen gestorben waren als in der Kontrollgruppe ohne das Medikament. Ähnlich breit angelegte neuere Studien, die den *Erfolg* der Behandlung mit Anti-Arrhythmika eindeutig belegen, sind mir nicht bekannt. Das kann insbesondere auch daran liegen, dass es seit Lown und Wolf noch immer keine überzeugende neue Hypothese über den rhythmischen Unterschied von «verträglichen» und «gefährlichen» Störungen des Herzschlags gibt, die man durch schlüssige Experimente testen könnte. Bis heute fehlt auch eine allgemein anerkannte Methode, um aus dem Elektrokardiogramm und anderen verfügbaren Daten eines Patienten zuverlässig zu entscheiden, ob er in hohem Maße gefährdet ist oder ob seine Rhythmusstörungen unbedenklich sind. Und es fehlt die *gezielte* Behandlung für Patienten mit hohem Risiko.

Die CAST-Studie belegt, dass unsere Klassifikation der Herzrhythmusstörungen unzureichend ist. Nur die Extreme sind klar. Sehr wenige Extrasystolen bedeuten kein erhöhtes Risiko, sehr viele Extrasystolen bedeuten hohes Risiko. Die Grauzone zwischen den Extremen ist unklar. Das Risiko steigt nicht geradlinig mit der Zahl der Kammersystolen pro Stunde an. Ordnung oder Gleichförmigkeit des Herzschlags sind kein direktes Kriterium, um das Risiko abzuschätzen. Der Rhythmus wird zwar durch den Einschub von Extrasystolen unregelmäßiger und komplexer, aber das gefährliche Kammerflattern zum Beispiel kann wieder sehr einfach und regelmäßig sein.

Man kann weitere Studien abwarten und von Tierversuchen Aufschluss erhoffen. Auch sind mit dem Computer simulierte Modelle des Herzens denkbar. Aber all dies ersetzt nicht die Auseinandersetzung mit der Frage nach dem, was hinter dem «Bum-budi-bum» steckt, mit der Frage nach dem Rhythmus, seiner «inneren Logik» und seiner Bedeutung für das Überleben des ganzen Organismus. Denn das Problem, ein Ensemble von sehr vielen rhythmisch aktiven Komponenten optimal zu arrangieren, besteht nicht nur für das Herz. Das Schlimmste, was einem Organismus rhythmisch passieren könnte, wäre, dass nicht nur die Zellen seines Herzens, sondern alle seine Gewebe, Organe und Kreisläufe isoliert sind und aufeinander keinen Einfluss haben. Jeder Teil würde ziellos für sich arbeiten, zwischen den unzähligen Rhythmen wäre keine Verbindung oder Absprache möglich. Wenn plötzlich alle Koordination zerfiele, wäre das die rhythmische Katastrophe, in der kein Leben weiterbestehen und gedeihen, geschweige denn sich vermehren kann. Alle Komponenten müssen verbunden sein.

Andererseits wissen wir auch, dass die perfekte Synchronisation aller Komponenten unter einem einzigen Schrittmacher («Führer») für den Organismus ebenso fatal wäre. Die simultane Koordination sehr vieler Zellen, die für den Herzschlag optimal ist, darf die Atmung, die Gedärme oder das Gehirn nicht miterfassen. Sie dürfen nicht an den Herzschlag gekettet sein. Weder Beine noch Arme sollen einmal pro Sekunde zucken. Die Ausschüttung von Hormonen muss sich mit jedem Lebensabschnitt umstellen. Ein wie das Herz synchronisiertes Gehirn ist zu keinem Gedanken fähig. Eine zu starke Kopplung, die das erzwingt, wäre ebenfalls eine rhythmische Katastrophe.

Der Körper ist aus rhythmischen Modulen zusammengesetzt. Jedes Modul besitzt seine Selbständigkeit. Trotzdem arbeitet es nicht einsam und isoliert, sondern ist dynamisch (direkt oder indirekt) mit *allen* anderen Modulen verbunden. Alle rhythmischen Komponenten müssen sich arrangieren, ohne ihre Selbständigkeit dabei zu verlieren. Gesucht ist ein Arrangement, das die Selbständigkeit nicht unterdrückt, sondern das «die eigene Freiheit behauptet» und gleichzeitig die «Freiheit aller anderen schont» – was laut Friedrich Schiller den *Tanz* definiert.

Auch wenn nicht jede Dynamik des Körpers von sichtbaren Muskelbewegungen begleitet ist, so hat sie doch die rhythmische Qualität des Tanzes – ihr stets erneuertes Sich-fallen-Lassen in die Instabilität, ihr Durchbrechen der Ohnmacht und Starre, ihr Ausbruch aus der Eintönigkeit und Monotonie. Weder Durcheinander noch Ordnung, weder Verstolpern noch Gleichschritt sind ein Malheur, solange sie nur als vorgängliche Motive oder Figuren auftreten. Das Malheur ist der Verlust des spezifisch tänzerischen Umgangs der Komponenten untereinander. Es ist dieser Umgang, der «Tanz» der Komponenten im weitesten Sinne, der den Körper «in seinen Banden hält», der die Energie gibt, aufzustehen und weiterzugehen, der die Gesundheit und ebenso die Krankheit definiert, und der beide vom Tod unterscheidet. Nur mit und in diesem Tanz behauptet sich das Leben.

Rhythmische Experimente

Ein rhythmisches Experiment

> «Wird der fallende Tropfen wahrgenommen, dann fällt er auch im Gehirn, in funkelnder, unwirklicher Intensität.» (Robert Shaw)

Der Tropfen fällt auch im Gehirn. «Raindrops keep falling *in* my head». Ich nehme ihn wahr, weil es auch in meinem Gehirn tropft. Nicht in kleinen Wassertröpfchen, sondern als kurzes trockenes Klopfen. Surreal, wie Erinnerungen an das Prasseln des letzten Regens gegen eine Fensterscheibe, das den Eindruck machte, als würde es im Zimmer regnen. Regnet es im Gehirn, wenn ich den Regen beobachte? «Der Tropfen fällt auch im Gehirn» – ist das nicht eine unpassende Bemerkung für einen Physiker? Vermischt er nicht das reale Geschehen dort draußen mit der Interpretation im Kopf des Beobachters? Oder will er andeuten, dass bei jeder Beobachtung der alltäglichen Welt auch ein surrealer Blick ins Gehirn möglich wird?

Auf Anhieb würde man vielleicht nicht vermuten, dass in jedem Bad und in jeder Küche der vielleicht subtilste physikalische Rhythmusgenerator installiert ist. Es ist der Wasserhahn, dessen Aufgabe darin besteht, eine konstante Menge Leitungswasser an eine Öffnung zu führen und gemäß dem Gesetz der Schwerkraft fallen zu lassen. Mit dieser simplen Versuchsanordnung ist im Hahnumdrehen ein klassisches Experiment eröffnet, um rhythmische Strukturen in der unbelebten Natur zu studieren: Bei wenig geöffnetem Hahn fließt das Wasser nicht, es tropft.

Justiert man den Wassernachschub vorsichtig, dann lässt sich bei den meisten Haushaltshähnen beobachten, dass das Wasser entweder gleichmäßig und monoton abtropft oder ungleichmäßig und abwechslungsreich. Das sprichwörtliche monotone Tropfen ist uns so vertraut, dass wir ihm weder physikalisch noch musikalisch viel abgewinnen können. Das ungleichmäßige Tropfen wirkt auf das Ohr stimulierender und gehört zu den überraschend unvorhersagbaren Phänomenen der Physik, die, wenn auch lange Zeit übersehen, seit etwa zwanzig Jahren verstärkt das Interesse der Forscher erregen.

Das «Unregelmäßige» am Tropfen kann verschiedene Ursachen haben. Geräusche im Raum verursachen Luftdruckschwankungen; es weht ein Luftzug an den Tropfen vorbei; Vibrationen der Wände (durch summende Kühlschränke, vorbeifahrende Autos oder gar ein Erdbeben) pflanzen sich auf den Wasserhahn fort: Die Umgebung «stört». Eine zweite Möglichkeit ist, dass es an der Dynamik der Tropfenbildung liegt, also an der Physik des Wassers. Um erstere Ursachen auszuschließen und die letztere Hypothese zu prüfen, wird die Versuchsanordnung aus der Küche oder dem Bad in ein Laboratorium verlegt und technisch verfeinert.

Das Experiment «tropfender Wasserhahn» braucht einen Auslauf aus einem Rohr und eine Wasserzufuhr, die mit einem Ventil (dem «Hahn») präzise geregelt werden kann. Um das Experiment gegen Störungen zu sichern, darf das Rohr nicht wackeln oder vibrieren, und der Luftraum unter der Öffnung wird vor Wind und Schall geschützt. Bei konstantem Druck fließt destilliertes Wasser gleichmäßig durch das Rohr an die Öffnung. Im Labor hat die Öffnung einen Innendurchmesser von beispielsweise einem oder zwei Millimetern, und dem «Rohr» ist noch eine dünne Kapillare vorgeschaltet, um den Fluss gegen etwaige Druckschwankungen unabhängig zu machen. Aus der Öffnung fällt das Wasser ungestört und ohne Hindernisse nach unten. Das Experiment besteht wie in Bad und Küche darin, bei einer stabilen Position des Ventils zu beobachten, wie das Wasser zu Boden tropft. Das ist alles.

Unter Physikern und Nichtphysikern hat sich im letzten Jahrhundert die Übereinkunft etabliert, dass sich eine Physik, die nach neuen, überraschenden und fundamentalen Kenntnissen sucht, entweder mit winzigsten Elementarpartikeln (und deren Bestandteilen, den Quarks), oder mit Ereignissen in fernsten Galaxien am Rande des Universums befassen muss, und dass ihre Experimente daher notwendig teuer und aufwendig ausgestattet sein müssen. «In wenigen Jahren werden alle wichtigen physikalischen Konstanten grob bekannt sein, und die einzige Beschäftigung, die dann den Wissenschaftlern übrig bleibt, wird es sein, die Messungen um eine Dezimale zu verbessern», fasste James Maxwell 1871 bei seiner Antrittsvorlesung die Stimmung innerhalb der «klassischen» Physik zusammen. Dieser Pessimismus wird häufig so verstanden, dass dies zwar für die Physik des Alltags richtig sei, man dabei aber die atomare und die kosmische Dimension übersehen habe, in der andere, neue Gesetze der Physik gelten (die dann Anfang des zwanzigsten Jahrhundert mit der Quantentheorie und der Relativitätstheorie entdeckt wurden). Heute dagegen müssen wir der Aussage entgegenhalten, dass noch nicht einmal die alltägliche Erfahrungswelt hinreichend verstanden ist. Das Studium von schweren Massen im freien Fall erklärt noch nicht die Vielfalt der Tropfenmuster aus einem tropfenden Wasserhahn, und sie erklärt schon gar nicht Phänomene wie die Gischt oder den Regen. Wenn wir an die Komplexität von Nieselregen, Hagel oder Wolkenbrüchen denken, dann stehen wir auch mit den neuesten Tropfenexperimenten erst am Eingang eines riesigen unerforschten Gebietes. Der tropfende Wasserhahn ist keine Kleinigkeit, der nur noch eine Dezimale in der Messgenauigkeit hinzugefügt zu werden braucht, um die Präzision im ansonsten kompletten Denkgebäude der Physik noch weiter zu erhöhen. Er ist aus rhythmischer Sicht ein Fundamentalexperiment, mit dem wir nicht nur über Regenschauer, sondern – wie sich leicht demonstrieren lässt – auch über das Geschehen in lebenden Organismen lernen können.

Die Tropfenbildung von Flüssigkeiten war schon im neunzehnten Jahrhundert Gegenstand physikalischer Neugier. Lord Rayleigh zum Beispiel publizierte im Jahr 1891 Studien des Wassertropfens unter dem Titel «Einige Anwendungen der Fotografie». Die rhythmischen Eigenschaften aufeinander folgender Tropfen blieben aber so gut wie unbeachtet. Der Chaosforscher Otto Rössler behauptete 1977, dass auch das unregelmäßige Tropfen zum «Eigenleben» eines Wasserhahns gehöre und bei völliger Abwesenheit störender äußerer Einflüsse zu beobachten sein müsse. Als Argument führte er an, dass eine *kausale Unregelmäßigkeit* auftreten kann, sobald ein periodischer Vorgang sich selbst stört und zum «Stolpern» bringt. Der periodische Vorgang wäre das einfache

Tropfen. Aber die Störung? Kann ein Tropfen den nächsten stören? Einmal abgerissen sicher nicht mehr. Die Komplikation rührt daher, dass ein Tropfen nicht alles Wasser mit sich reißt, sondern dass am Hahn immer ein kleines Tröpfchen zurückbleibt. Nur dieses Resttröpfchen kann Einfluss nehmen auf den nächsten Tropfen und darauf, wann er abfällt. Aber reicht das schon für eine kausale Unregelmäßigkeit? Angeregt durch diese Überlegungen, brach der damalige Physikstudent Robert Shaw seine Doktorarbeit in Atomphysik ab und begann an der Universität von Californien in Santa Cruz seine inzwischen klassischen Versuche zum selbst verursachten Stolpern des tropfenden Wasserhahns.

Bei zwei Positionen des Hahns treten «Nichtrhythmen» auf: Bei geschlossenem Hahn fließt *kein* Wasser oder ab einer bestimmten Öffnung *fließt* das Wasser in einem ruhigen, glatten und durchsichtigen Strahl. Diese zwei Positionen markieren die Grenzen, zwischen denen das Wasser nicht durchgehend fließt. Bei Positionen des Hahns zwischen diesen Grenzen tropft es.

Es bestehen mehrere Möglichkeiten, das Tropfen zu messen. Erstens kann eine Lichtschranke in den fallenden Strahl eingebaut werden. Ein Licht- oder Laserstrahl kreuzt die Bahn des Wassers, und ein Detektor registriert die Intensität des durchtretenden Lichts. Wenn ein Tropfen den Lichtstrahl unterbricht, wird die Intensität geringer. Aus der Messung der Intensitäten, die eine Photozelle auf der gegenüberliegenden Seite registriert, lassen sich die Zeiten zwischen zwei Tropfen und auch die Größe der Tropfen bestimmen. Zweitens kann die Kette der fallenden Tropfen fotografiert oder mit einer Videokamera gefilmt werden. Und die dritte Möglichkeit besteht darin, dass man die Geräusche der Tropfen mit einem Mikrophon aufzeichnet, zum Beispiel wenn das Wasser auf eine Membran trifft (für das Experiment in der Küche tut es auch ein auf den Kopf gestellter Plastikbecher). Üblicherweise werden in einem Experiment, in dem Unregelmäßigkeiten zu entdecken sind, einige tausend Tropfen registriert. Die Resultate aller Experimente lassen sich dann in Ruhe analysieren.

Für die Analyse sind zwei Beobachtungsgrößen relevant. Das ist einmal die Größe des Tropfens. Die Rekonstruktion erfolgt mit Hilfe der Dauer der Unterbrechung des Lichtstrahls, des Umrisses auf dem Film oder der Lautstärke des Geräusches auf dem Band. Die zweite Beobachtungsgröße ist der Abstand zwischen zwei Tropfen, entweder in Millisekunden oder in Millimetern ausgedrückt. Das komplette Experiment besteht aus einer Sequenz von Versuchen, bei der die Stellung des Hahns von «kein Tropfen» bis «durchgehender glatter Strahl» variiert und für jede Stellung die dazugehörige Tropfensequenz bestimmt wird. Die Stellung des Hahns ist ein *Systemparameter*, eine Größe, die während eines Einzelversuches einen definierten Wert hat und sich *nicht* ändert. Andere Systemparameter sind die Temperatur der Umgebung, der Salzgehalt des Wassers und die Geometrie der Öffnung des Rohrs. Das Volumen der Tropfen und die Distanz zwischen ihnen dagegen sind die *Systemvariablen.* Das sind Größen, die sich während eines Einzelversuchs im Allgemeinen *ändern.* In der klassischen Physik wird nun angenommen, dass sich der gesamte Rest der Welt nicht weiter unkontrolliert auf das Experiment auswirkt, dass das Experiment also eine eigene abgeschlossene Welt bildet, und dass alles, was passiert, ausschließlich durch die Komponenten dieser kleinen Welt (Hahn, Wasser, Luft und anderes mehr) und ihre Wechselwirkungen erklärbar ist.

Die erste Beobachtung ist die Tatsache, dass es tropft. Immer wieder fällt Wasser ab. Pro Sekunde können das zwischen einem und zehn Tropfen sein. Das ist offenbar ein Unterschied zu einem einmalig fallenden Apfel oder zu einem Planeten, der kontinuierlich um seine Sonne kreist, denn anders als der Apfel oder der Planet ist so etwas wie «Tropfen» zunächst einmal gar nicht da. Das Reservoir, aus dem der Hahn seinen Nachschub bezieht, ist ein großes Volumen an Wasser ohne vorgeformte Kugeln oder Kügelchen. Des Weiteren war vor dem Experiment so gut als möglich sichergestellt worden, dass nichts und niemand den Wasserstrahl «von außen» unterbricht und dabei künstlich Tropfen erzeugt. Ebenso wenig soll jemand den Wasserhahn manipulieren. Die Tropfen formen sich während des Versuchs ohne Eingriff von außen.

Das Wasser, das aus dem Hahn kommt, bleibt zunächst hängen. Weil immer mehr Wasser nachfließt, wird das hängende Volumen größer und schwerer und beginnt zu fallen. Kommt aus dem Hahn genügend Wasser nach, so fließt es. Ist der Nachschub aus dem Hahn langsam, reißt der er-

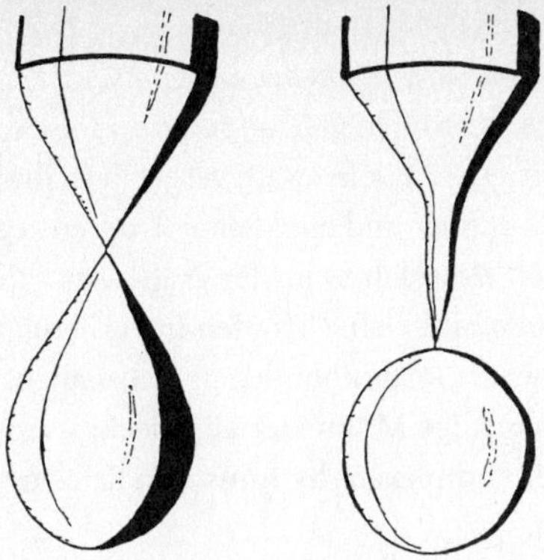

Abbildung 4: Naive Vorstellung der Tropfenbildung (links) und Skizze nach einer Fotografie von tropfendem Wasser (rechts)

ste Tropfen ab und ein zweiter beginnt zu wachsen. Das stetig nachfließende und immer neu fallende Wasser schafft sich seine eigene zeitliche (und räumliche) Struktur. Abbildung 4 vergleicht eine naive Vorstellung des Moments, wenn ein hängender Tropfen abreißt, mit der tatsächlich beobachten Form in einer Fotografie. Tropfendes Wasser bildet keine «Tränen». Der abreißende Tropfen ist rund, nicht nach oben hin verjüngt und auch nicht spitz zulaufend. Zwischen dem «Rest» an der Öffnung und dem Tropfen ist eine dünne Wassersäule zu sehen, die im Moment des Abrisses zum Tropfen hin zugespitzt ist. Ist diese Säule kurz, dann zieht sie sich sofort nach dem Abriss nach oben zum Restwasser an der Hahnöffnung zurück. Daraus wird das einfache Tropfen dipp-dipp-dipp- … Ist die Säule lang genug, dann kann aus ihr ein zweiter, kleiner Tropfen, der so genannte Sekundärtropfen entstehen, diesmal mit einem spitzen Abriss am Restwasser oben. Ein größerer und ein kleinerer Tropfen fallen kurz hintereinander, danach folgt eine kurze Pause. Es entsteht eine Tropfenfolge groß-klein-groß-klein-groß … mit einem Rhythmus

… Dipp-dip Dipp-dip Dipp-dip …

Die rhythmische Qualität des Wassertropfens, die Tropfenfolge, ist aber nicht bei allen Stellungen des Hahns gleich. Es ist *nicht* so, dass die Tropfen mit zunehmender Öffnung des Hahns immer größer werden oder immer schneller aufeinander folgen, bis der durchgehende Strahl erreicht ist. Grob besehen lassen sich drei Bereiche unterscheiden. Bei einem sehr schwachen Leck sind alle Tropfen gleich groß und folgen im gleichen Abstand aufeinander. Wird das Leck langsam vergrößert, finden sich Stellungen, bei denen sich ein großer und ein kleiner Tropfen regelmäßig abwechseln. Bei Stellungen des Hahns in der Nähe zur Fließgrenze tauchen unregelmäßig große und kleine Tropfen in variierenden Abständen auf. Diese drei Bereiche, die im gewöhnlichen Haushaltshahn durch ein Drehen des Hahns um wenige Millimeter abgedeckt werden, eröffnen den Zugang ins Reich der komplexen rhythmischen Selbstorganisation.

Ein klassisches Weltbild: Descartes' Zweifel

«Der Bildteppich der Wirklichkeit flattert in bewegten kausalen Strukturen ... ein Gebräu aus Freiheit und Beschränkung.» (Robert Shaw)

Unsere Zuversicht, die Welt naturwissenschaftlich korrekt und vollständig beschreiben zu können, hat ihre Wurzel im bohrenden Zweifel des René Descartes. Zweifel, das war für Descartes etwas, was in beinahe jedem Moment angebracht schien, wenn er eine Aussage über die Menschen, die Natur und die Welt im Allgemeinen zu formulieren versuchte. Denn jede Aussage berief sich auf Beobachtungen und die Beobachtungen konnten Täuschungen sein. Ein Irrtum in der Beobachtung führe zu einer falschen Aussage. Manche Aussagen beriefen sich nicht auf eigene Beobachtungen, sondern auf die Einsichten von Autoritäten, Schriftgelehrten und antiken Philosophen – doch die konnten sich ebenfalls geirrt haben. Der Zweifel blieb. Ein Denkgebäude und eine Erklärung der Welt, die auf Täuschung oder Irrtum aufbauten, erschienen nutzlos und hinfällig. Wenn es überhaupt die Möglichkeit einer sicheren Erkenntnis geben sollte, dann musste sie ihren Ausgang von einem sicheren Fundament, von einer unangreifbaren Tatsache nehmen. Und da *alle* Erkenntnis über die Welt dem Zweifel unterworfen werden konnte, entstand ein Dilemma, in dem alle ernsthaften wissenschaftlichen Anstrengungen zu ersticken drohten – es sei denn, es gäbe in der Welt etwas, was sich von ihr zu Recht als unbezweifelbar *abspalten* ließ.

Wir wissen, wo Descartes' zweifelndes Suchen schließlich den Ausweg aus dem Dilemma fand. Die Sicherheit, sagte er sich, habe ich nur bei mir selbst, beim wahrnehmenden, einsichtigen, grübelnden Subjekt. Ob das stimmt, was ich über die Welt schlussfolgere, ist zunächst zweifelhaft, es kann eine Täuschung sein. Aber dass *ich* es wahrnehme, daran kann unmöglich gerüttelt werden. Die Sicherheit liegt nicht im Inhalt, sie liegt im Bewusstsein der Wahrnehmung. Also teilte Descartes die Welt in zwei Teile: das wahrnehmende Subjekt (das Ich) und den «ganzen Rest». Dann begann er, sich die Welt aus der unerschütterlichen Sicherheit des *Ich* Schritt für Schritt zu erschließen.

Der Verdacht, dass gesicherte und stimmige Erkenntnis *prinzipiell* gar nicht möglich sei, ist damit noch nicht ausgeschlossen. Der Verdacht bleibt, dass der Schöpfer der Welt solche Erkenntnis nicht zulassen wollte, dass er uns vergeblich suchen und versuchen lässt. Zum Beispiel könnten sich die Gesetze der Welt in dem Moment verändern, da wir im Begriff sind, sie zu erkennen. Christlich gesprochen hieße dies, der Teufel hätte seine Hand im Spiel. Dann wäre das ganze Unterfangen Wissenschaft notwendig zum Scheitern verurteilt, und unsere vermeintliche Erkenntnis wäre nichts weiter als ein schlechter Scherz.

Isaac Newton war sich seiner Sache sicher. Da die Welt von Gott geschaffen war, musste sie in all ihren Erscheinungen göttlichen Gesetzen folgen. Und dem Menschen, als Gottes Ebenbild, war die Möglichkeit gegeben, göttliche Gesetze zu erkennen. Nicht als Ergebnis von Meditation und Erleuchtung, auch nicht durch göttliche Offenbarung. Wissenschaftliche Erkenntnis ist das Produkt einer langwierigen, aufrichtigen Suche. Newton hatte keine Sorge wegen etwaiger schlechter Scherze. Er arbeitete und quälte sich in der Gewissheit, dass es für den Menschen einen Weg gab, die göttlichen Gesetze nachzuvollziehen und auszudrücken.

Die Ergebnisse der Mathematik sind folgerichtig und unerschütterlich. Ihre Gültigkeit wird durch optische Täuschungen oder akustische

Halluzinationen nicht angetastet. Wer sich der Mathematik bedient, um die Welt zu beschreiben, überwindet den Zweifel. Er bedient sich einer Sprache, die – richtig angewandt – über Ungereimtheiten und schlechte Scherze erhaben ist.

Ein klassisches Weltbild: Newtons Idee

Alle natürlichen Dinge unterliegen entweder als Ganzes oder in Teilen der Veränderung. Mit dieser These, dem ersten Satz seines Buches «Physik», hatte Aristoteles den Startpunkt aller Naturbeschreibung bezeichnet. Eine These, die selbstverständlich auch den Menschen und seine Physiologie einschloss. Überall ist Veränderung. Und wer etwas über die Welt wissen will, muss ihre Veränderungen verstehen. In Newtons Standpunkt übertragen: Wer etwas Sicheres über die Welt zu sagen versucht, muss ihre Veränderungen mathematisch beschreiben. Er braucht eine Mathematik der Veränderungen. Da es diese Mathematik zu Newtons Zeit noch nicht gab, erfand er sie kurzerhand selbst.

Er konzentrierte sich dabei auf die Bewegung von Körpern. Körper, so hatten es Kepler und Galilei formuliert, bewegen sich auf mathematischen Bahnen. Diese abstrakte Bahn kann die Bewegung in Raum und Zeit exakt nachvollziehen. Ein Körper ist in jedem Moment an einem bestimmten Punkt im Raum zu finden, und wenn er sich bewegt, verschmelzen alle durchlaufenen Punkte zu einer einzigen durchgehenden Linie, zum Beispiel zu einer Wurfparabel, wenn ich einen Stein schräg in die Luft werfe, oder zu einer keplerschen Planetenbahn. Ein Stein, ein Planet und ein Wassertropfen folgen genau *einer* Bahn, wenn sie fliegen. Ihre Position ändert sich kontinuierlich, ohne Lücken, ohne Sprünge, ohne Stillstand. Körper bewegen sich so lange, bis sie am Weiterfliegen gehindert werden. Wenn sich die Flugrichtung oder die Geschwindigkeit ändert, dann hat dies *immer* einen guten Grund: Am Körper greifen Kräfte an. Und der Zusammenhang zwischen den Kräften und den durch sie verursachten Störungen der Bewegung ist genauso eindeutig wie die ungestörte Bewegung selbst. Ohne Grund verändert sich nichts.

Auf diesem Fundament entwickelte sich die so genannte klassische

Mechanik. Sie wurde nicht nur ein Grundpfeiler der Physik, sondern sie ist bis heute das Grundmodell praktisch allen naturwissenschaftlichen Denkens, das sich nicht mit atomaren oder subatomaren Phänomenen beschäftigt. Der triumphale Erfolg des newtonschen Ansatzes und anderer «klassischer» Disziplinen, die jeder Veränderung einen eindeutigen Grund zuschreiben (wie die Elektrodynamik oder die Thermodynamik), ließen den Verdacht, es würde in der Erfahrungswelt des Alltags nicht mit rechten Dingen zugehen, verstummen.

Die klassische Weltsicht Newtons (der wir uns auch in der Physiologie des Menschen bedienen) macht folgende Annahmen: Die ganze Welt ist ein geschlossener Kasten, außerhalb dessen nichts zu finden ist. Die Welt im Kasten, das ist zunächst das gesamte Universum, existiert und läuft nach ihren festen Gesetzen, auch wenn sie niemand beobachtet. In den Lauf der Welt greift kein Gott auf unerforschliche Weise ein. Ein Beobachter (zum Beispiel Descartes' Ich oder der Physiker Newton) sitzt ebenfalls im Kasten und ist der Teilung des Descartes zufolge vom Rest der Welt getrennt. Aber er kann den Rest (wie aus einer Glasglocke) beobachten, seine Wahrnehmungen sortieren und zu Erkenntnissen verarbeiten. Seine Gegenwart, seine Beobachtungen und seine Erkenntnisse stören den Lauf der Welt nicht. Und weil er vom Rest der Welt getrennt ist und die Welt auch ohne ihn weiterläuft, fehlt in den Gleichungen und Gesetzen der klassischen Welt der Beobachter.

Die Erfahrungswelt des Physikers in seiner Glasglocke ist natürlich nicht der ganze «Rest» des Universums. Im Alltag hat er nur einen winzigen Ausschnitt vor sich, und diesen Ausschnitt schränkt er durch die Wahl seines Experiments noch weiter ein – zum Beispiel, indem er sich ausschließlich auf einen tropfenden Wasserhahn konzentriert. Er nimmt dabei an, dass Teile der Welt ausgesondert und isoliert werden dürfen, ohne dass damit in deren naturgesetzliches Verhalten unabsehbar eingegriffen wird. Weder die Veränderungen im Rest des Universums noch die Messungen des Physikers sollen stören; und wenn doch, dann nur so, dass dies auch explizit bemerkbar ist. Keinesfalls durch Magie oder Spuk. Wenn dies alles erfüllt ist, dann kann (klassisch gesehen) mit gutem Recht erwartet werden, dass Veränderungen, die zu sehen, zu hören oder sonst wie zu messen sind, es dem Physiker erlauben, auf die wahren Gesetze seines Experiments und damit auch auf die Gesetze der Welt zurückzuschließen.

Newton ging über seine Vorgänger Kepler und Galilei einen Schritt hinaus. Ihm genügte es nicht, eine fertige Formel für die Bahn eines Körpers aufzuschreiben. Er wollte wissen, *wie* diese Bahn entsteht. Er suchte nach einer mathematischen Kunstwelt (heute nennt man das eine virtuelle Realität), in der ein Punkt stellvertretend für den Körper dessen Bahn nachzeichnet. In dieser Kunstwelt müssen daher Anweisungen gegeben werden, wie sich die virtuellen Körper (als Ganzes oder zum Teil) bewegen. Seine geniale Idee bestand in der Auffassung, dass alles, was passiert, von dem abhängt, was ist. Und nur das, was ist, kann die Ursache sein für das, was passiert.

- «Das, was ist», ist der Zustand des Ganzen, ist die Summe der Zustände jeder Komponente in ihm. Jeder Zustand, zum Beispiel die Position eines Teilchens, eines Planeten oder eines Tropfens kann (zumindest im Prinzip) gemessen werden.
- «Das, was passiert», ist die Veränderung des Ganzen, ist die Summe der Veränderungen jedes einzelnen Teilchens, also zum Beispiel die Summe aller Bewegungen. Auch jede Veränderung kann (im Prinzip) gemessen werden.
- Aus der Messung von Zuständen und ihren Veränderungen (aus dem, was ist, und aus dem, was passiert) lassen sich Regeln ableiten. Die Regeln werden durch weitere Beobachtungen verfeinert. Im Idealfall schließlich führt dieser Prozess zu einem Naturgesetz. Das Naturgesetz verknüpft jede Ursache eindeutig mit ihrer Wirkung. Mit ihm lassen sich die virtuelle Bahn eines speziellen Planeten und der virtuelle Fall eines ausgesuchten Wassertropfens in der Kunstwelt berechnen.

Auch lassen sich zehn verschieden große Planeten und eine Sonne gleichzeitig berechnen, vorausgesetzt, man kennt auch ihre Positionen und Geschwindigkeiten. Das Ergebnis sind elf Bahnen auf einmal. Mathematisch kann man die Information aller elf Bahnen zusammenfassen zu einer einzigen, wenn auch sehr komplizierten Bahn. Denkt man dies konsequent weiter und bezieht alle Planeten, Sonnen und überhaupt alle Körper des Universums in die newtonsche Kunstwelt mit ein, dann lassen sich auch diese unzähligen einzelnen Bahnen vereinen – zu einer

Bahn mit der kompletten Information über *alle* Bewegung im Universum.

Dieser Idee zufolge läuft letztlich alle Veränderung, alle Natur- und Weltgeschichte entlang eines einzigen, langen, kompliziert gewickelten und nie abreißenden Fadens – der virtuellen Bahn des Universums – und wir gelangen zu der Vorstellung des laplaceschen Dämons. Ein (hypothetisches) Wesen, das den Faden an einem einzigen Punkt zu halten bekommt (den kompletten Zustand der Welt in einem Augenblick samt seinen klassischen Gesetzen kennen lernt), kann daraus jegliche Vergangenheit und jegliche Zukunft ableiten – indem es den Faden entlangfährt und daraus die Koordinaten von gestern oder morgen abliest. Es kann das Gewesene rekonstruieren und das Künftige voraussehen, zweifelsfrei und exakt. Eine ungeheure, eine betörende Vorstellung.

Das Betörende daran ist aber nicht die abstrakte Idee des Dämons, sondern die Hoffnung, dass im Prinzip jeder Mensch einen kleinen Teil dieses Programms realisieren kann. Das Programm verspricht, die Menschheit könne dieses dämonische Wissen, diese Sicherheit bezüglich der eigenen Welt aus eigener Kraft in Besitz nehmen. Eine Konsequenz dieses Glaubens ist die moderne Informationsgesellschaft. Immer mehr und immer genauere Messungen, überquellende Archive und Bibliotheken, immer längere Tabellen und immer komplexere Farbgraphiken, die Explosion der Datenbanken und Dokumentationen – sind motiviert durch den Wunsch, «alles» oder zumindest «immer mehr» zu wissen und im Sinne des laplaceschen Dämons in den Griff zu kriegen.

Das Programm hat jedoch zwei Schwachstellen. Die erste ist die Beschreibung der Atome und Moleküle. Die Quantenmechanik versichert uns glaubwürdig (und durch Experimente bestärkt), dass die Dinge auf der atomaren und subatomaren Ebene nicht nach klassischen Vorstellungen ablaufen. Wenn wir dies ernst nehmen, dann müssen wir (laut Quantenmechanik) jeden Moment damit rechnen, dass etwas geschieht, ohne dass sich ein plausibler Grund dafür feststellen lässt. Das erinnert stark an den schlechten Scherz, von dem Descartes gehofft hatte, dass er nicht existiere. Konkret interpretiert, es gibt entweder keine Bahnen mehr, auf denen sich die Teilchen bewegen, oder es gibt die Bahnen, aber gleichzeitig auch Wirkungen ohne plausible Ursachen, so genannte

«Fernwirkungen». Aus heutiger Sicht ist dieses Problem im Rahmen des klassischen Ansatzes nicht lösbar, aber die damit verbundenen Schwierigkeiten sind vorwiegend auf die atomare und subatomare Ebene beschränkt. Alltägliche Veränderungen haben auch alltägliche Ursachen.

Die zweite Schwachstelle sieht auf den ersten Blick ungefährlich aus. Es ist die Sonderbehandlung, die dem bewussten Ich, dem Physiker in seiner Glasglocke im klassischen Weltbild zuteil wird. Niemand wird bezweifeln, dass auch Physiker und überhaupt alle wahrnehmenden Subjekte Teil der Welt sind und darum eigentlich auch ihr Denken und Wirken einen ausdrücklichen Platz bekommen sollte. Wird die klassisch-physikalische Sichtweise aber auch auf den Beobachter und sein Gehirn übertragen, dann droht dabei in letzter Konsequenz ein Konflikt. Es erscheint heute ohne weiteres möglich, die Aktivität des Gehirns eines Menschen während seiner Beobachtungen zu registrieren, und somit auch physiologisch zu verstehen, was passiert, wenn ein Mensch wahrnimmt und Schlussfolgerungen über die Welt zieht. Damit aber wird das erkennende Subjekt, das Ich des Descartes, selbst ein Gegenstand der Naturwissenschaft unter vielen anderen. Die physikalische Beobachtung des erkennenden Subjekts macht das Ich als Objekt anzweifelbar. Descartes' Trennung ist aufgehoben und seine erste Sicherheit, sein unbezweifelter Ausgangspunkt ist verloren.

Trotz seiner Schwachstellen werden wir das klassische Programm auf die Physiologie des Menschen anwenden. Denn nicht nur die Bewegung von Planeten und Wassertropfen lässt sich gesetzmäßig verstehen. Auch die Erhöhung der Körpertemperatur oder das Absinken des Blutzuckers haben benennbare Ursachen. Am menschlichen Körper scheint (vielleicht mit Ausnahme des bewussten Ich) nichts unklassisch zu sein. Vor allem aber hilft uns das klassische Denken beim Verständnis von Rhythmen weiter, die von selbst entstehen, sei es im Regen oder im Gehirn.

Tropfen und Feuern sind verwandt

Das Tropfen hat Rhythmus. Indem wir den tropfenden Wasserhahn beobachten, suchen wir nach einer Physik des Rhythmus, nach einer Wissenschaft, die sich auf Wiederholungen konzentriert. Wenn jetzt ein Tropfen abreißt, wann folgt der nächste, wann der übernächste? Welche Intervalle zwischen den Tropfen treten bevorzugt auf? Welche Gesetzmäßigkeiten legen die zeitliche Abfolge fest? Gibt es «natürliche» Teilungen der Intervalle, so wie Aristoxenus das gefordert hatte? Und wenn ja, sind die Gesetze, die gefunden werden, auf das Tropfen von Wasser beschränkt? Oder sind sie auch in anderen Experimenten zu entdecken? Gibt es möglicherweise sogar *universelle* rhythmische Ordnungen? Kann uns die neue Physik des Rhythmus auch etwas über die zeitliche Struktur von Zellen und Organen sagen?

Um zu brauchbaren Aussagen zu gelangen, läuft das Experiment «tropfender Wasserhahn» unter konstanten Bedingungen. Das heißt nicht nur, dass während der Messung nichts wackelt und nichts stört, sondern auch, dass die Zufuhr von Wasser aus dem Hahn nicht versiegt. Dem tropfenden System wird so unaufhörlich nicht nur Materie, sondern auch Energie zugeführt. Denn von selbst kann sich ein Rhythmus nur erhalten, wenn er dafür Energie bezieht. Versiegt die Energiequelle, kommt auch der Rhythmus einige Zeit später zum Erliegen. Bei gleich bleibendem Nachschub kann der Versuch über Stunden laufen, ohne dass das Tropfen aufhört.

Die Messung des tropfenden Wassers zeigt einen konstanten Ruhewert, wenn gerade kein Tropfen den Lichtstrahl des Lasers durchquert, und markante Spitzen, Spikes genannt, wenn ein Tropfen den Lichtstrahl durchbricht. An den Spitzen lässt sich der Zeitpunkt ablesen, wann ein Tropfen den Strahl gekreuzt hat. Da die Zeitpunkte selber für eine rhythmische Studie weniger interessieren als ihre Beziehungen untereinander, wird jeweils die Differenz zwischen zwei Zeitpunkten berechnet, der zeitliche Abstand zwischen einem Tropfen und seinem Nachfolger.

Einen Eindruck vom Geschehen erhält man, wenn die Werte in der Reihe aufgetragen werden, wie sie gemessen wurden. Hat man jedoch mehrere hundert oder gar viele tausend Spikes, dann ist diese Liste entweder unanschaulich lang, oder die Spikes lassen sich nicht mehr auflösen, wenn die Zeitachse zu dicht komprimiert wird. Eine andere Möglichkeit der kompakten Darstellung einer kompletten Messung ist das Abstand-Abstand-Diagramm. Jeder gemessene zeitliche Abstand zwischen zwei Tropfen wird in einem Diagramm gegen seinen unmittelbaren Nachfolger eingetragen. Eine Folge von drei Tropfen zu den Zeitpunkten 15, 40 und 52 zum Beispiel liefert zwei Abstände: 25 und 12. Aus den zwei Abständen ergibt sich im Abstand-Abstand-Diagramm ein Punkt mit den Koordinaten (25, 12) und aus tausend gemessenen Abständen somit 999 Punkte (der letzte Abstand hat keinen Nachfolger). Ist bei einem regelmäßigen, monotonen Tropfen jeder Abstand genau 100 Millisekunden lang, dann fallen *alle* Punkte auf die Koordinate (100, 100), auf einen *einzigen Punkt* also. Wechseln sich ein großer und ein kleiner Abstand ab, zum Beispiel 172 und 176 Millisekunden, dann hat das Diagramm zwei Punkte, einen bei (172, 176) und einen bei (176,172). Mit dieser Methode lassen sich nicht nur alle gemessenen Abstände auf einen Blick erfassen, man erkennt auch sofort, wie viele verschiedene Abstände zwischen zwei Tropfen aufgetreten sind – eine zentrale rhythmische Information.

In seinem Experiment fand Shaw als Erstes das gleichmäßige Tropfen mit stets genau dem gleichen Abstand zwischen je zwei Tropfen. Er entdeckte aber noch viel mehr. Abbildung 5 zeigt zwei seiner Resultate. Das linke Diagramm hat zwei Punkte oder Punkthaufen und steht damit für einen Rhythmus, bei dem ein etwas größerer und ein etwas kleinerer Tropfen einander abwechseln. Im rechten Diagramm (das sich bei weiter geöffnetem Hahn ergab) ist ein breiter Bogen zu erkennen, der aus lauter einzelnen Punkten zusammengesetzt ist.

Das Tropfen im rechten Diagramm kann nicht mehr regelmäßig sein, denn die Punkte fallen nicht aufeinander. Sie gruppieren sich nicht zu einigen wenigen Inseln (wie im linken Diagramm). Im Bereich zwischen 182 und 192 Millisekunden taucht praktisch jeder mögliche Abstand einmal oder mehrmals auf. Auffällig ist aber, dass sich die Punkte auch nicht gleichmäßig über das ganze Diagramm verteilen. Dies würde man erwarten, wenn der Tropfen zufällig, das heißt ohne Regel abfiele. Die Figur formt den charakteristischen Bogen, der anzeigt, dass kein Zufall

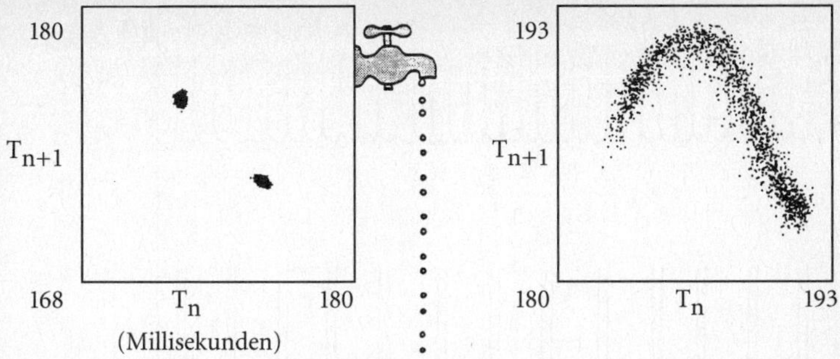

Abbildung 5: Abstand-Abstand-Diagramm von regelmäßig tropfendem Wasser mit zwei verschiedenen Abständen (links) und von unregelmäßig tropfendem Wasser (rechts)

am Werk ist. Liegt zwischen zwei Tropfen ein bestimmter Abstand, dann folgt der dritte nicht nach einer beliebigen Zeit, sondern stets so, dass ein Punkt im Diagramm immer auf dem Bogen zu liegen kommt. Sind zwei Tropfen gefallen, ist damit der Zeitpunkt des nächsten Tropfens festgelegt. Er fällt nicht früher und nicht später.

Um das Tropfen besser zu verstehen, machte Shaw weitere Experimente. Nachdem er das regelmäßige Tropfen aus dem linken Diagramm der Abbildung vermessen hatte, drehte er den Wasserhahn etwas weiter zu und wartete eine Weile. Das Wasser kam dann in einer einfachen und regelmäßigen Reihenfolge. Jeder Tropfen war so groß wie der andere, alle Abstände waren gleich. Im Diagramm fielen alle Messwerte auf genau einen Punkt. Öffnete er den Hahn dagegen weiter und wartete wieder, maß er vier verschiedene Abstände und erhielt dementsprechend auch vier Punkte im Diagramm. Das Wasser tropfte ein Muster, das sich stets nach vier Tropfen wiederholte. Schließlich drehte er den Wasserhahn noch über die Position hinaus, bei der er den eigenartigen Bogen gesehen hatte. Das Tropfen stabilisierte sich dann auf eine Sequenz, die sich nach je drei Tropfen wiederholte.

Mit dem gewählten Experiment konnte sich das Tropfen also zu vier qualitativ verschiedenen Rhythmen formieren. Ordnet man die Zahl der Punkte im Abstand-Abstand-Diagramm mit zunehmender Öffnung des

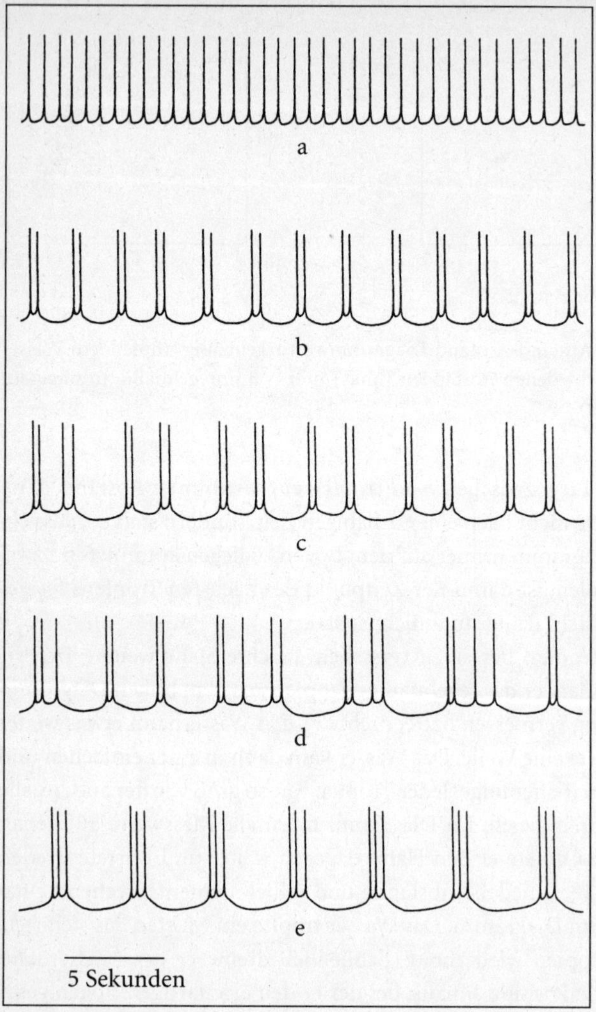

Abbildung 6:
Das Feuern eines Nervs des Tintenfisches Onchidium:
Periodisch mit einem (a), zwei (b), vier (c) und drei (e) Abständen zwischen Erregungen
d) Chaotisches Feuern

Hahns, dann lautet das Ergebnis: 1 – 2 – 4 – sehr viele – 3. Abbildung 6 zeigt kurze Ausschnitte von Messungen, deren rhythmische Struktur dem beschriebenen Muster folgt: 1 – 2 – 4 – sehr viele – 3, gemessen in genau dieser Reihenfolge bei Veränderung einer Kontrollgröße. Die entsprechende Serie von Messungen aus Shaws Labor wäre von diesem Ergebnis praktisch nicht zu unterscheiden. Allerdings ist dies kein Ergebnis von Shaw. Die hier abgebildete Messung stammt aus dem Labor von Hatsuo Hayashi in Fukuoka in Japan und zeigt nicht Wassertropfen, die einen Laserstrahl brechen, sondern die elektrische Spannung in einer Nervenzelle – ein völlig anderes Experiment.

CD-Ton 5: Ein Nerv des Tintenfisches Onchidium «feuert» periodisch: jeweils dreimal kurz hintereinander.

CD-Ton 6: Der Nerv des Tintenfisches «feuert» chaotisch – als wäre er ein tropfender Wasserhahn.

Für dieses Experiment wurde ein Tintenfisch aufgeschnitten und sein so genannter Schrittmacher-Nerv freigelegt. Mit Hilfe einer Elektrode konnte an diese (im Vergleich zu menschlichen Nerven) riesige Zelle künstlich Strom angelegt werden. Die Stromstärke entspricht dabei in gewisser Weise der Öffnung des Wasserhahns im Tropfenexperiment. Der Nerv des Tintenfisches tropft zwar nicht, aber er erzeugt sich wiederho-

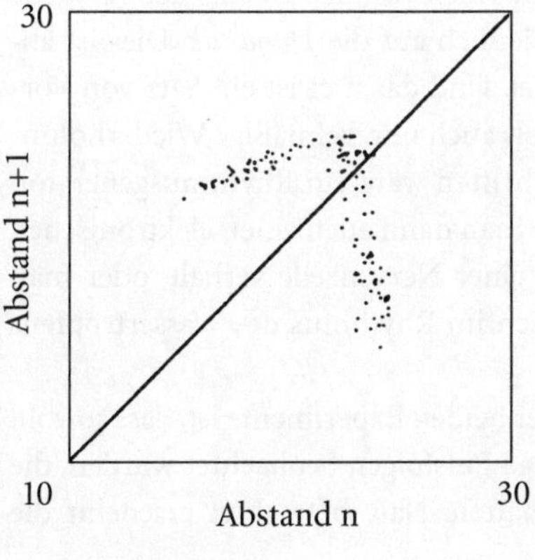

Abbildung 7: Abstand-Abstand-Diagramm des chaotischen Feuerns in Abbildung 6d)

lende Spikes. Wie beim Wasserhahn entstehen Rhythmen, und wie beim Wasserhahn hängen die Rhythmen von der Kontrollgröße ab. Der Rhythmus kann analog zum Tropfen periodisch oder nichtperiodisch sein. Was aber wirklich verblüfft, ist die rhythmische Sequenz. Sie ist in beiden Experimenten die gleiche. Und am erstaunlichsten ist, dass der unregelmäßige Rhythmus der Nervenzelle nicht irgendeine beliebige Punktwolke erzeugt, sondern einen Bogen aus Punkten, wie wir ihn bereits aus Shaws Versuchen kennen (Abbildung 7). Der feuernde Nerv verhält sich rhythmisch wie tropfendes Wasser, ein starkes Argument für universelle Gesetze zur Entstehung von einfachen und komplexen Rhythmen!

Ein chaotischer Rhythmusgenerator

Der Wasserhahn tropft, die Nervenzelle feuert. Zwei grundverschiedene Experimente. Wollten wir versuchen, uns die Ergebnisse nach herkömmlicher Weise plausibel zu machen, würden wir im ersten Fall mit der Größe des Wassertropfens am Hahn (sie nimmt langsam zu) und mit der Schwerkraft (sie zieht ihn nach unten) argumentieren. Im zweiten Fall müssten wir, ähnlich wie bei einer Zelle des Herzmuskels, die Verteilung von Ionen und das Öffnen und Schließen von Ionenkanälen berücksichtigen. Aber würden wir deshalb die Rhythmen und, noch interessanter, die rhythmische Verwandtschaft der beiden Experimente verstehen?

Nehmen wir einen anderen Weg, sehen von den Details der Versuche ab und konzentrieren uns ausschließlich auf die *Dynamik*. Dies ist abstrakter, aber es führt uns zum Ziel. Und das Ziel ist ein Satz von Vorschriften, der sowohl regelmäßige als auch unregelmäßige Wiederholungen erklärt. Dieser Satz von Vorschriften wäre ein Rhythmusgenerator. Mit solch einem Generator könnte man dann auch einen elektronischen Schaltkreis löten, der sich analog einer Nervenzelle verhält, oder man kann eine Puppe ansteuern, die sich im Rhythmus des Wassertropfens bewegt.

Die auffällige Gemeinsamkeit der beiden Experimente ist, dass sowohl regelmäßige als auch unregelmäßige Pulsfolgen beobachtet wurden, die aber eine ähnliche Feinstruktur hatten. Naiv betrachtet erscheint die

Koexistenz des Regelmäßigen mit dem Unregelmäßigen wie ein Widerspruch. Wären die Experimente ausschließlich von festen, einfachen Regeln dominiert, dann sollten zumindest langfristig keine Irregularitäten entstehen. Gebe ich bei einem Brettspiel wie Mensch-ärgere-dich-nicht die Regel vor, bei jedem Zug eine Figur um genau drei Felder weiterzuziehen, dann ist der Rhythmus der Bewegung eindeutig festgelegt. Feuert eine Nervenzelle immer genau dreimal und macht dann eine Pause, dann ist auch ihr Verhalten festgelegt und regelmäßig. Um dem Mensch-ärgere-dich-nicht diese Eintönigkeit zu nehmen und um das Spiel spannend zu gestalten, wird verlangt, dass vor jedem Zug gewürfelt wird. Der *Zufall* kommt ins Spiel, und mit diesem Zufall wird auch ein so simples Brettspiel spannend. Denn weder ist das Fortkommen der Figuren voraussehbar, noch lässt sich das Hinausgeworfenwerden vermeiden. Solch ein Modell, das Regeln und Zufall vereint, könnte auch das unregelmäßige Tropfen von Wasser erklären: Die Zeit bis zum nächsten Tropfen wird vor jedem Abriss neu «ausgewürfelt».

Doch das verschiebt nur das Problem. Denn wenn die Zeit zwischen zwei Tropfen zufällig wäre, warum sollte die Tropfenfolge dann bei nur wenig veränderter Stellung des Hahns (etwas weiter geöffnet, etwas mehr geschlossen) mit großer Genauigkeit regelmäßig sein? Warum sollte das Auswürfeln bei vielen Stellungen des Hahns fehlen, bei anderen aber nicht? Kann das Drehen am Wasserhahn die Spielregeln ändern?

1975 hatte Otto Rössler eine andere Idee. Er stellte sich auf den Standpunkt, dass «unregelmäßig» nicht das Gleiche bedeuten müsse wie «zufällig». Vielleicht gab es außer dem Zufall noch andere Prozesse, die ein Spiel interessant und das Wassertropfen abwechslungsreich machen könnten. Er schloss den Zufall als Ursache kurzerhand aus und dachte auf dem Boden des newtonschen Weltbildes weiter. Wie wäre es, fragte er, wenn man eine große Zahl möglicher *Motive* hätte und aus diesen Möglichkeiten pro Experiment eine ganz bestimmte Kombination herausgriffe? Es gibt doch einen sehr anschaulichen Prozess, der auch unregelmäßige und unvorhersehbare Kombinationen liefert: das Mischen. Um den nächsten Zug beim Mensch-ärgere-dich-nicht, die ausgeteilten Karten beim Skat oder die gezogenen Kugeln beim Lotto unvorhersehbar zu machen, wird ja eigentlich kein «echter» Zufall bemüht. Man nützt vielmehr den Fall eines Würfels, das Umschichten von Karten und das Rühren einer Gabel aus, um vorhandene Möglichkeiten möglichst gut durchzumischen. Nach diesem Vorbild müsste es doch auch andere Prozesse geben, die etwas Ähnliches vollbringen. Das Ergebnis der Überlegungen war der «blender», zu Deutsch «Mixer». In unserem Zusammenhang können wir ihn auch eine Rhythmusmischmaschine nennen.

In der klassischen Musik ist das Vermischen von Rhythmen eher selten. Béla Bartók und Igor Strawinsky liebten es, in manchen Passagen ihrer Werke sehr häufig den Takt zu wechseln. Die Musik wird für den Hörer, der ihren geradlinigen Fortgang erwartet, auf diese Weise merkwürdig schwebend und offen. In arabischen Ländern und im Balkan wird der *Aksak* getanzt. Das ist ein «hinkender Tanz» zu einer Musik mit einem unregelmäßigen Takt. Gruppen von Zweier- und Dreiertakten wechseln unvorhersehbar und zwingen die Tänzer, zum Vergnügen der Zuschauer, immer wieder zu einem ungeplanten «Hopser».

Rösslers Rhythmusgenerator ist außerordentlich einfach gebaut. Um zum Beispiel irreguläre Sequenzen von Wassertropfen und Nervenfeuern angemessen wiederzugeben, braucht er genau zwei einfache *dynamische Elemente*, die richtig miteinander verbunden werden müssen. Wir haben sie bereits bei der Untersuchung des Herzschlags kennen gelernt: die Oszillation und die Erregung. Für sich genommen verstehen wir ihr Verhalten. Da ist nichts Überraschendes. Doch ihre Kombination erzeugt *Chaos*.

«Chaos» hat nichts mit den üblichen Vorstellungen von regellosem Durcheinander oder dem Fehlen geordneter Strukturen zu tun. Es ist ein Terminus technicus aus der Mathematik und bezeichnet den Versuch, das Überraschende und Unvorhersehbare in der Welt zu verstehen, *ohne* dazu den Zufall zu bemühen. Der erste Bestandteil ist eine Oszillation, ein Prozess, der regelmäßig auf- und abgeht, der sich periodisch wiederholt. Der zweite Bestandteil ist ein stabiler Zustand, der sich von allein überhaupt nicht ändert. Erst, wenn es *gestört* wird, erzeugt ein erregbares Element einen Puls. Nehmen wir diesmal als Störung die Oszillation. Wir können diese (periodische) Störung so einstellen, dass immer beim höchsten Wert der Oszillation ein Puls oder Spike ausgelöst wird.

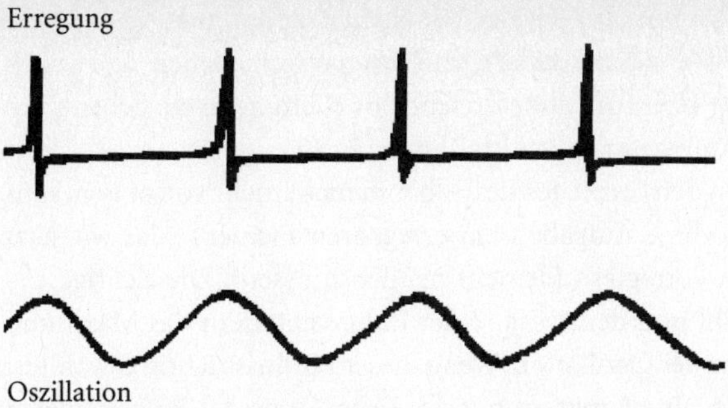

Skizze 6: Jede Welle des Oszillators (unten) löst eine Erregung aus (oben)

Wir haben zusätzlich die Freiheit, den Oszillator zu verändern, können sein Maximum etwas höher wählen oder ihn etwas langsamer laufen lassen. Dann hat das erregbare Element genügend Zeit, um zwei- oder dreimal zu feuern.

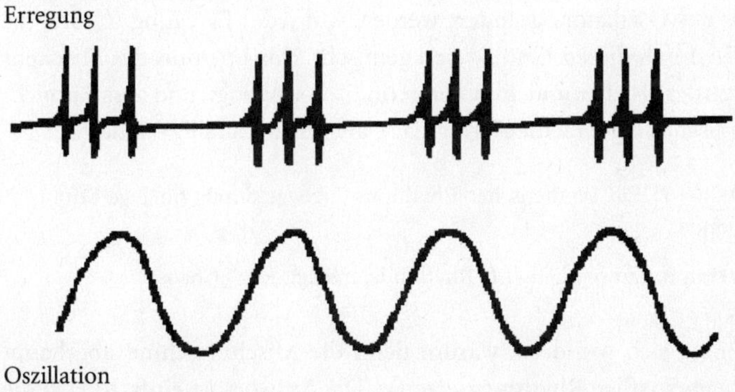

Skizze 7: Jede Welle des Oszillators (unten) löst drei Erregungen (oben) aus

Damit sieht es so aus, als könnten wir bereits drei der fünf Kurven in Abbildung 6 erklären (die Wiederholung von 1, 2 oder 3 Spikes pro Periode), aber wir sehen auch, dass dies noch nicht genügt. Zum einen sind die Abstände der Spikes bei der Periode mit 4 Tropfen nicht korrekt. Sie scheinen nicht von einer, sondern von zwei verschiedenen Störwellen ausgelöst zu sein. Und zum anderen fehlt vor allem noch ein Schritt, um das Chaos, den unregelmäßigen Rhythmus, zu erzeugen.

Wir verändern den Oszillator deshalb nun nicht mehr von außen, sondern überlassen diese Aufgabe dem erregbaren Element (das wir jetzt eigentlich schon «erregtes» Element nennen müssen). Die richtige Lösung ist: Die Zahl und der Abstand der Pulse verändern das Maximum und die Frequenz der Oszillation. Wenn dieser Einfluss richtig gewählt ist (für Interessierte: eine Funktion mit der Krümmung des Bogens, wie er in den Abbildungen Shaws oder Hayashis zu sehen ist), dann beginnt der Mischprozess. Ein Bündel von drei Spikes führt zu einem Bündel von zwei Spikes, dieses zu einem Bündel von zweien, die etwas mehr getrennt sind, es folgen fünf Pulse in der Kombination 3+2, wieder eine Dreiergruppe, und so geht es in immer neuen Variationen weiter. Obwohl nur bekannte Bündel aus 1, 2, 2+2 oder höchstens 3 Spikes zu entdecken sind, wiederholt sich ihre Reihenfolge nie. Der Grund ist, dass jedes Bündel einen etwas anderen Einfluss darauf hat, wie das Maximum oder die Frequenz des Oszillators geändert werden. Mit jeder Erregung werden die Motive durch diesen Einfluss neu gemischt. Das Ergebnis des Mischens ist, dass der Oszillator nicht mehr periodisch schwingt, und dass das nicht periodisch erregte Element irregulär – aber nicht zufällig – feuert.

CD-Ton 7: Ein synthetischer Rhythmus, erzeugt durch zufällige Stimulationen.

CD-Ton 8: Ein synthetischer Rhythmus, erzeugt durch Chaos.

Man mag sich wundern, warum denn die Mischmaschine überhaupt noch regelmäßige Rhythmen erzeugt. Die Antwort ist einfach: weil die Effizienz des Mischens regulierbar ist. Man kann schließlich auch einen Würfel aus niedriger Höhe mit der «1» nach unten fallen lassen, sodass immer die «6» oben liegt. Übertragen auf die Experimente heißt das, dass sowohl der Nerv des Tintenfisches als auch der tropfende Wasserhahn chaotische Rhythmusgeneratoren sind. Durch die Justierung des Stroms oder der Stellung des Hahns ändert sich nur die Effizienz des Mischens.

Der dynamische Prozess bleibt derselbe. Ein einziger Mischvorgang genügt, um sehr viele verschiedene, regelmäßige und unregelmäßige Rhythmen zu erzeugen. Ob man dieses mit Hilfe von Wasser, Nerven, Hormonen oder Muskeln realisiert, ist unerheblich. Alle Realisationen, die das (mathematische) Chaos erzeugen, sind dadurch dynamisch miteinander verwandt.

Mehr Chaos im tropfenden Wasser

Der Wasserhahn kann also auch chaotisch tropfen. Wenn wir nun vom abstrakten Rhythmusgenerator zum Experiment zurückkehren, dann können wir zwei physikalische Gründe dafür finden. Der erste ist die Bildung der so genannten Sekundärtropfen nach dem Abriss eines großen Tropfens. Die Zahl der Tropfen nach jedem «großen» Abriss könnte man mit der Zahl der Spikes im Rhythmusgenerator vergleichen. Sie variiert und lässt deshalb unterschiedlich viel Wasser am Hahn zurück.

Der zweite Grund dafür, dass beim tropfenden Wasser komplizierte Tropfenfolgen entstehen, ist die Dynamik des Residuums, des Rückstands oder «Rückhangs» am Hahn. Wenn ein Tropfen abreißt, schnellt das Restwasser, das an der Öffnung hängen bleibt, zurück und schwingt noch eine Weile nach. Der neue, gerade wachsende Tropfen zittert und kann daher entweder in einer früheren oder in einer späteren Phase als sein Vorgänger abreißen – je nachdem, ob er sich kurz vor dem Fall gerade nach unten bewegt oder nach oben. Die Schwingung des Residuums «stört» das regelmäßige Abreißen des nächsten großen Tropfens und lässt ihn gelegentlich «stolpern». Der chaotische Rhythmus etabliert sich und kombiniert große und kleine Tropfen ohne erkennbare Wiederholungen.

Bei der Nervenzelle fällt die Identifikation der Spikes mit den Erregungen im Modell nicht schwer. Die Oszillation entspricht einer langsamen Schwankung des «Ruhezustands». Ein Einfluss der Anzahl der Spikes auf die Schwankung des Ruhezustands ist nach dem Modell zu vermuten, wurde aber noch nicht im Detail aufgeklärt.

Die vier Diagramme der Abbildung 8 zeigen vier weitere Messungen

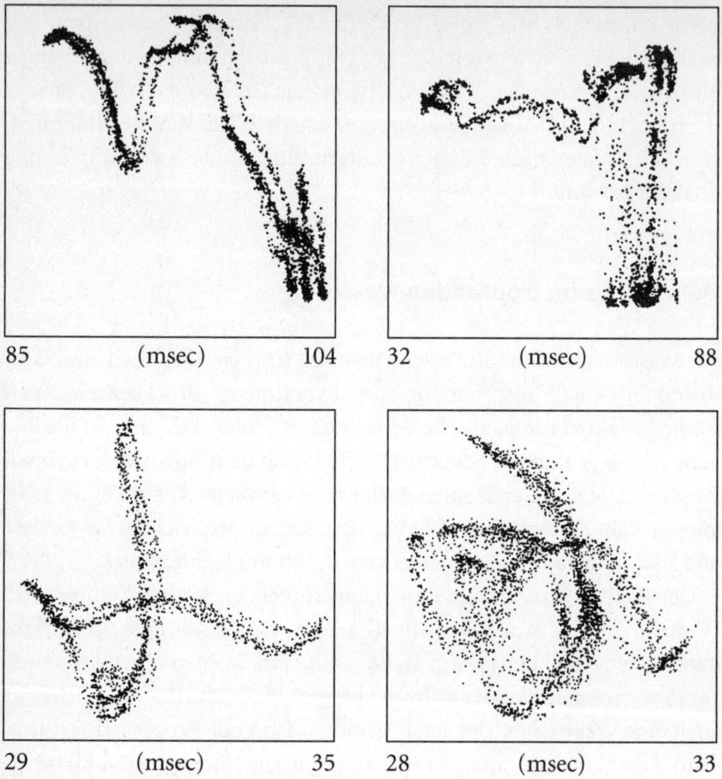

Abbildung 8: Abstand-Abstand-Diagramme von chaotischem Tropfen bei verschiedenen Positionen des Hahns

mit irregulären Folgen von Wassertropfen aus Shaws Hahn. Es fällt auf, dass sich die Skalen auf den Achsen stark unterscheiden. In den zwei unteren Messungen sind die mittleren Abstände erheblich kürzer als in den beiden oberen. Doch mit Worten lässt sich die Dynamik solcher Tropfensequenzen kaum differenziert beschreiben. Wieder scheinen alle möglichen Abstände innerhalb gewisser Eckwerte realisiert zu sein, und wiederum genügt keine einfache periodische Vorschrift, um die Abfolge der Abstände (und damit der Tropfen) zu verknüpfen. Die Punkte sind bunt durcheinander gemischt. Außerdem zeigen alle Diagramme, wie beim Chaos, dass kein blinder Zufall waltet. Nur sind die Abstände jetzt nicht mehr auf einfache Bögen beschränkt, sondern sie verteilen sich in elegant gewundenen, gefalteten und verschlungenen Bändern. Im Territorium der Unregelmäßigkeiten finden sich viele solcher Strukturen. Es wird vermutet, dass die Mehrzahl von ihnen komplizierte Verwandte des einfachen «Bogen»-Chaos sind. Sie geben uns erste Hinweise auf die neue, noch unbekannte Welt irregulärer Rhythmen.

Ein Beispiel ist eine komplexe Sequenz an der Grenze zwischen «regelmäßig» und «unregelmäßig». Shaw und seine Kollegen fanden eine Sequenz von Tropfen, in der sich jeweils ein konstanter und ein variabler Abstand abwechseln: … 31.5 – 34.1 – 31.5 – 32.3 – 31.5 – 30.8 – 31.5 – 34.6 – … Trägt man aus dieser Messung wie beschrieben jeden Abstand gegen seinen Vorgänger auf, dann sieht das Ergebnis ähnlich aus wie das Diagramm links unten in Abbildung 8. Trägt man aber jeden Abstand gegen seinen *Vorvorgänger* auf, dann ergeben sich zwei verschiedene Bilder, je nachdem, mit welchem Abstand man anfängt, entweder die schon bekannte unregelmäßige Verteilung oder aber eine Häufung von Punkten um die Stelle 31.5 / 31.5. «Regelmäßig» und «unregelmäßig» sind ineinander verflochten.

Beginnt man ein Experiment mit dieser verstrickten Dynamik und erhöht den Wasserfluss ein ganz klein wenig, dann bleibt das Tropfen vermeintlich gleich. Allerdings gibt es bei genauem Hinsehen kleine Fehler: Gelegentlich tauchen zwei «unregelmäßige» oder zwei «regelmäßige» Abstände hintereinander auf. Der vorher einfach voraussagbare Wechsel verliert seine Ordnung. Durch die Störungen sind die zwei Rhythmen in dem Diagramm jetzt nicht mehr einfach zu trennen. Bei einer ausreichenden Zahl von Punkten sehen alle Diagramme gleich aus, unabhängig davon, welches der Anfangswert war. Die Verflechtung der zwei Rhythmen ist zwar noch da, aber nicht mehr periodisch. Sie ist selbst chaotisch geworden.

Nach gängiger Vorstellung wird das reich strukturierte dynamische Repertoire des Tropfens von Wasser im Wesentlichen durch die zwei bekannten Elemente erklärt: *Tropfen reißen ab (Erregung), und die Residuen schwingen (Oszillation).* Doch die Zahl der rhythmischen Kombinationen von Tropfen vervielfacht sich sprunghaft, wenn man nicht nur mit reinem Wasser arbeitet, sondern mit Wasser, dessen Eigenschaften verändert sind, etwa weil ein Detergens zugesetzt wurde, das die Oberflächenspannung mindert. Die Messungen mit zugesetztem Detergens sprechen für *mehr als zwei* sich gegenseitig störende Teilprozesse. Dies kann mit dem einfachen Modell des chaotischen Rhythmusgenerators nicht mehr beschrieben werden. Und man darf vermuten, dass umso schwierigere Fälle von Verstolpern, von Chaos, von rhythmischer Komplexität entdeckt werden, je mehr und je genauer man misst.

Außer seiner Theorie für den chaotisch tropfenden Wasserhahn schlug Otto Rössler 1977 auch noch eine Erweiterung des Versuchs vor: das tropfende Geländer. Er dachte an eine horizontale Stange, die von oben gleichmäßig berieselt wird und das Wasser über seine gesamte Länge abtropfen lässt. Die Pointe an diesem Versuch ist nicht nur, dass viele Tropfensequenzen gleichzeitig zu beobachten sind, sondern dass sich tropfende Nachbarn auf dem Geländer gegenseitig stören – weil sie versuchen, sich gegenseitig Wasser abzuziehen, wenn ihr eigener Nachschub nicht groß genug ist. Viele Tropfenfolgen, von denen jede für sich schon chaotisch sein kann, müssten sich miteinander arrangieren. Das sollte die rhythmische Komplexität noch einmal beträchtlich erhöhen. Das Wasser würde in einem löchrigen Vorhang mit unerhört hoher Chaotizität abtropfen.

Für uns schließt sich daran unmittelbar die Überlegung an, ob so ein Experiment Aufschluss geben könnte über die rhythmische Aktivität in einem Geflecht von Nervenzellen, die sich gegenseitig hemmen. Solche sich gegenseitig hemmenden Nervenverbände sind im Gehirn gefunden worden, doch fehlt bislang ein direkter Zugang zu ihrer komplizierten rhythmischen Aktivität. Unter Umständen könnte das Studium abstrakter Modelle auch in diesem Fall weiterhelfen. Eine rhythmische Verwandtschaft zum tropfenden Geländer kann jedenfalls nicht mehr ausgeschlossen werden!

Eine konkrete Analogie im Verhalten von tropfendem Wasser und feuernden Nerven zu suchen, wäre allerdings verwegen. Isolierte Nervenzellen zeigen nicht alle Facetten des Chaos beim Tropfen. Und die hemmende Verknüpfung mehrerer Nerven im Gehirn ist nicht identisch mit konkurrierenden Tropfen, die sich gegenseitig Wasser abziehen. Trotzdem suggerieren die Beobachtungen eine etwas ungewöhnliche, aber inspirierende Vorstellung. Die Vorstellung, das Feuern von Milliarden von Nervenzellen in unserem Gehirn sei – hört man nur richtig hin – wie ein gewaltiger, prasselnder, chaotischer Gewitterregen.

Die Nacht der tanzenden Tropfen

Auf einer Reise durch Südindien übernachtete ich einmal in einem Hotelzimmer mit einem Bad, in dem ein Wasserhahn tropfte. Der Hahn gehörte zu keinem Waschbecken, sondern kam in Hüfthöhe direkt aus der Wand, und die Tropfen wären auf den Boden gefallen, hätte nicht ein Blecheimer dazwischen gestanden. Die kahlen Wände des Bades und der Steinfußboden boten gute Resonanz, und als sich nachts der Straßenverkehr beruhigt hatte, schlug die Stunde des tropfenden Wasserhahns.

Die Öffnung des Hahns war ein weiter Messingring, sein Durchmesser zu groß, als dass das langsam nachfließende Wasser ihn ganz hätte füllen und einfach in einem zentralen Strahl abtropfen können. Das Wasser kam aus der Innenseite des Rohrs ringsum an den Messingring und fiel wie von einem Kreis ab. Die Kante des Kreises war so lang, dass sich gleichzeitig mehrere Tropfen lösen konnten. Manchmal zwei, meistens drei. Dies schien drei Säulen zu formen, die aber nicht still standen, sondern immer leicht verdreht waren, weil sie auf der Kante herumzutänzeln schienen, in einem Ringelreihen, der sich erst in die eine und dann in die andere Richtung drehte. Wieder und wieder trafen Wasserperlen auf dem Boden des Eimers auf, und ihr Plätschern hallte von den nackten Wänden des Bades in die schwüle subtropische Nacht.

Der erste Eindruck war das beständige Plätschern, helle, hohe Töne von vielen kleinen Tropfen, wie aus mehreren Wasserhähnen gleichzeitig, oder wie schwacher Regen. Es erinnerte entfernt an die Geräuschkulisse, wie man sie auf Partys hört, wenn sich mehrere Gäste zur gleichen Zeit unterhalten. Vor dieser Kulisse hoben sich die mittleren und großen Tropfen markant ab. Mit mehr oder weniger lautem Glucksen, wie «gloik» oder «bloit». Es begann breit und rund wie ein Glockenton, dann spitzte es sich zu und brach ab. Besonders die großen Tropfen waren verspielt und launisch. Sie schienen sich einen Spaß daraus zu machen, in das einheitliche Hintergrundplätschern der kleineren Tropfen einzufallen. Sie wichen dem Gleichtakt aus und tönten am lautesten, wenn ich sie am wenigsten erwartete. Nach einer ruhigen Phase prasselten plötzlich drei, vier, fünf «ploit-ploit-ploit …», wie ein kurzer Trommelwirbel, danach wieder die Kulisse.

Wurden die tropfenden Stellen an der Öffnung sehr gleichmäßig mit Wasser versorgt, dann konnte sich das Plätschern so justieren, dass der Reihe nach in jeder der drei Säulen ein mittelgroßer Tropfen entstand. Gloik-bloig-doit-gloik-bloig-doit- …, doch sobald einer der Tropfen lauter war, setzte sein zu erwartender Nachbar aus. Ein Moment der Stille. Die kurzzeitige strikte Absprache der drei Säulen war vorbei, das Plätschern ging weiter, es wurde wieder gelassen und verspielt.

Das Überraschende an diesem Phänomen aber war seine rhythmische Virtuosität, der offenbar selbstverständliche Reichtum der Klänge und Bewegungen, die doch nüchtern betrachtet ausschließlich durch die Gesetze des freien Falls bestimmt sein mussten. Ein Eimer voll Wasser und ein leckender Wasserhahn durchbrachen das Klischee von der starren, mathematisch geknebelten newtonschen Welt. Das Trio der drei tropfenden Tänzer hatte sich trotz aller Einschränkung durch die Physik zu einer zwanglosen «Session» zusammengefunden, um hier in dem Bad, in nächster Nähe zum großen Tempel des tanzenden und trommelnden Gottes Shiva, die Vielfalt des Chaos, die in ihnen steckte, musikalisch auszuleben – indem sie zu Boden fielen und gleichzeitig in mein Gehirn.

CD-Ton 9: Der tropfende Wasserhahn – aufgenommen in Hassan, Südindien.

Hormone

Die Schübe des Wachstumshormons

Hormone werden ins Blut eingespeist, durchströmen darin den ganzen Körper und umspülen jedes Organ. Es sind ihrer viele, und sie sind allgegenwärtig. Man sagt, sie «regulieren» den Blutzuckerspiegel, sie «steuern» den Knochenumbau, man sagt aber auch, dass Jungen mit viel männlichem Geschlechtshormon im Blut hauptsächlich an «das Eine» denken.

Hormone tauchen im Blut nicht einzeln und der Reihe nach, sondern alle gleichzeitig auf. Ihre Produktionsstätten, die inneren Drüsen, liegen an verschiedensten Stellen des Körpers: Hormone werden im Gehirn, in der Schilddrüse, in den Nebennieren und in der Bauchspeicheldrüse gebildet und im Blut über den ganzen Körper, an alle seine Organe verteilt. Das Blut ist das große Sammelbecken für die Hormone, im Blut treffen sie aufeinander. Mehrere Dutzend sind in ihrer Struktur im Detail bekannt. Ihre Aufgabe ist es, Botschaften zu überbringen, mit ihrer Hilfe versuchen die einzelnen Körperteile und Organe miteinander zu kommunizieren. Und die Hormone lösen ihre Aufgabe rhythmisch.

Rhythmisch? Das Wort scheint zunächst nicht angemessen. Denn wo ist der Rhythmus, wenn Moleküle im Blut schwimmen? Wenn sie nach überbrachter Botschaft chemisch abgebaut und unwirksam gemacht werden? Es zuckt nicht, es klopft nicht. Mit dem Auge ist nichts zu sehen, mit dem Ohr ist nichts zu hören. Was soll man schon hören bei einem unübersichtlichen Gemisch so vieler verschiedener Moleküle?

Um den Herzschlag zu charakterisieren, ist es nahe liegend, den Begriff «rhythmisch» zu benützen. Die sichtbare Kontraktion des Herzmuskels, der tastbare Puls, die hörbaren Herztöne machen ihn erfahrbar und seine rhythmische Qualität nachvollziehbar. Doch erinnern wir uns, dass all dies nicht die Ursache des Rhythmus ausmachte. Es war seine Folge. Seine Ursache waren elektrische Potenziale, unhörbare und unsichtbare Umverteilungen von positiven und negativen Ladungen, und die Kontraktion der Muskelzellen so betrachtet nur ein Medium, das diese Potenziale wahrnehmbar machte. Ein ähnliches natürliches Medium fehlt den Hormonen.

Aber selbst wenn wir ein Medium hätten, um Hormonrhythmen wahrzunehmen, was würde passieren? Alle Herzmuskelzellen gleichen sich bis zu einem gewissen Grad. Alle sind miteinander zu einem kompakten Organ verbunden. Und alle unterwerfen sich der einen, allen gemeinsamen Aufgabe, das Blut zum Fließen zu bringen. Und bei den Hormonen? Fünfzig, hundert Stoffe ungleicher Struktur, aus Drüsen, die am Hals, im Bauch oder in den Hoden liegen, mit einem Spektrum an Aufgaben, das die Absenkung des Blutzuckers ebenso einschließt wie den Eisprung der Frau und den Ausbruch von Schweißperlen! Was anderes mag daraus hervorgehen als ein grandioses, nichts sagendes Durcheinander?

Das *Wachstumshormon* wird in einer Drüse von spezialisierten Zellen gebildet. Sein Produktionsort ist die Hirnanhangdrüse oder Hypophyse. Die Drüse liegt im «Türkensattel», einem Ort an der Schädelbasis in der Nähe des Rachens. Isoliert wiegt sie etwa ein Gramm, wovon bis zu zehn Milligramm Wachstumshormon sein können. Die Hirnanhangdrüse produziert kontinuierlich, aber sie schüttet ihren Vorrat nicht gleichmäßig ins Blut aus.

Über das Blut wird das Wachstumshormon an seine Zielorgane transportiert. Dazu gehören die Leber, Knochen, Weichteile und Muskeln. Dort angekommen, stimuliert es die Bildung von Eiweißen und in der Leber außerdem die Freisetzung weiterer Signalmoleküle. Durch seinen Einfluss auf die Leber erhöht es den Blutzucker. In zu großen Mengen kann es somit mittel- und langfristig zu Diabetes führen. Jedes Hormon kommt durch das Blut praktisch mit dem ganzen Körper in Kontakt und muss deshalb unter all seinen Geweben erst einmal die spezifischen Zielorgane finden, für die es bestimmt ist. Dies gelingt, weil das richtige Zielorgan so genannte *Rezeptoren* hat. Die Rezeptoren ziehen von den vorbeifließenden Hormonen genau eines heraus und halten es fest. Das Ziel eines Hormons sind diejenigen Zellen, die den passenden Rezeptor tragen. Deshalb gehören zu *zwei* Hormonen in aller Regel auch zwei *verschiedene* Rezeptoren. Wenn ein Hormonmolekül von einem Rezeptormolekül gebunden wird, dann ist das ein Einzelereignis auf der atomaren Ebene. Für das Organ ist aber nicht nur wichtig, ob ein einzelnes Molekül gebunden wird oder nicht, denn ein Organ besteht aus Hunderttausenden oder Millionen von Zellen, und jede Zelle trägt zwischen tausend und hunderttausend Rezeptoren. Für das Organ ist die Gesamtmenge des Hormons wichtig, die es zu einem Zeitpunkt an seine Rezeptoren bindet. Und diese Menge hängt von der Zahl der Hormonmoleküle ab, die im Blut schwimmen. Die Schlüsselgröße für die Funktion eines Hormons ist seine Konzentration im Blut.

Das Wachstumshormon des Menschen wird zeitlebens gebildet. Seinen Namen aber verdankt es der sichtbaren Wirkung in Kindheit und Jugend. Kinder, denen das Hormon fehlt, wachsen zu langsam. Ihre Körpergröße bleibt hinter der von Altersgenossen zurück. Durch fortlaufende Gaben von künstlich erzeugtem Wachstumshormon kann dieser «Zwergwuchs» zumindest teilweise behoben werden. Im anderen Extrem, wenn eine zu große Menge dieses Hormons im Blut durch den Körper fließt, ist die Folge «Gigantismus» oder Riesenwuchs. Die direkte Schlussfolgerung daraus ist, dass der Körper für ein normales, richtig proportioniertes Wachstum die «richtige» Menge des Wachstumshormons braucht. Seine Produktion in der Hirnanhangdrüse kann darum nicht dem Zufall überlassen sein. Die Drüse selbst muss wiederum ein Zielorgan für andere Hormone sein. Für die Überwachung der Produktion des Wachstumshormons sind zwei Hormone verantwortlich. Das *GHRH* (eine Abkürzung seines umständlichen englischen Namens «Growth Hormone Releasing Hormone») stimuliert die Ausschüttung von Wachstumshormon ins Blut, das Somatostatin hemmt sie. Überwiegt das hemmende Somatostatin, dann wird kein Wachstumshormon ins Blut freigesetzt, seine Konzentration fällt auf einen winzigen Wert (weniger als ein Nanogramm pro Milliliter Blut). Dominiert das aktivierende GHRH, dann wird Wachstumshormon freigesetzt und seine Konzentration steigt auf Werte bis über zweihundert Milligramm pro Milliliter (eine hundertmillionenfache Menge). Das Verhältnis der beiden Kontrollhormone reguliert die Hirnanhangdrüse und bestimmt die

Menge des Wachstumshormons im Blut. Aber was ist das «richtige» Verhältnis?

Der Körper legt sich bei seiner Antwort auf diese Frage nicht fest. Beide Kontrollhormone werden am gleichen Ort im Gehirn, dem Hypothalamus, gebildet, aber ihr Verhältnis ist nicht konstant, es schwankt. Das Ergebnis dieses schwankenden Verhältnisses ist eine variable Aktivität der Hirnanhangdrüse und eine sehr wechselhafte Ausschüttung des Wachstumshormons ins Blut. In den Messungen des Hannoveraner Endokrinologen Georg Brabant und seiner Mitarbeiter zeigt es im Laufe eines Tages zwischen fünf und acht deutliche Schübe (Abbildung 9, links).

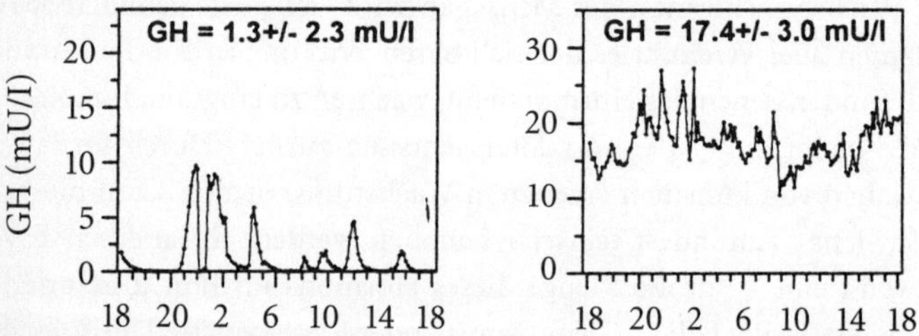

Abbildung 9: Wachstumshormon im Verlauf eines Tages bei einem gesunden Probanden (links) und bei einem Patienten mit Akromegalie (rechts)

CD-Ton 10: Das Wachstumshormon eines gesunden Menschen. Ein Tag wurde auf etwa vier Sekunden gerafft. Das Muster wiederholt sich: wenige prägnante Schläge.

CD-Ton 11: Das Wachstumshormon eines Patienten mit Akromegalie: zu viele und zu schnelle Hormonoszillationen.

Die starken Schwankungen des Wachstumshormons während eines Tages wurden 1976 von Gloria Tannenbaum bei Ratten entdeckt. Ihre eigentliche Ursache liegt aber bis heute im Dunkeln. Das Hormon wird verstärkt nach momentanem Stress und nach starker körperlicher Belastung ausgeschüttet, aber sein größter Schub ist nachts im ersten Tiefschlaf zu beobachten – bei maximaler Entspannung des Körpers. Die

Schübe verschwinden auch keineswegs bei Abwesenheit von Stress und körperlicher Belastung. In einer Periode des Fastens werden sie sogar besonders kräftig.

Die Tatsache, dass die Konzentration des Wachstumshormons im Blut stark schwankt, hat für die Diagnose und Therapie von Wachstumsproblemen Bedeutung. Eine einzelne Messung des Hormons sagt für sich genommen nicht viel aus. Wird beispielsweise in einer Blutprobe kein Hormon gefunden, dann heißt dies noch nicht, dass auch wirklich ein Mangel vorliegt. Es kann bedeuten, dass zwischen zwei Schüben gemessen wurde. Erst aus einem kompletten Profil über den Zeitraum von vierundzwanzig Stunden lassen sich zuverlässige Informationen gewinnen. In der Klinik wird deshalb bei Kindern mit Verdacht auf Störungen des Wachstumshormons üblicherweise jede halbe Stunde eine Probe genommen. Das Auftreten oder Fehlen der Schübe im Profil ist dann deutlich zu erkennen. Auch hängt die Reaktion des Körpers auf ein Medikament von der momentanen Phase eines Schubs und damit vom genauen Zeitpunkt der Einnahme ab. Beispielsweise verdoppelt eine bestimmte Dosis des aktivierenden Hormons GHRH *während* einer Ausschüttungsphase nach kurzer Zeit die Konzentration des Wachstumshormons. Wird die gleiche Dosis aber zwischen zwei Schüben, in einer Ruhephase, verabreicht, ist der Anstieg im Blut minimal. Der Zeitpunkt der Einnahme ist nicht gleichgültig. Sowohl die Diagnose als auch die Behandlung müssen auf den hormonellen Rhythmus Rücksicht nehmen.

In Versuchen an Ratten wurde in der Tat bestätigt, dass die bloße Anwesenheit des Hormons für ein gesundes Wachstum noch nicht ausreicht. Junge Ratten ohne Hirnanhangdrüse, die kein eigenes Wachstumshormon besaßen, wuchsen deutlich besser, wenn es ihnen nicht kontinuierlich, sondern in mehreren über den Tag verteilten Injektionen zugeführt wurde. Sobald die Injektionen die natürlichen Schübe nachzuahmen versuchten, wurde das Wachstum optimal.

Dieser Befund könnte auch Konsequenzen für die Behandlung von Kindern mit einem Defizit an Wachstumshormon haben. Bei kleinwüchsigen Kindern, deren Hirnanhangdrüsen zwar das Hormon produzieren können, die aber zu wenig davon im Blut haben, konnte ein besseres Wachstum induziert werden, wenn ihnen das aktivierende Kontrollhormon GHRH in sieben über den Tag verteilten Dosen verabreicht wurde – eine Behandlung, die ebenfalls die körpereigene Ausschüttung zu imitieren versucht. Allerdings ist der Erfolg noch nicht garantiert, solange die natürlichen Schwankungen des hormonellen Gegenspielers Somatostatin nicht mitberücksichtigt werden.

Auch im anderen Extrem spielen die Schwankungen eine Rolle. Bei der Überproduktion des Wachstumshormons ist nicht nur seine mittlere Konzentration im Blut gestört. Die Schwankungen sind sehr viel schneller als beim gesunden Menschen, und längere Pausen zwischen den Schüben fehlen (Abbildung 9, rechts). Bei Erwachsenen, die darunter leiden, wächst zwar nicht mehr der ganze Körper ins Riesenhafte, einzelne Körperteile vergrößern sich aber auffällig. Diese Krankheit trägt den Namen Akromegalie. Die Füße können über die Schuhgröße 14 hinaus wachsen, die Zunge verbreitert sich auffällig und die Größe der Nase kann sich verdoppeln. Die Ursache der Überproduktion kann ein Tumor in der Hirnanhangdrüse sein. In diesem Fall muss bei Erwachsenen das bösartige Gewebe entweder radioaktiv bestrahlt oder operativ entfernt werden. Eine mögliche *medikamentöse* Behandlung könnte wiederum bei der Kontrolle des Wachstumshormons einsetzen. Man reicht zum Beispiel eine Substanz, die wie das Somatostatin die Freisetzung von Wachstumshormon hemmt. Tatsächlich reduziert ein solches Medikament die Konzentration des Wachstumshormons im Blut. Eine detaillierte Überprüfung zeigt aber zumindest einen wichtigen Nachteil eines derartigen Eingriffs. Die Konzentration des Wachstumshormons bleibt dauerhaft niedrig. Seine natürlichen Schübe fehlen.

Aufnahme 10 auf der beiliegenden CD gibt den Rhythmus des Wachstumshormons wieder (siehe auch Abbildung 9). Dazu haben wir seine Konzentration im Blut in die Lautstärke eines Tons übertragen. Zwischen zwei Schüben ist die Konzentration so gering, dass nichts zu hören ist. Jeder Schub dagegen wird als deutlicher Puls hörbar. Die Messung des Hormons im Verlauf von vierundzwanzig Stunden wurde für die Aufnahme auf wenige Sekunden zusammengerafft. Der laute, betonte Puls entspricht dem starken Schub des Hormons in der Nacht. Die schwächeren Pulse sind über den Rest des Tages verteilt. Wir haben das rhythmische Motiv eines Tages mehrfach hintereinander kopiert, um zu betonen, dass es sich mit jedem Tag wiederholt. Allerdings bleibt das Motiv in Wirklichkeit nicht gleich, sondern variiert täglich. Auch ist ein Beispiel einer Überproduktion zu hören. Bei dieser krankhaften Störung kommen keine akzentuierten Schläge mehr vor. Der zittrig laut und leiser werdende Ton steht für den pausenlosen zu starken Ausstoß des Wachstumshormons ins Blut. Das charakteristische Motiv ist zerstört.

Die Messung von Hormonen

Um eine gute Vorstellung über die Schwankungen eines Hormons im Laufe eines Tages zu bekommen, muss seine Konzentration im Blut gemessen werden. Hormonmoleküle im Blut erzeugen keine elektrischen Potenziale, sodass die Aufgabe nicht durch Elektroden, die in der Blutbahn stecken, gelöst werden kann. Diese bequeme Methode zur kontinuierlichen Messung der Herz- oder Nervenaktivität fällt damit weg. Üblicherweise wird ein Hormonwert in einer Blutprobe bestimmt. Das beste Verfahren, Hormonprofile im Verlauf von Stunden oder Tagen zu messen, besteht deshalb darin, so viele Blutproben wie möglich zu entnehmen. In einem typischen Experiment wird einem Probanden dazu ein Katheter in eine Vene gelegt. Während des Experiments ist der Wechsel von Licht und Dunkel kontrolliert, äußere Stressfaktoren lassen sich so gut wie möglich ausschließen, und die Schlafphasen und Mahlzeiten folgen einem einheitlichen Muster. Während vierundzwanzig Stunden entnimmt man zum Beispiel alle zehn Minuten eine Blutprobe durch den Katheter, danach werden die Blutkörperchen abzentrifugiert, und der Plasmaüberstand (der die Hormone enthält) wird bei minus zwanzig Grad gelagert. Anschließend erfolgt die Bestimmung des Gehalts eines einzelnen Hormons in jeder der 144 Proben.

Von den meisten Hormonen sind nur sehr geringe Mengen im Umlauf. Die Analyse wird zusätzlich erschwert, weil viele Hormone gleichzeitig im Blut zu finden sind. Einige von ihnen sind chemisch miteinander verwandt und deswegen nur schwer zu unterscheiden. Für eine zuverlässige Bestimmung der teilweise sehr niedrigen Konzentrationen werden daher außergewöhnlich empfindliche und spezifische Assays mit einer Immunreaktion eingesetzt. In diesen Tests wird der Hormonlösung ein spezifischer Antikörper zugegeben, der sich gezielt mit dem gesuchten Hormon zu einem Komplex verbindet und es dadurch unter vielen anderen Molekülen kenntlich macht. Entweder der Antikörper oder ein zusätzlich beigefügtes Konkurrenzhormon ist außerdem radioaktiv markiert. Nachdem der Hormon-Antikörper-Komplex isoliert ist, wird aus der Intensität der radioaktiven Strahlung schließlich die Konzentration ermittelt. Trotz des hohen Aufwands ist es die bislang beste Methode, um die Profile einzelner Hormone zu vermessen und ihre rhythmischen Muster zu entdecken.

Dynamische Rückkopplungen

Viele Hormone sind Glieder von Kontrollketten. Darunter versteht man eine Serie von Stoffen, in der jeder Stoff auf die Bildung des nächsten Einfluss nimmt:

A –> B –> C –> …

Die Pfeile bedeuten, dass die Kontrolle positiv ist. Eine große Menge der Substanz A bedeutet die Bildung von viel B, und so weiter. Wenn wir die Substanz A mit dem Kontrollhormon GHRH identifizieren, dann würde B dem Wachstumshormon entsprechen. Das Wachstumshormon übt selbst auch Kontrolle aus und stimuliert die Ausschüttung eines insulinähnlichen Hormons (Substanz C) aus der Leber. Kein Glied hat jedoch, und das ist eine wesentliche Eigenschaft der oben skizzierten Kette, Auswirkungen auf seinen Vorgänger. Ihnen fehlt jede Form der *Rückkopplung.* Im Hormonsystem kommen offene Ketten ohne Rückkopplung aber praktisch nicht vor. Jedes Hormon kann in irgendeiner Weise auf seine Kontrollhormone (seine Vorgänger in der Kette) oder auf seine eigene Bildung Einfluss nehmen. Im Moment, wo dies geschieht, liegt keine offene Kette mehr vor, sondern ein Kontrollkreis. Im Kontrollkreis schließt sich eine Kette von hormonellen Regulationen.

A –> B –> C –> A

Durch so einen Kontrollkreis kann jedes Hormon, das Mitglied des Kreises ist, seine eigene Produktion regulieren oder, wie man auch sagt, auf sich selbst zurückkoppeln.

Es gibt zwei Formen der Rückkopplung: Bei der *positiven Rückkopplung* beschleunigt (direkt oder indirekt) die Ausschüttung eines Hormons ins Blut die Produktion des Hormons. So eine Selbstverstärkung führt zu einem steilen Anstieg der Hormonkonzentration im Blut. Eine kleine Menge eines Hormons im Blut führt zu mehr, und mehr Hormon führt zu noch mehr. Der Theorie nach kann sich die Menge durch die positive Rückkopplung immer weiter aufschaukeln. In Wirklichkeit aber stoppt der Anstieg der Konzentration, weil die Ressourcen verarmen und sich erschöpfen. Eine Selbstbeschleunigung wird zum Beispiel beim *luteinisierenden Hormon* beobachtet. Einmal in jedem Menstruationszyklus der Frau steigt es auf ein Vielfaches seiner sonst üblichen Konzentration an und löst damit den Eisprung aus. Insgesamt scheint diese Form der selbstverstärkenden Regelung im Hormonsystem jedoch selten vorzukommen.

Unter *negativer Rückkopplung* versteht man die gesteigerte beziehungsweise gedrosselte Hormonausschüttung aus einer Drüse, je nachdem, wie hoch die Konzentration im Blut ist. Bei hoher Konzentration wird die Aktivität der Drüse gedrosselt, bei niedriger nimmt sie zu. Ein zweifellos sinnvolles Prinzip, denn es bedeutet, dass eine Drüse bei «zu wenig» Hormon *mehr* produziert, und bei «zu viel» Hormon die Produktion zurückfährt.

Bei der Kontrolle des Wachstumshormons sind zwei negative Rückkopplungsschleifen bekannt. Zum einen stimuliert eine große Menge des Hormons im Blut die Ausschüttung von Somatostatin. Dies ist zwar ein positiver Einfluss, doch weil Somatostatin die Aktivität der Hirnanhangdrüse drosselt, ist die Nettowirkung der Kontrollschleife negativ. Zum anderen hemmt das insulinähnliche Hormon C aus der Leber die Freisetzung des Wachstumshormons. Auch hier ist die Nettowirkung der Schleife negativ.

Ein Dilemma, wie es scheint. Kontrollschleifen mit negativer Rückkopplung, wie ich sie eben beschrieben habe, sind aus der Regeltechnik bekannt. In der Regeltechnik wird für eine bestimmte Größe (zum Beispiel die Konzentration) ein Wunschwert, ein Optimum vorgegeben. Das Ziel eines Regelkreises ist es, diesen Wunschwert einzustellen und gegenüber willkürlichen Störungen so gut wie möglich zu behaupten. Die Lösung für diese Aufgabe besteht darin, die Regelgröße negativ auf sich zurückzukoppeln. Regelkreise mit negativen Rückkopplungsschleifen sind ideal, um Optimalwerte von Konzentrationen zu erzielen und zu verteidigen. Das hieße aber gleichzeitig, dass hormonelle Kontrollkreise Regelkreise sind – sie wären geeignet, um Optimalkonzentrationen im Blut zu garantieren. Erinnern wir uns nun aber wieder an das Profil des Wachstumshormons, dann zeigt sich sogleich, dass sein Kontrollsystem mit den zwei negativen Rückkopplungen in dieser Hinsicht versagt. Während eines Schubs ist die Konzentration «zu hoch», zwischen zwei Schüben «zu niedrig». Falls es einen Optimalwert des Wachstumshormons geben sollte, wird er jedenfalls noch nicht einmal annähernd korrekt einjustiert.

Ein weiteres Beispiel für ein ähnliches «Versagen» wurde beim luteinisierenden Hormon gefunden. Die Konzentration dieses Hormons ist (außer in einer kurzen Zeitspanne vor dem Eisprung) durch negative Rückkopplung auf einen niedrigen Mittelwert heruntergeregelt. Sein Profil führt aber ebenfalls (wie das Wachstumshormon) zu deutlichen Schüben. Diese sind stets etwa gleich stark und kehren alle sechzig bis neunzig Minuten wieder. Auffälligerweise ist ihre Frequenz bei gesunden Probandinnen nicht stabil und im Wachzustand höher als im Schlaf. Auch die Konzentration des luteinisierenden Hormons weicht laufend vom (fiktiven) Optimalwert ab. Seine Abweichungen haben nicht nur eine, sondern drei rhythmisch ausgeprägte Komponenten. Erstens wird es pro Tag in zehn bis zwanzig Schüben ausgestoßen, zweitens schwankt die Häufigkeit der Schübe im Tag-Nacht-Wechsel, und drittens bricht die Konzentration einmal im Monat aus dieser Routine aus, wenn sie den Eisprung einleitet. Wie beim Wachstumshormon ist die natürliche Kontrolle des Hormons darauf ausgelegt, Schwankungen zu erzeugen und einen stabilen «Hormonspiegel» zu vermeiden.

Diese Beispiele stellen uns vor die Frage, worin die rhythmische Ausschüttung von Hormonen ins Blut begründet ist. Liegt die Ursache «außerhalb»? Das hieße, es gibt einen Impulsgeber, der selbst nicht zum Hormonsystem gehört und der eine ansonsten stabile Hormonkonzentration nach einem bestimmten zeitlichen Protokoll hoch- und wieder herunterfährt?

Eine solche externe, das heißt, eine vom Regelkreis separierbare Ursache kann man für die *tagesrhythmischen* Schwankungen vermuten. Tatsächlich scheinen viele Organe der höheren Lebewesen eine «innere Uhr» zu besitzen, autonome Taktgeber mit einer Periode von ungefähr einem Tag. Es wurden biochemische «Schalter» entdeckt, welche die Aktivität einzelner Gene im Vierundzwanzigstundentakt an- und abstellen. Und offenbar werden diese autonomen zellulären Taktgeber von einem übergeordneten Zentrum im Gehirn untereinander koordiniert. Wie dieser Haupttaktgeber und die einzelnen Organtaktgeber aber die hormonellen Regelkreise steuern, ist im Detail noch nicht geklärt. Gibt es darüber hinaus auch eine «innere Eisprunguhr» mit einem Takt von vier Wochen? Oder eine «innere Wachstumsuhr», die manchmal nach zwei, manchmal nach sieben und manchmal nach vierdreiviertel Stunden tickt? Oder liegt die Ursache der «schnellen» Hormonschübe (mehr als einmal pro Tag) *im* hormonellen System? Sind die Schübe wirklich gewollt? Bedeuten sie etwas?

Die Ursache der Schübe

Die rhythmische Organisation des Körpers ist nicht auf erregbare Muskeln oder Nerven beschränkt. Sie ist auch bei der Kommunikation zwischen den Organen zu entdecken. Manche Hormone werden in Schüben ausgestoßen: bei Kindern, Jugendlichen und Erwachsenen das Wachstumshormon, bei Frauen ab der Pubertät bis zu den Wechseljahren das luteinisierende Hormon. Die Schübe sind nicht zu hören oder zu sehen, aber die Veränderungen können problemlos hörbar gemacht werden. Dadurch wird evident, was schon im Profil auffällt: Die hormonellen Schübe gehorchen in ihrer Wiederkehr offenbar gewissen Regeln, auch wenn sie nicht regelmäßig oder periodisch sind.

Dieser rhythmische Ausstoß ist kein Tagesrhythmus. Pro Tag werden mehrere Schübe beobachtet. Ihre Zahl und Intensität kann im Tag-Nacht-Wechsel schwanken, aber sie wird nicht direkt davon verursacht.

Weiterhin schließen Messergebnisse aus, dass die Schübe ausschließlich die Folge von äußeren Störungen sind. Wiederholte Nahrungsaufnahme, Stress und körperliche Anstrengung beeinflussen die Konzentrationen der Hormone. Doch die Rhythmen laufen auch ohne diesen Einfluss weiter. Sieht man von der Tag-Nacht-Schwankung ab und schließt äußere Störungen als zentralen Antrieb aus, dann bleibt noch immer die Möglichkeit, dass die Kontrolle der Hormone selbst die Ursache der Rhythmen ist. Vielleicht ist sie in den Verknüpfungen der Kontrollkreise und in den Rückkopplungsschleifen zu suchen.

Ein Beispiel ist das positive Feedback. Darunter versteht man das Prinzip des Verstärkers, der sich selbst verstärkt. Diese Rückkopplung ist der klassische Rhythmusgenerator. Man nennt sie auch Selbstbeschleunigung oder Autokatalyse. Sie taucht in so verschiedenen Phänomenen auf wie der flackernden Kerze (die Verbrennung erzeugt Wärme – je heißer der Docht, desto besser brennt er), dem Mikrophon, das auf den eigenen Lautsprecher gerichtet ist (jeder verstärkte Ton wird vom Mikrophon registriert und wieder verstärkt – auch das schrille Pfeifen hat einen Rhythmus, wir nehmen ihn nur nicht als solchen wahr) und in wiederkehrenden Grippeepidemien (jede infizierte Person vermehrt die Viren, sodass sich immer mehr Personen anstecken – die Epidemie verebbt erst, wenn zu viele Menschen durch die Grippe gegen das Virus resistent geworden sind). Positive Rückkopplung ist auch für die Selbsterregung des Sinusknotens und anderer Herzzellen verantwortlich. Das luteinisierende Hormon beschleunigt seine eigene Ausschüttung einmal im Monat kräftig. Und immer entsteht die rhythmische Struktur dadurch, dass die positive Rückkopplung sich nicht selbst zerstört, sondern dass eine nachgeschaltete negative Rückkopplung dies verhindert und das Geschehen im Zaum zu halten versteht.

Die Ursache könnte auch im negativen Feedback liegen, dem Prinzip des Regelkreises, der sich selbst zu stabilisieren versucht. Es ist nachvollziehbar, dass auch negatives Feedback in der Lage sein muss, Schwingungen auszulösen. Der britische Biologe Brian Goodwin und andere Forscher haben Rückkopplungsschleifen mit negativem Feedback bereits in den sechziger Jahren studiert. Sie begannen ihre Untersuchung mit Ketten aus drei Substanzen (zum Beispiel Hormonen):

–> A –> B –> C –>

Der linke Pfeil bedeutet, dass das Hormon A konstant produziert wird. Diese Substanz stimuliert die Ausschüttung von B, und B seinerseits die Ausschüttung von C. Der rechte Pfeil besagt, dass die Substanz C im Blut auch wieder abgebaut wird. Diese Kette bleibt in ihrer Dynamik unspektakulär, weil jede Verstärkung und Rückkopplung fehlt. Die Forscher nahmen deshalb zusätzlich an, dass die Substanz C negativ zurückkoppeln soll. Viel C würde die Produktion von A absenken, sehr viel C die Produktion von A fast ganz stoppen. Die Folge dieser Rückkopplung? Ein leichter Überschuss an C bremst die Zufuhr von A. Dies bremst die Freisetzung von B und entsprechend auch von C. Wenig C aber bedeutet, dass die Produktion von A wieder steigt. Dieser Zirkel wiederholt sich, und es entstehen nacheinander Schübe von A, B und C, die wieder verschwinden, neu auftauchen, verschwinden … – ein elementarer Rhythmus, der sich selbst stabilisiert.

Es mag der Eindruck enstehen, als sei die Substanz B eine überflüssige Erweiterung dieses Kreises, da es doch nur auf das Wechselspiel von A und C (und umgekehrt) ankommt. Dem ist aber nicht so. Die Analyse zeigt, dass eine kürzere Kette, in der nur A und C verbunden sind, keine Schwankungen und damit auch *keinen* Rhythmus erzeugen kann. Der Grund ist, dass dann eine Substanz fehlt, die die Schwankung von A *verzögert*, bevor sie C erreicht. Erst diese Verzögerung über die Substanz B komplettiert den Rhythmus durch negative Rückkopplung.

Sowohl positives als auch negatives Feedback kann einen Kontrollkreis dazu bringen, Substanzen in Schüben freizusetzen. Dies ist ganz allgemein von Bedeutung, denn es besagt, dass weder ungewöhnliche noch umständliche Mechanismen nötig sind, um hormonelle Rhythmen qualitativ zu erklären. Im Gegenteil, die meisten hormonellen Kontrollschleifen sind durch ihre Rückkopplungen Kandidaten für spontanes rhythmisches Verhalten. Und nicht nur dies: Auch viele nichthormonelle Kontrollschleifen mit entweder positivem oder negativem Feedback (zum Beispiel die Funktion der Nieren oder die Bildung neuer Blutkörperchen) gehören in diesen Kreis. Das idealisierte Rückkopplungsmodell macht Rhythmus zu einer universellen Eigenschaft der meisten komplexen Netzwerke, die sich selbst kontrollieren. Je komplexer ein solches Netzwerk ist, umso wahrscheinlicher wird, das es auch rhythmisch arbeitet. Daher erscheint es angeraten, das System der Hormone mit Schwerpunkt auf den Rhythmen weiter zu erforschen, auch wenn dies aufwendig und teuer ist. In sehr vielen älteren Arbeiten wurden die Konzentrationen von Hormonen vereinzelt gemessen, und oft wurden nur Mittelwerte berechnet und publiziert. Damit sind aber so gut wie keine Aussagen über die *Rhythmik* möglich, weder über die Frequenz noch über seine Komplexität. Sogar ein völliger Abbruch von starken Schwankungen wird mit diesen Verfahren schlicht übersehen, solange der Mittelwert des Hormons unverändert bleibt. Die Erforschung der Rhythmen würde besonders dringlich, wenn sich zeigen ließe, dass an bestimmten Krankheiten nicht nur ein zu hoher oder zu niedriger Hormon-«spiegel» beteiligt wäre (ein Mittelwert), sondern auch ein qualitativer Umschlag im zeitlichen Profil der Hormone. In einem solchen Fall verlangen Diagnose und Therapie, dass erst die rhythmischen Charakteristika aufgeklärt werden.

Rhythmische Hormone

Wenn sowohl positive wie negative Rückkopplungsschleifen Rhythmen erzeugen, dann darf der pulsierende (oder episodische oder oszillierende) Ausstoß von Hormonen ins Blut nicht auf zwei Einzelbeispiele beschränkt sein. Man würde vielmehr erwarten, dass die meisten Hormone auf einer charakteristischen Zeitskala schwanken. Infrage kommt dabei vor allem der *ultradiane* Bereich, das sind Perioden, die Minuten oder Stunden dauern.

Das Hormon Cortisol hat einen auffälligen und lange bekannten Tagesrhythmus. Gegen Mitternacht erreicht es seinen niedrigsten Wert im Blut, danach steigt es bis zum Morgen zu einem Maximalwert an, der fünf oder sechsmal so hoch ist wie sein Minimum in der Nacht. Im Laufe des Tages fällt der Wert wieder langsam ab. Die Folge ist, dass Zellen mit Rezeptoren für Cortisol früh am Morgen und am Vormittag besonders stark aktiviert werden, in der Nacht jedoch schwach. Dieser Wechsel wiederholt sich täglich und ist bis zu einem gewissen Grad unabhängig von Ess- oder Schlafgewohnheiten.

Eine detaillierte Messung des Cortisols zeigt aber mehr. Der geschilderte Tagesverlauf mit dem weichen, kontinuierlich an- und absteigenden Cortisol«spiegel» beschreibt lediglich Mittelwerte. Die ultradiane Dynamik dieses Hormons in einem Individuum ist in Wirklichkeit ausgeprägt rhythmisch. Das Cortisol wird von der Nebennierenrinde in Pulsen ins Blut ausgeschüttet. Es können etwa fünfzehn Pulse sein, die über den ganzen Tag verteilt sind. Mit Hilfe noch genauerer Messungen könnte man vermutlich eine noch reichere Feinstruktur der Pulse auflösen.

Die Produktion des Cortisols in der Nebennierenrinde wird von einem anderen Hormon, dem Corticotropin gesteuert, das seinerseits in der Hirnanhangdrüse gebildet wird. Dieses Kontrollhormon zeigt die gleiche ausgeprägt pulsierende Rhythmik wie das Cortisol. Die Produktion des Corticotropins regelt das CRH, ein von einer Region des Gehirns, dem Hypothalamus, ausgeschüttetes Hormon. Es hat eine vergleichbare ultradiane Rhythmik wie das Cortisol. Die mittlere Frequenz der Rhythmen der beiden Kontrollhormone des Cortisols ist nach Mitternacht höher als am Tag. Die stärkere Ausschüttung des Cortisols in der Nacht ist eine direkte Folge dieser schnelleren Oszillationen. Die tageszeitliche Schwankung seines Mittelwerts spiegelt den Wechsel der Frequenz wider.

Weiterhin nimmt Cortisol auch Einfluss auf die Ausschüttung des Hormons Thyreotropin aus der Hirnanhangdrüse. Thyreotropin zeichnet sich (wie Cortisol) durch eine Tagesschwankung aus, doch ebenso wie beim Cortisol ist diese Schwankung bei höherer Auflösung der Messungen aus vielen irregulären, scharfen Pulsen zusammengesetzt. Es scheint, als könne man sich durch die engen Verflechtungen der gegenseitigen Kontrollen von einem Hormon zum nächsten vortasten und würde bei der Suche nach Rhythmen stets fündig: Das Renin, das die Nierenfunktion steuert, tritt mit sechs bis zehn Pulsen pro Tag auf, bei den Geschlechtshormonen Progesteron und Testosteron hat man jeweils acht bis zwölf Pulse gemessen, bei den Blutzuckerhormonen Insulin und seinem Gegenspieler Glucagon je zwischen hundert und hundertfünfzig

Pulsen, bei Parathormon für den Knochenumbau mehr als zwanzig Pulse – die Reihe lässt sich verlängern. Sie alle kommen im Blut in Rhythmen vor, sie werden von ihren Drüsen episodisch oder oszillierend ausgestoßen. Es ist nur noch eine Frage der Zeit und weiterer Messungen, bis die ganze rhythmische Vielfalt der hormonellen Rhythmen offenbar und ihre Bedeutung für die Kommunikation zwischen den Organen des Körpers erkannt wird.

Hormonjam

Ich versuche mir vorzustellen, wie es wäre, wenn man alle Hormone eines Körpers *hören* könnte wie das Wachstumshormon auf der beiliegenden CD. Ich denke dabei nicht daran, wie ein Hormonmolekül seinen Rezeptor findet oder wie es sein Zielorgan erreicht, um eine Botschaft zu überbringen. Es geht mir um das Musikalische an der Regulation. Was wird aus der Dynamik der Hormone, wenn man sie in Klänge und Geräusche überträgt? Man kann jedem Hormon eine charakteristische Klangfarbe zuordnen, damit sie sich akustisch unterscheiden, wie die Instrumente einer Big Band. Man kann darüber hinaus versuchen, verwandte Hormone ähnlich klingen zu lassen. Zwei Hormone, die weder in ihrer Struktur noch in ihrer Funktion Übereinstimmung zeigen, würden im Charakter gegensätzlich angelegt. Wie wäre der akustische Eindruck, welche Musik würde erklingen?

Jeder plötzliche Ausstoß aus einer Drüse erzeugt einen Schlag, denn die Hormonkonzentration steigt schnell an und fällt wieder ab. Ein sanfter An- und Abstieg dagegen überträgt sich in einen erst an- und dann wieder abschwellenden Klang. Da die Hormone simultan arbeiten, sind sehr viele Schläge und Klänge zu hören. Im ersten Moment wirkt es, als wollten alle voneinander unabhängig sein. Es entsteht ein gewaltiges Durcheinander. Im Gehirn, in der Schilddrüse, in den Hoden – überall pocht, summt und kratzt es. Ich kenne die «Botschaften» meiner Hormone nicht, weiß nicht, was sie den Organen mitzuteilen haben. Aber ich kann mich auf ihre *musikalische* Struktur einlassen, mich auf ihre Rhythmik konzentrieren. Das Spiel ist so merkwürdig reich strukturiert, ohne klare, voneinander getrennte Einheiten, ohne erkennbare Akkorde und Harmonien, kein Hinweis darauf, es könne sich bei dieser «Musik» um eine vorab fertig gestellte, durchdachte, wenngleich komplexe Komposition handeln. Zwar fallen mir zeitgenössische Kompositionen ein, bei denen sich Musiker um die Wiedergabe ähnlich schwieriger Werke nach Notenblättern bemühen. Doch der erste Eindruck ist, das Geschehen im Blut sei unmotiviert und ohne tiefere nachvollziehbare Zusammenhänge. Eine hormonelle «Symphonie», wie es in dem Buch «Rhythmus der Liebe» von Winnifred Cutler genannt wird, in der alle Komponenten stimmig ineinander greifen und zusammenpassen, will in meiner imaginären Vertonung nicht erklingen. In meinem «Konzert» scheint offenbar vereint, was weder im Takt noch in einfachen rhythmischen Proportionen zusammengehört.

Und doch hat die Musik eine gewisse Qualität. Habe ich mich erst einmal an das Durcheinander gewöhnt, erkenne ich auch, dass nicht alles beliebig ist. Da ich mit Vorstellungen arbeite, kann ich auch die Lautstärken einzelner Hormone nach Belieben zurücknehmen und andere hervorheben. Dann fallen Duos auf, bei denen sich zwei «Spieler» stets abwechseln, aber nie zugleich zu hören sind. Da sind größere Gruppen von Klängen, die nur zusammen auftreten. Einer fängt an und die anderen imitieren eine Phrase mit kurzem zeitlichen Abstand. Und da gibt es laute Schläge, auf die regelmäßig mehrere schwache Echos folgen. Einige Mitspieler lassen sich schon bald ohne Mühe aus dem Ensemble heraushören. Sie haben nicht nur eine eigene Klangfarbe, sondern auch einen eigenen «Stil», weil sie bestimmte Motive immer wieder aufnehmen, auch wenn sie sie nicht exakt wiederholen. Nach längerem Zuhören bemerke ich auch echte rhythmische Vorlieben. Und sobald ich einzelne Spieler zuzuordnen weiß, entdecke ich, wie ihre Motive voneinander abhängen. Manche scheinen sogar aufeinander zu hören und sich zu ergänzen, während andere unbeeindruckt vom Ensemble zu spielen scheinen. Zuletzt nehme ich wahr, wie komplexe Klang- und Geräuschqualitäten wiederkehren und wie sich die Grundstimmung dennoch wandelt.

Mir fällt ein musikalischer Begriff ein, der zu dieser Vorstellung von Hormonmusik zu passen scheint: die Kollektivimprovisation. Der Begriff Kollektivimprovisation ist zu Beginn der sechziger Jahre in der Jazzmusik aufgetaucht. Da gab es zunächst einmal den Stil des Jazz, in dem zwar von der Combo noch ein Thema vorgegeben wurde, jeder Solist sich aber ohne harmonische und rhythmische Bindungen frei (free) entfalten konnte. Und dann schlossen sich Versuche an, in langen Improvisationsphasen *alle* Musiker zur gleichen Zeit spielen zu lassen. Die Musiker mit ihrem ganzen Reichtum an Ideen wurden gleichzeitig aufeinander «losgelassen». Jeder konnte sich als Solist oder als Begleitmusiker fühlen – der Unterschied spielte keine Rolle mehr, weil der Hintergrund (Background), die Tradition, weggefallen war. Befreit von der traditionellen musikalischen Kultur und «Kulisse», sollte nichts als die eigentliche – reine, spontane, wahre – Musik übrig bleiben.

Drei Tage vor Weihnachten des Jahres 1960 lud der Saxofonist Ornette Coleman sieben Jazzkollegen ins Studio ein. Er spielte ihnen einige kurze thematische Fetzen vor und hieß sie ohne weitere Vorbereitung beginnen. Sie sollten kollektiv improvisieren, lautete die Anweisung. Einen «Background» gebe es nicht mehr. In der folgenden knappen halben Stunde entstand «Free Jazz – A collective improvisation by the Ornette Coleman Double Quartet». Die Aufnahme, so roh und schrill sie auch war, wurde ohne weitere Bearbeitung auf Platte gepresst. Schon nach kurzer Zeit galt sie als einer der spektakulärsten Meilensteine des modernen Jazz.

Ich weiß nicht, ob ich der Musik des Hormonsystems – mit Dutzenden von Mitspielern und einigen Millionen Jahren evolutionärer Erfahrung im kollektiven Improvisieren – gerecht werde, wenn ich sie mit dem Versuch von Ornette Colemans Doppelquartett vergleiche. Es geht vor allem um den Unterschied in der Einstellung. Es ist nicht die Einstellung der Kammermusik oder sinfonischen Konzerte. Colemans Musiker wussten nicht, was auf sie zukam. Sie versuchten im Rahmen ihrer Möglichkeiten ihr Bestes, auch wenn sie nicht wissen konnten, ob es mit dem Spiel der Kollegen verträglich sein würde. Sie schlugen sich durch, so gut es eben ging – sie waren ja auf nichts vorbereitet.

Das Spektakuläre ist nicht die Musik, die dabei zustande kam. Sie ist aus dem traditionellen Blickwinkel des Jazz bestenfalls «ungewöhnlich». Aber sie ist weder «schön» noch eingängig, ebenso wenig wie «Ascension» von John Coltrane, eine Platte, die einige Jahre nach «Free Jazz» aus einer ähnlichen Einstellung heraus aufgenommen wurde. «Free Jazz» ist das Modell einer Musik, die gar nicht anders kann als sich ständig umzuorganisieren, als pausenlos zu agieren und gleichzeitig zu reagieren, einer Musik, die unermüdlich suchen muss. «Free Jazz» ist das Vorbild einer Musik, die zum Beispiel bezüglich ihrer Rhythmen keine andere Chance hat, als sich in jedem Moment neu zu erfinden. Darin verkörpert sie ein zentrales Merkmal des pulsierenden, oszillierenden Hormonsystems.

Das Hormonsystem besteht nicht aus isolierten Kontrollschleifen, sondern ist ein vielfach verzweigtes Netz verbundener Rhythmen (ein «Kollektiv»). Im Gegensatz zu den Zellen des Herzens aber haben seine Rhythmen nicht nur eine einzige gemeinsame Aufgabe. Deshalb muss jeder einzelne Rhythmus unentwegt improvisieren, um sich bei aller Anpassung ans Kollektiv dennoch zu behaupten und seine rhythmischen Aufgaben zu erfüllen.

Gesunde Rhythmen

Das Parathormon

Hört man bei einer Jamsession einer Gruppe von Jazzmusikern zu, dann ist es Geschmackssache, ob einem das Spiel eines einzelnen Musikers zusagt oder nicht. Es kann auch ein neuer Musiker dazukommen oder einer fehlen. Die Veränderung mag gefallen oder nicht – sie hat aber keine weiteren Konsequenzen. Da jedes Hormon aber eine oder mehrere Kontrollaufgaben erfüllt, hat seine Gegenwart oder Abwesenheit und die Art und Weise seines rhythmischen «Spiels» für den Organismus sehr wohl Konsequenzen.

Die Knochen des gesunden erwachsenen Menschen sind keine starre, unveränderliche Masse. Sie werden ohne Unterbrechung bis ins Alter schrittweise ab- und wieder neu aufgebaut. Nur deswegen können sie über Jahrzehnte flexibel und belastbar bleiben, ihre Substanz behalten und die unweigerlich einsetzende Sprödigkeit hinauszögern. Das wichtigste Hormon, das diese Erhaltung der Knochen beaufsichtigt und reguliert, ist das Parathormon.

Bei Patienten mit Osteoporose ist der *Knochenumbau* gestört. Ihre Knochenmasse nimmt ab, ihre Knochen sind spröde und brechen leicht. Osteoporose entwickelt sich heimlich und unauffällig, denn der Verlust an Knochenmasse bleibt zunächst ohne schmerzhafte Symptome. Oft ist ein Knochenbruch aus nichtigem Anlass der erste Hinweis auf zu starkem Knochenschwund. Neben der vorwiegend altersbedingten Osteoporose und dem Verlust an Knochenmasse bei Frauen während und nach der Menopause betrifft ein dritter Typ auch jüngere Frauen und Männer, meist ohne spezifischen Grund. In diesem letzten Fall ist keine direkte organische Ursache der Störung zu erkennen.

Gerät ein komplexer Prozess als Ganzes aus dem Tritt, konzentriert sich die Spurensuche immer auch auf die regulierenden Hormone. Insbesondere wird untersucht, ob – wie zum Beispiel beim Wachstumshormon – ihre durchschnittliche Menge im Blut auffällig verändert ist. Überraschenderweise ist aber die durchschnittliche Konzentration des Parathormons bei Gesunden und bei Patienten mit Osteoporose etwa gleich. Weder zu viel noch zu wenig des Hormons können die Ursache für den gestörten Umbau des Skeletts sein. Man könnte vermuten, dass in diesem Fall mit dem Hormon alles stimmt und dass die Ursache der Krankheit an anderer Stelle gesucht werden muss. Die herkömmliche Meinung lautete, dass ein Hormon im gesunden Organismus auf einem optimalen «Spiegel» eingestellt ist, und dass hormonell bedingte Störungen auf eine (im Mittel) zu hohe oder zu niedrige Konzentration im Blut zurückgehen. Zu Beginn der achtziger Jahre belegten Tierversuche jedoch, dass diese Vorstellung im Fall des Parathormons nicht korrekt ist. Im Blut von Ratten und Hunden wurde durch Infusionen künstlich ein konstanter, vermeintlich optimaler Spiegel ausbalanciert. Die Folgen: Weniger Knochenmasse und schlechtere Struktur der Knochen, sie waren porös und spröde. Das, was zunächst sinnvoll und notwendig schien, der «optimale Spiegel» des regulierenden Hormons, führte im Gegenteil zu Symptomen, die an eine beginnende Osteoporose erinnerten. Wurde dagegen die gleiche Menge des Hormons einmal täglich gespritzt, also tagesrhythmisch gegeben, nahm die Knochenmasse zu und die Struktur verbesserte sich. Die Knochen wurden belastbarer.

1989 veröffentlichte eine Forschergruppe von der Medizinischen Hochschule Hannover Messungen des Parathormons im Blut von Probanden, denen sie neun Stunden lang alle zwei Minuten eine Blutprobe entnommen hatten. Sie fanden bei jeder Messung einen anderen Wert des Hormons. Sie entdeckten bizarre komplizierte Muster, bei denen seine Konzentration zum Teil in weniger als einer halben Stunde auf den drei- bis vierfachen Wert anstieg, um gleich darauf wieder abzufallen (Abbildung 10, oben). Die intensiven Schwankungen waren bei allen gesunden Probanden zu finden. Allerdings gab es außer der Tatsache, dass der Verlauf so reich strukturiert war, zwischen den Messungen an verschiedenen Probanden praktisch keine Übereinstimmung. Jeder Proband hatte sein eigenes Parathormonprofil.

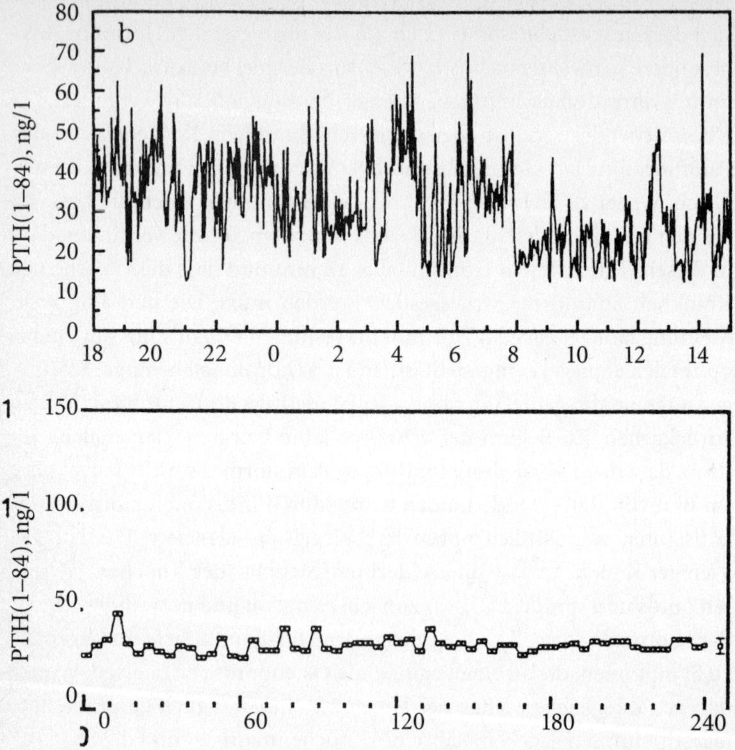

Abbildung 10: Parathormon im Verlauf von zwanzig Stunden bei einem gesunden Probanden (oben) und im Verlauf von vier Stunden bei einer Patientin mit Osteoporose (unten)

Bei Patienten mit Osteoporose, deren Blut ebenfalls untersucht wurde, fehlten die komplizierten Muster dagegen. Ihre Werte waren auch nicht völlig konstant. Sie fluktuierten schwach, aber starke Ausbrüche und die individuellen Komplexitäten der gesunden Probanden fehlten (Abbildung 10, unten). Sie fehlten sowohl bei Männern als auch bei Frauen. Im Sinne des Optimalwerts in Regelkreisen kontrollierten die Rückkopplungsschleifen des Körpers das Hormon mit weniger Toleranz. Ironischerweise schienen die Ergebnisse also anzudeuten, dass das Hormon gerade während der Krankheit erfolgreich auf den «optimalen» Wert eingestellt war. Ein schärferer Widerspruch zum Konzept des optimalen Hormonspiegels lässt sich kaum denken. Die Forscher formulierten deshalb ein alternatives dynamisches Konzept. Die Schwankungen der Hormonkonzentrationen im Blut sind weder «Fehler» der physiologischen Regelung des Körpers, noch sind sie allein auf unkontrollierte Einflüsse von außen zurückzuführen. Sie sind vom Körper gewollt und lebensnotwendig, weil in ihnen *Information* für das Zielgewebe verschlüsselt ist. Das Zielgewebe, das Organ, reagiert nicht nur auf die aktuelle Konzentration, sondern auch auf die *Änderungen* der Konzentration. Die Information ist in der zeitlichen Struktur, im Rhythmus der Hormonoszillationen versteckt.

Wenn sich diese Hypothese bestätigt, dann gäbe es nicht zwei, sondern drei Anforderungen, die ein Hormon im gesunden Körper erfüllen muss. Erstens muss es präsent sein. Wenn beispielsweise die Bauchspeicheldrüse kein Insulin mehr bildet, dann steigt der Blutzucker an und Diabetes ist die Folge. Zweitens muss (im Mittel) die richtige Menge des Hormons im Blut zirkulieren. Zwergwuchs und Gigantismus sind sichtbare Konsequenzen von zu wenig oder zu viel Wachstumshormon. Und drittens ist auch noch erforderlich, dass seine Rhythmik stimmt. Die Zielorgane erwarten offenbar von den Hormonen noch gewisse «dynamische Botschaften», die mittels der Schwankungen überbracht werden. Konsequent weitergedacht muss man dann aber auch fordern, dass die Zielorgane zwischen korrekten und gestörten Schwankungen unterscheiden können. Und das bedeutet, es gibt einen «Schlüssel», den die Organe benützen, um die Schwankungen zu «verstehen». Die Hormonforscher Georg Brabant, Rolf-Dieter Hesch und ihre Kollegen von der Medizinischen Hochschule Hannover haben dafür den Ausdruck «dynamischer Code» geprägt, angelehnt an den «genetischen Code», der die Erbinformation zu entschlüsseln hilft.

Ein dynamischer Code? Ein Morsealphabet, mit dem die Drüsen telegraphieren? Signale wie das Halali des Jagdhorns? Erkennungsmelodien? Oder improvisierte Phrasen wie im Jazz? Und wie wird die Botschaft entschlüsselt? Wie wird die richtige Dynamik von der falschen unterschieden?

Rhythmische Krankheiten

Wie hängen Rhythmus und Krankheit zusammen? Wenn die Organe des Körpers nicht nur eine bestimmte Hormonmenge, sondern auch eine spezifische zeitliche Schwankung erwarten und interpretieren können, dann wird es auch «rhythmische Krankheiten» geben. Das wären Veränderungen, die mit gestörten Rhythmen, zum Beispiel der Hormone im Blut, einhergehen. Hier sind einige Beispiele von Krankheiten, bei denen gestörte hormonelle Schwankungen bemerkt wurden:

- Bei Depression zeigte sich, dass zwar die tagesrhythmischen Schwankungen des Cortisols weitgehend normal sind, dass aber die Feinstruktur der Pulse im Laufe des Tages auffällig verändert ist. Außerdem wurden signifikant mehr Pulse des Wachstumshormons pro Tag festgestellt.
- Beim Morbus-Cushing-Syndrom (starke Fettablagerung am Oberkörper, Akne, Haarwuchs im Gesicht, hoher Blutdruck), wird im Mittel zu viel Cortisol ins Blut ausgeschüttet. Zwei Untergruppen, deren Cortisolprofile sich rhythmisch unterscheiden, sind erkennbar.
- Beim Kallmann-Syndrom bleibt die Pubertät aus oder die sexuelle Entwicklung ist unvollständig. Hier fehlt der Rhythmus des luteinisierenden Hormons völlig. Durch periodische Einnahme eines Kontrollhormons, das die Ausschüttung des luteinisierenden Hormons stimuliert, konnte bei Knaben erfolgreich die Pubertät und bei Mädchen der erste Eisprung eingeleitet werden.

Die Hypothese des «dynamischen Codes» impliziert, dass nur die richtige zeitliche Folge von Hormonpulsen vom Zielorgan korrekt interpretiert wird. Daraus folgt scheinbar, dass der falsche hormonelle Rhythmus die *Ursache* einer krankhaften Störung sein kann. In der Praxis dagegen wäre es genauso gut möglich, dass eine anderweitig verursachte Störung die veränderte dynamische Botschaft zur Folge hat. Ist diese Unterscheidung wichtig? Nur bedingt, denn wenn wir bedenken, dass jedes Hormon sein Zielorgan kontrolliert, und dass das Resultat dieser Kontrolle per Rückkopplung wiederum die Drüse reguliert, die das Hormon produziert, müssen wir davon ausgehen, dass meist beide Fälle gleichzeitig vorliegen. Der falsche Rhythmus stört das Organ, und die Störung im Organ behindert den Rhythmus. Allerdings ist dieses Modell noch sehr naiv, denn physiologische Funktionen werden nicht von einem, sondern von mehreren Hormonen simultan überwacht. Jedes dieser Hormone hat seine eigenen Kontrollhormone, und die Kontrollhormone, die aus dem Gehirn kommen, unterliegen der Regulation durch die Aktivität von Nerven. In den vielen Rückkopplungsschleifen und Vernetzungen der Organe untereinander müssen wir es sogar für sehr unwahrscheinlich halten, dass eine Störung unter Umständen nur auf eine oder zwei Kontrollschleifen beschränkt bleibt.

Wie aber können wir dann einen einzelnen hormonellen Rhythmus bewerten, wenn wir nicht gleichzeitig auch alle anderen Rhythmen kennen? Wir müssten schon die komplette «Jamsession» der Hormone hören, um dies beurteilen zu können. Und nach der Vorstellung der Kollektivimprovisation darf man nicht erwarten, dass zu jeder Krankheit genau ein reproduzierbares rhythmisches Schema passt. Denn die Improvisation organisiert sich jeden Tag neu.

Ein rhythmischer Code?

Aus der Physik sind wir daran gewöhnt, in einer *Oszillation* zwei Informationen zu suchen. Zum einen ist das die Differenz zwischen der größten und der kleinsten Konzentration während eines Ausschlags, und zum anderen die Periodenlänge, die Zeit zwischen zwei Pulsen. Aus diesen zwei Informationen errechnen sich die Amplitude und die Frequenz. Allerdings wird dabei unterstellt, dass die Oszillation regelmäßig ist und sowohl Amplitude und Frequenz zumindest für einige Zeit konstant bleiben. Doch weder beim Wachstumshormon noch bei allen anderen Beispielen erscheinen diese Informationen wirklich sinnvoll. Die Amplituden der Hormone sind nie gleich, sondern so verschieden, dass man in ihnen auf den ersten Blick eher den Zufall und die Gesetzlosigkeit vermuten würde als eine «Botschaft». Und eine eindeutige Frequenz lässt sich meist ebenso wenig angeben. Mit Mühe kann man bestenfalls eine mittlere Frequenz abschätzen. Mit «Mühe» deshalb, weil die Zahl der Pulse von der Genauigkeit der Messung abhängt und ihre Bestimmung bis zu einem gewissen Grad willkürlich ist. Es ist damit auch fraglich, ob

Amplitude und Frequenz im streng definierten physikalischen Sinn für die Funktion eines Hormons an seinem Zielorgan verantwortlich sein können.

Die Kraft des genetischen Codes besteht darin, dass er *universell* arbeitet. Die chemische Struktur eines Gens enthält die Anweisung für die Synthese einer Sequenz von Aminosäuren, die von der biochemischen Zellmaschinerie verstanden und (meist) korrekt befolgt wird. Im Gegensatz dazu ließen sich bislang aber weder dynamische «Gene» noch irgendwelche definierten rhythmischen Sequenzen hormoneller Schwankungen identifizieren. Wenn etwas universell ist, sollte es sich wiederholen. Dann sollte eine Drüse auf dieselbe Störung auch beim zweiten Mal dieselbe Antwort geben. Das aber wäre ein Widerspruch zur «Improvisation». Vielleicht ist der rhythmische Code nicht universell. Er könnte von Mensch zu Mensch verschieden sein. Es wäre sogar möglich, dass der Code eines einzelnen Menschen nicht dauerhaft und unveränderlich gültig ist, sondern eine «Je-nachdem»-Interpretation zulässt. Je nachdem, was gerade in der jüngsten Vergangenheit passiert ist, je nachdem, was die anderen Hormone soeben signalisieren oder in der jüngsten Vergangenheit signalisiert haben, könnte ein Zielorgan eine bestimmte Hormonschwankung *anders* auslegen. Das exakte Einzelmuster würde dann keine universelle Bedeutung haben, seine Botschaft hinge vom Kontext ab. Ein und dasselbe Muster trüge möglicherweise (je nach Kontext) auch zwei voneinander verschiedene Informationen, und ebenso könnten zwei verschiedene Muster die gleiche Antwort im Zielorgan auslösen. Im Sinne einer Kollektivimprovisation ist das Variable, Fluktuierende und Spielerische der Hormone im Blut zwanglos zu verstehen – doch wie soll ein Organ herausfinden, was mit einem bestimmten Muster in einem bestimmten Moment gemeint ist? Woran entscheidet sich, ob es krankhaft ist – oder gesund?

Das Hustenduett

Zwei Schwindsüchtige, so beginnt die Geschichte, ein Mann und eine Frau, die sich vorher nie begegnet sind, übernachten in zwei getrennten Zimmern in einem anonymen Hotel in einer fremden Stadt. Sie sind durch ihre Schwindsucht von der Gesellschaft isoliert, stigmatisiert und ausgestoßen, weil die Mitwelt in ihrem Husten nur die Krankheit, die Gefahr der Ansteckung hört. Nachts sieht die Frau den Schatten des Mannes. Er steht auf seinem Balkon und raucht. Kurze Zeit später bemerkt er ihren Schatten ebenfalls. Ihr plötzliches Husten hat ihn erschreckt. Als dann der Mann auch unverkennbar hustet, glauben beide im Schatten auf dem anderen Balkon wie in einem Spiegel ihre eigene Krankheit und ihre eigene Einsamkeit wieder zu erkennen. Sie lauschen noch eine Weile in die Nacht und gehen in hilfloser Resignation zu Bett.

Alles ist still. Da melden sich zwischen den Glockenschlägen der Kirchturmuhren die Husten. Seiner hart und schnell, ihrer weich und bedeckt, wie ein melancholisches Echo. Er hustet. Sie antwortet. Er bellt und trotzt. Sie wiederholt sich geduldig, «in Moll», wie es heißt, und schüchtern, wie um niemand zu wecken. Beide husten, und es lässt nicht nach. Sie werfen sich über die Balkons ihr Leiden in kleinen Brocken zu und fallen schließlich in einen fiebrigen Halbschlaf. Der Husten des Mannes wird für sie zu Worten, zu einer sprechenden Stimme. Der Husten der Frau verwandelt sich im Fieber für ihn in eine tröstende Melodie. Im Husten beginnen sie ein Zwiegespräch, durchs Husten können sie zusammen singen, miteinander die Einsamkeit beklagen und sich beteuern, dass sie einander verstehen. Sie können es endlich hinausstoßen, dass sie Angst haben vor dem nahen Tod. Das Geräusch, das sie von der Welt getrennt hat, verbindet sie in dieser Nacht. Sie schwelgen und fiebern und husten sich zu: «Warum stehen wir nicht auf, vereinen unseren Schmerz und weinen gemeinsam?» Aber sie rühren sich nicht in ihren getrennten Betten. Sie bleiben liegen, bis mit dem Anbruch des Tages der Zauber des Fiebers verschwindet. Der Mann reist weiter an einen anderen Ort und stirbt. Die Frau geht in ein Spital und stirbt. Und mit ihrem Tod verstummt die wehmütige Erinnerung an das Duett in jener Nacht in dem anonymen Hotel, an die wortlose Verständigung über die Krankheit durch ihr Symptom, die der spanische Schriftsteller Leopoldo Alas in seiner Erzählung «Das Hustenduett» noch einmal heraufzubeschwören versucht.

Dynamische Gesundheit

Nicht nur Hormone und Herzschlag haben ihren Rhythmus. Auch Atmung, Verdauung und Bewegung, auch Sprache, Emotionen und das Bewusstsein haben ihn. Und wie die Hormone im Blut sind auch diese Prozesse und Phänomene vielfach gekoppelt, rückgekoppelt und miteinander vernetzt. Und auf jeder Ebene und auf vielen Zeitskalen können Fehler von messbaren rhythmischen Störungen begleitet sein.

Der Biomathematiker Michael Mackay und der Biophysiker Leon Glass von der McGill-Universität in Montreal, Kanada haben 1977 den Begriff «Dynamische Krankheit» geprägt, um diesen wichtigen Punkt zu betonen: Bei einer dynamischen Krankheit ist das wichtigste Merkmal, dass in Folge *quantitativ* veränderter physiologischer Bedingungen eine dynamische *Qualität* (ein Rhythmus) des Körpers umschlägt. Ein Beispiel ist die Cheyne-Stokes-Atmung, eine Form der Atmung, bei der sich Phasen sehr rascher Atemzüge mit Phasen des Atemstillstands ablösen. In diesem Fall durchläuft die sonst eher gleichmäßige Frequenz der Atmung einen Wechsel zwischen «zu schnell» und «zu langsam» – ein neuer Rhythmus, der normalerweise fehlt. Die Ursache dieser ungewöhnlichen Schwankung ist negatives Feedback. Bei zu viel Kohlendioxid in den Lungen beschleunigt die Kontrollzentrale im Gehirn die Atmung. Kommt dadurch genügend Sauerstoff in die Lungen, wird die Atmung wieder gebremst. Dies ist nichts anderes als die natürliche Kontrolle einer stabilen Atmung bei jedem Menschen. Beim Cheyne-Stokes-Patienten aber ist diese Kontrolle «übersteuert». Sowohl die Beschleunigung als auch die Bremsung sind zu stark. Der Zyklus wiederholt sich. Die Atemfrequenz fällt von einem Extrem ins andere.

Als zweites Beispiel nennen Mackay und Glass eine seltene Form der Leukämie, die chronische Granulozytenleukämie. Während bei Gesunden die Zahl der weißen Blutkörperchen zwischen sieben- und achttausend liegt und im Verlauf von Wochen nur schwach variiert, wird bei dieser Krankheit eine außergewöhnliche Schwankung beobachtet. Es existiert ein gut dokumentierter Fall eines Mädchens, bei dem diese Schwankungen über zwei Jahre hinweg registriert wurden. Die Zahl ihrer weißen Blutkörperchen stieg innerhalb eines Monats von etwa zehntausend pro Milliliter Blut auf über achtzigtausend, um im nächsten Monat wieder auf unter zwanzigtausend abzusinken. Die Ursache der Leukämie ist eine krebsartige Vermehrung der weißen Blutkörperchen, vermutlich wegen einer außer Kontrolle geratenen Rückkopplungsschleife. Im Falle des Mädchens aber vermehren sich die Blutkörperchen nicht ungehindert, bis die Lymphknoten, die Knochen und die Leber rettungslos überfüllt sind. Offenbar arbeitet dieser Vermehrung zusätzlich ein Abbauprozess entgegen. Wenn er auch zu schwach ist, das normale Niveau zu stabilisieren, verhütet er doch ein ums andere Mal die Katastrophe.

Sowohl bei der Cheyne-Stokes-Atmung als auch bei der seltenen periodischen Leukämie eignet sich die dynamische Analyse, die Entstehung der krankhaften Oszillation durch eine quantitative Veränderung in physiologischen Rückkopplungsschleifen zu erklären. Beide Fälle gehören deshalb zu den dynamischen Krankheiten, und auch die Herzarrhythmien, Schlaflosigkeit, Epilepsie, manisch-depressive Stimmungswechsel, Migräne und einige Formen der Schizophrenie könnten unter diesem Aspekt analysiert werden. Für alle sind ungewöhnliche Rhythmen charakteristisch. Lassen sie sich auch rhythmisch kurieren?

Die dynamische Krankheit ist daran zu erkennen, dass entweder ein Rhythmus auftaucht, der normalerweise nicht vorhanden ist, oder dass ein gesunder Rhythmus fehlt. Einfach zu verstehen, nicht wahr? Doch worauf bezieht sich die «Störung»? Sie bezieht sich auf die Annahme, dass ein Zustand existiert, in dem bestimmte Rhythmen «normal» sind. Demnach wäre das Pendant zur dynamischen Krankheit die *dynamische Gesundheit.* Die Lehrbücher der Physiologie gehen davon aus, dass es das erklärte Ziel der Organe, Kreisläufe und Sinne ist, die «interne Umgebung» des Körpers (ein Begriff des französischen Physiologen Claude Bernard aus dem 19. Jahrhundert) konstant und stabil zu halten. Wenn wir in die Stabilität auch die Stabilität und Regelmäßigkeit von Rhythmen einbeziehen, dann können wir den Bezugspunkt für die dynamische Krankheit definieren. Dynamisch gesund ist ein Mensch mit einem periodischen Herzschlag von zweiundsiebzig Herzschlägen pro Minute, sechshundert gleichmäßigen Atemzügen, mit konstanten achttausend Blutkörperchen pro Milliliter Blut, mit sieben Schüben des Wachstumshormons an jedem Tag, und so weiter. Aber ist das wirklich die dynamische Gesundheit? «Stabile, normale Rhythmen» würde bedeuten:

- dass alle Organe und Kreisläufe konstant versorgt werden
- dass die einzelnen Kontrollsysteme entweder voneinander isoliert sind oder sich in einer fixierten Beziehung zueinander befinden
- dass ein Mensch alle Veränderungen der Temperatur, des Drucks, des Lichts in seiner Umgebung durch Regelkreise abfängt und ausgleicht
- dass ein Mensch eine stabile, wenig veränderliche emotionale Grundhaltung beibehält, ungeachtet dessen, was er sieht oder hört, was er sich vorstellt und an was er sich erinnert.

All dies ist im Alltag offenbar nicht gegeben. Mit anderen Worten, dieser konstante Bezugspunkt ist ein Ideal, das nie erreicht werden kann und auch nie erreicht wird. Wenn beim schnellen Spurt einige Extrasystolen auftauchen oder beim Aufenthalt im Gebirge die Atmung ähnlich zu schwanken beginnt wie beim Cheyne-Stokes-Patienten, oder wenn aus Angst die Cortisolausschüttung durcheinander gerät, dann liegt noch keine Krankheit vor. «Dynamische Gesundheit» bedeutet deshalb nicht absolute Konstanz oder das Fehlen jeglicher rhythmischer Auffälligkeit. Sie bedeutet vielmehr rhythmische Vielfalt, Flexibilität und spontane Wechsel von Rhythmen. Dynamische Gesundheit ist ein *Experiment* mit den rhythmischen Möglichkeiten des Körpers. Extrasystolen, eine Irregularität der Atmung oder ein Anfall von Angst könnten deswegen sogar Teil des Experiments sein. Solche Besonderheiten sind ein Teil der dynamischen Gesundheit, solange sie sich im Zusammenspiel mit anderen Rhythmen wieder auflösen können. Erst wenn der Körper keine Mittel mehr findet, einen schmerzhaften, quälenden, zerstörenden Rhythmus zu durchbrechen, beginnt die dynamische Krankheit.

Oszillierende Biochemie

Unsichtbare Ursachen

Dass aus «nichts» etwas entsteht, ist unter dem Namen «Urzeugung» bekannt geworden und genießt in der Wissenschaft einen denkbar schlechten Ruf. Das liegt daran, dass man mit Urzeugung oft die Vorstellung «ohne Grund» assoziiert. Und dass ein Ereignis ohne jeden Grund passieren soll, ohne einen Grund, der zumindest im Prinzip der Messung und der Erkenntnis zugänglich ist, widerstrebt der unentwegt nach Gründen suchenden Naturwissenschaft.

In diesem Sinn steht die Urzeugung praktisch synonym für «unwissenschaftlich». Anders bestellt ist es mit spontanen Vorgängen, deren Ursachen zumindest bei oberflächlicher Betrachtung nicht ersichtlich sind. Ein Beispiel ist die chemische Joduhr. Eine farblose Lösung, die nicht anders aussieht als einfaches Trinkwasser, schlägt plötzlich um in ein tiefes Blau, auch wenn vorher eine Viertelstunde lang «nichts» passiert ist. Ein überraschender Effekt, weil der Farbumschlag den Eindruck erweckt, er entspränge dem Nichts. Die Täuschung dabei ist, dass sich die farblose Lösung in einem Zustand zu befinden scheint, in dem sich ohne Anstoß von außen nichts mehr bewegt.

In Wirklichkeit läuft aber eine sehr langsame chemische Reaktion ab, die den Farbumschlag der Lösung vorbereitet. Da an dieser vorbereitenden Reaktion nur farblose Stoffe beteiligt sind, bleibt dieser Vorgang verborgen. Der interessante Punkt an diesem Experiment ist, dass die Geschwindigkeit der Reaktion in einem gewissen Moment von sehr langsam nach sehr schnell umschaltet. Dies ist tatsächlich überraschend und kann auch bei noch so langer Betrachtung der Lösung im Glas nicht begründet werden. Für die Begründung muss die Ebene der Beobachtung gewechselt werden.

Beim Umschlag von einem durchgängig fließenden in einen tropfenden Wasserstrahl glauben wir den Grund zu kennen. Das fließende Wasser ist in einem Konflikt, weil der Teil, der nah an der Hahnöffnung ist, dort hängen bleiben möchte. Bei schwachem Nachschub aus dem Hahn überwiegt die Kraft, die den Strahl nach unten zieht, dieses Bestreben, und er reißt. Der Nachschub an Wasser, das Fallen gemäß der Schwerkraft und die zurückhaltende Kraft eines Teils des Wassers an der Hahnöffnung bestimmen gemeinsam, ob es fließt oder tropft. Die Ursache liegt hier auf der Ebene der Beobachtung.

Bei chemischen und biochemischen Reaktionen liegt der Fall anders. Sie lassen sich einfach messen, weil sich die Konzentrationen aller beteiligten Substanzen auffällig ändern. Aber man bemerkt die Ursachen der Konzentrationsschwankungen auf der Ebene der Alltagsbeobachtung nicht. Sie liegen viele Größenordnungen entfernt und sind unserer direkten Wahrnehmung nicht zugänglich.

Gängige Modelle sprechen von Atomen und Molekülen. Man denkt an eine riesige Zahl von Wasserteilchen, die im Raum (im Glas) hin und her schwirren, und dazwischen sollen andere Teilchen gemischt sein: größere, kleinere, anders geformte oder verschieden gefärbte. Weil die Dichte der Teilchen groß ist, stoßen sie in einem fort aneinander. Eine chemische «Reaktion» besagt, dass zwei Teilchen aufeinander treffen und durch das Treffen ihre Identität (ihre Größe, ihre Form, ihre Farbe) wechseln. Diese Teilchen wissen nichts von Konzentrationen, und sie denken auch nicht darüber nach, was auf der makroskopischen Ebene der Beobachtung passiert. Sie fliegen nur von einer Kollision zur nächsten und je nach Stoßerfolg bleiben sie, wie sie sind, oder sie ändern ihre Identität. Dies passiert räumlich in einer Größenordnung von weniger als einem Nanometer und zeitlich in der Größenordnung von Nanosekunden (Nano = ein Tausendstel von einem Tausendstel von einem Tausendstel). So ein Vorgang hat zumindest einen Hauch von Urzeugung, wenn diese zufälligen, der Erfahrungswelt des Alltags völlig entrückten atomaren Vorgänge einen Farbumschlag einleiten, der sogar mit dem bloßen Auge zu sehen ist.

Lotkas Modell und die Konferenz in Prag

Die Geschichte der spontanen Konzentrationsoszillationen erinnert an die Dynamik der Joduhr. Sie sind seit achtzig Jahren bekannt, wurden die ersten fünfzig Jahre jedoch praktisch nicht wahrgenommen. Erst als eine kritische Masse an Resultaten zu dem Thema veröffentlicht war und als seine Bedeutung für die Physiologie, für den Herzschlag und für die biologische Informationsverarbeitung erkannt wurde, stieg die Zahl der Arbeiten so sprunghaft an, dass sie nun nicht mehr zu übersehen ist. Wie bei der Joduhr muss man sich bei allen Konzentrationsoszillationen auf die Ebene der Ionen und Moleküle begeben, um die Ursache der spontanen Vorgänge zu verstehen, die dem Nichts zu entspringen scheinen.

Eine Konzentration ist die Zahl von Molekülen (oder Teilchen) einer Sorte in einem Volumen von einem Liter, sei es einem Liter Luft oder einem Liter Wasser. Selbstverständlich hat ein Liter Wasser auch eine Konzentration an Wassermolekülen, aber üblicherweise denkt man an andere, größere Moleküle wie Zucker oder Jod, die im Wasser gelöst sind. Ein Gesetz besagt, dass sich fremde Moleküle, die in Wasser gelöst sind, gleichmäßig im ganzen Volumen verteilen und dass dieser gleich verteilte Zustand dauerhaft stabil ist, dass er sich von allein nicht mehr verändert. Dies bedeutet, dass spontane Oszillationen verboten sind. Das gilt auch, wenn Moleküle verschiedener Sorten im gleichen Volumen Wasser gelöst sind. Jede Sorte breitet sich gleichmäßig aus. Für eine Messung der Konzentration ist es dann gleichgültig, an welcher Stelle im Wasser eine Probe genommen wird oder zu welchem Zeitpunkt. Das Ergebnis bleibt stets dasselbe. Niemand hat bisher ein Gegenbeispiel, eine Abweichung von diesem Gesetz beobachtet. Und falls doch, dann hat er es der Fachwelt jedenfalls nicht mitgeteilt.

Reagieren zwei Substanzen miteinander, dann verändern sich ihre Konzentrationen. Bei jedem erfolgreichen molekularen Stoß wechseln zwei Teilchen ihre Identität. Aus der (menschlichen) Makroperspektive, wo wir es stets mit sehr, sehr vielen Molekülen zu tun haben, bemerken wir, dass die Konzentrationen der ursprünglichen Sorten bei sehr, sehr vielen erfolgreichen Stößen abnehmen, und zwar kontinuierlich. Gleichzeitig hat aber die Konzentration der Produkte, der Moleküle mit der neuen Identität, kontinuierlich zugenommen. Die Reaktion ist beendet, wenn sich die Konzentrationen der Ausgangssubstanzen und der Produkte nicht mehr ändern. Dann tritt wieder das Gesetz der stabilen Gleichverteilung in Kraft, und jedes weitere spontane Geschehen (auf der Makroebene) ist ausgeschlossen.

Dass Chemie und Biochemie nicht immer so harmlos und gleichförmig ablaufen müssen, behaupteten zwei Artikel aus den Jahren 1919 und 1920. Der Autor Alfred Lotka, ein theoretischer Chemiker, argumentierte anhand einer mathematischen Gleichung, dass zwei Molekülsorten auch so miteinander reagieren können, dass ihre Konzentrationen abwechselnd ab- und dann wieder zu- und wieder ab- und wieder zunehmen, und immer so weiter. Der Artikel muss trotz seiner nüchternen Analyse auf die Leserschaft seiner Zeit absonderlich gewirkt haben. Lotka machte nicht nur die Voraussetzung, dass die beiden Molekülsorten miteinander reagieren müssen, sondern dass sie gleichzeitig auch selbstvermehrend sein sollten. Moleküle, die sich vermehren wie Bakterien und Hasen? Lotka konnte nicht wissen, dass das, was 1920 noch wie eine an den Haaren herbeigezogene Schreibtischkonstruktion wirkte, in der zweiten Hälfte des Jahrhunderts mit der Entdeckung der Selbstvermehrung der Moleküle des Erbguts zu einer Selbstverständlichkeit werden sollte.

Dabei fand sich aber schon zu Lotkas Zeit ein Experiment, das zumindest ein anschauliches Beispiel für seine Überlegungen hätte geben können. Es wurden Messungen veröffentlicht, die deutliche Oszillationen der Konzentrationen mehrerer Substanzen in Wasser zeigten, ohne dass dabei in irgendeiner Weise von außen manipuliert wurde. Lotkas Mechanismus wäre eine mögliche Erklärung des Experiments gewesen, und man hätte beginnen können, nach den selbstvermehrenden Molekülsorten zu suchen. Aber diese nahe liegende Arbeit wurde erst einmal nicht in Angriff genommen (ebenso wenig wie die Überprüfung einer Theorie über Populationsschwankungen einige Jahre später). Das chemische Experiment, das später den Namen «Bray-Oszillator» bekam, wurde entweder ignoriert, oder man verwies auf mögliche Artefakte oder unbekannte Faktoren, die bei der Arbeit im Labor übersehen worden waren. Und schließlich war da noch das theoretische Argument, das der Idee Lotkas die Basis zu entziehen schien. Dass die Konzentrationen von Substanzen in einem Erlenmeyerkolben oder einem Reagenzglas von selbst zu schwanken begannen – das widersprach dem «Zweiten Hauptsatz», einem rätselhaften, aber eisernen Gesetz aus der Thermodynamik. Dieses Gesetz verbietet schlicht die spontane Entstehung von Oszillationen in einer Lösung ohne Zufluss von außen, sobald sie einmal zur Ruhe gekommen ist. Eine spontane zeitliche Oszillation war nach damaliger Überzeugung zwar noch keine Geburt eines Homunculus, aber bereits gefährlich nah an der Urzeugung. Da entstünde ja aus einem zeitlosen Zustand ohne einleuchtenden Grund so etwas wie eine Uhr. Undenkbar.

Als sich 1968 Forscher aus verschiedensten Fachgebieten zu einer Konferenz über «biochemische Oszillationen» in Prag trafen, einte sie dieses eine Interesse: spontane Konzentrationsschwankungen bei molekularen Reaktionen. Dass das Herz autonom schlägt, dass sich Zellen spontan teilen, dass so viele Tagesrhythmen einfach weiterlaufen, auch wenn die Beleuchtung und die Temperatur der Umgebung künstlich konstant gehalten wurden: das musste direkte, erklärbare Ursachen haben. Und erklärbare Ursachen hieß in diesem Fall: messbare biochemische Reaktionen, daher «Biochemische Oszillationen». Man sprach in Prag vor allem über drei neuere Experimente, die nach dem Bray-Oszillator veröffentlicht worden waren. Dreimal war jemand aus Zufall auf Konzentrationsschwankungen gestoßen, deren Ursache möglicherweise keine unerklärlichen «Artefakte» oder übersehenen «Faktoren», sondern solide molekulare Reaktionen zu sein schienen. 1965 hatte eine Gruppe japanischer Biochemiker eine Reaktion mit dem Enzym Peroxidase aus den Wurzeln des Meerrettichs untersucht, bei der die Konzentration eines biochemisch wichtigen Moleküls, das Nicotinamid-dinucleotid, abgekürzt NADH, einige Male schwankte, bevor die Reaktion zu ihrem Ende kam. Im Jahr zuvor waren Schwankungen des gleichen Moleküls während des Zuckerabbaus von Hefezellen entdeckt worden. Und schon 1957 hatte der russische Chemiker Boris Belousov sehr regelmäßige Konzentrationsschwankungen bei einer chemischen Reaktion mit der Substanz Natriumbromat publiziert, einer anorganischen Verbindung, aus der im Verlauf der Reaktion elementares Brom erzeugt wurde.

(Sein Artikel war Anfang der fünfziger Jahre von Fachgutachtern mit der Begründung «unmöglich» abgelehnt worden. Die Arbeit erschien daher im Jahresbericht eines Instituts für Strahlenbiologie – ohne Begutachtung.)

Die oszillierende Reaktion mit der Peroxidase erregte Verwunderung, weil nur ein einziges Enzym gegenwärtig war und es keinen Hinweis auf Selbstvermehrung dieses Enzyms gab. Der oszillierende Zuckerabbau erregte Aufsehen, weil Zuckerabbau in sehr vielen Lebewesen zur Energiegewinnung wichtig ist. Und Belousovs Reaktion begeisterte die Fachwelt, denn man konnte die zeitliche Struktur der Reaktion mit eigenen Augen sehen: Die Farbe der Lösung wechselte während der Reaktion wiederholt von farblos zu dunklem Gelb und wieder zurück zu farblos. Fast fünfzig Jahre nach dem Artikel von Lotka war das Thema Konzentrationsoszillationen wieder erwacht.

Heute sind alle drei Experimente in vielen Details untersucht und gelten als verifizierte Beispiele molekularer Reaktionen, bei denen die Konzentrationen in einer geeigneten Versuchsanordnung spontan und ausdauernd oszillieren. Die Dauer einer Periode, einer Kombination von Anstieg und Abfall der Konzentration, beträgt etwa zwanzig Sekunden bei der Belousov-Reaktion und etwa zwanzig Minuten beim Zuckerabbau. Die Peroxidase-Reaktion liegt dazwischen. Alle drei sind langsamer als das Feuern von Nervenzellen und auch langsamer als Herzschläge, aber schneller als ein normaler Zellteilungszyklus oder als ein Tagesrhythmus. In der Belousov-Reaktion konnte sogar ein sich selbst vermehrendes Molekül identifiziert werden (die bromige Säure). Allerdings stellte sich auch heraus, dass keines der Experimente nach dem Modell von Lotka abläuft.

Ein Prototyp

Sehr viele Reaktionen können spontan oszillieren. Da die Details der meisten Beispiele für unser Thema keine Rolle spielen und ohne Vorkenntnisse nicht ohne weiteres nachzuvollziehen sind, bespreche ich einen Prototyp. Dieser Prototyp macht nur Annahmen, die biochemisch sinnvoll sind, und er ist das einfachste Modell für enzymgesteuerte Oszillationen überhaupt.

In einer biochemischen Reaktion wird eine Substanz A von einem Enzym umgesetzt. Moleküle der Sorte A werden dabei verbraucht, ihre Konzentration nimmt ab. Das Enzym verändert sich nicht. Es ist ein Katalysator, eine molekulare Maschine, die lediglich die Geschwindigkeit der Reaktion kontrolliert. Seine Konzentration bleibt konstant. An der Reaktion ist aber noch ein zweiter Partner beteiligt, das Proton. Ein Proton ist das, was den Essig zur Säure macht. Protonen werden oft auch synonym für «Säure» gesetzt. Je mehr Protonen, desto saurer die Lösung. Nehmen wir an, bei der Reaktion eines Moleküls A mit dem Enzym werde zugleich auch ein Proton verbraucht. Das Enzym setze beide zu Produkten um, deren Identität hier nicht weiter interessiert. Und schließlich, um die Reaktion nicht versiegen zu lassen, gebe es noch einen Nachschub für die beiden Substanzen, die durch die Reaktion verbraucht werden. Von irgendwo werden laufend Moleküle der Sorte A und Protonen nachgeliefert.

Im Labor sieht das Experiment folgendermaßen aus: Die Substanz A und Protonen sind in einem Vorratsbehälter in Wasser gelöst und gleichmäßig verteilt. Die Konzentration der Protonen legt den pH-Wert fest, den Säuregehalt der Lösung. Mit einer ersten Pumpe werden beide Substanzen einem Reaktionsgefäß zugeführt. Eine zweite Pumpe versorgt das Reaktionsgefäß mit Enzym. Ein Überlauf verhindert, dass das Volumen der Lösung anschwillt. Die Reaktion beginnt. Ein einfacher, übersichtlicher Aufbau, ein geradezu klassisches dynamisches Experiment. Man könnte sagen: Das biochemische Pendant zum tropfenden Wasserhahn aus dem zweiten Kapitel. Doch was bringt so eine Enzymreaktion «zum Tropfen»? Man muss wissen, dass viele Protonen die Lösung saurer, wenige Protonen die Lösung weniger sauer machen. Da die Reaktion Protonen verbraucht, nimmt ihre Konzentration, der Säuregrad, mit der Zeit ab. Das klingt trivial, doch gerade dadurch wird das Experiment raffinierter, als es zunächst den Anschein hatte. Der bislang verschwiegene Trick liegt darin, dass Enzyme eine Reaktion keineswegs immer im gleichen Akkord abarbeiten. Im Gegenteil, es ist ihre vornehmste Aufgabe, eine Reaktion je nach der momentanen Zusammensetzung ihrer Umgebung entweder zu beschleunigen oder abzubremsen. Enzyme kontrollieren nicht nur eine Reaktion, sie werden zugleich auch vom aktuellen Stand der Reaktion kontrolliert.

Die «Umgebung» in unserem System aber besteht nur aus Molekülen der Sorte A, den Produkten der Reaktion und aus Protonen. Die Moleküle A und die Produkte sollen bei unserem Prototyp keine Kontrollfunktion besitzen. Aber Protonen üben auf praktisch alle Enzyme eine Kontrolle aus: Enzyme arbeiten je nach pH-Wert verschieden schnell. Unser Enzym soll bei hohem Säuregrad schnell arbeiten und mit abnehmender Protonenkonzentration langsam werden.

Damit haben wir alle Ingredienzen und Regulationen beisammen. Sobald die Reaktion läuft, beginnt folgendes Spiel. Bei einer hohen Konzentration von Protonen arbeitet das Enzym gut. Die Reaktion ist schnell, und Protonen werden verbraucht. Da in Gegenwart weniger Protonen das Enzym aber schlecht arbeitet, wird die Reaktion gebremst. Nur noch wenige Protonen werden verbraucht. Da eine Pumpe gleichzeitig den Nachschub von Protonen leistet, steigt ihre Konzentration wieder an. Dann beginnt das Enzym wieder schneller zu arbeiten, und das Spiel wiederholt sich. Zu sehen ist dabei nichts, die Lösung bleibt farblos. Steckt man aber ein pH-Messgerät in die Lösung, dann erkennt man, dass seine Anzeige schwankt. Die Konzentration der Protonen – und zugleich auch die Konzentration der Substanz A – oszilliert. Würde man den pH-Wert nur zu bestimmten Zeiten messen, dann wäre der Wert manchmal höher und manchmal niedriger, je nachdem, in welchem Moment, je nachdem, in welcher Phase die Oszillation angetroffen wird. (Analog kann man in Gedanken den verwandten Fall einer Reaktion durchspielen, bei der Protonen nicht verbraucht werden, sondern entstehen. Um wieder zu einer Oszillation zu kommen, muss das Enzym durch die Konzentration von Protonen umgekehrt reguliert werden wie im ersten Fall. Es darf erst dann schnell arbeiten, wenn ein Mangel an Protonen vorliegt.)

Man könnte gegen dieses Modell einwenden, dass die Schwingung nur nach dem Einschalten der Pumpen zu sehen ist, aber nicht erhalten bleibt. Sie kommt zum Stillstand, weil sich Nachschub und Verbrauch von Protonen ausbalancieren. So würde der Versuch auch tatsächlich ausgehen, wenn das Enzym von seiner Umgebung (den Protonen) gleichmäßig oder linear reguliert würde. Aber Enzyme arbeiten nicht linear. Die Geschwindigkeit der Reaktion hängt nicht geradlinig von der Konzentration der Protonen ab. Ist die Konzentration sehr hoch, dann arbeitet das Enzym im Vergleich zum Pumpen *zu schnell*. Die Konzentration der Protonen nimmt trotz des Nachschubs ab. Ist die Konzentration dadurch sehr niedrig geworden, schaltet das Enzym um und arbeitet im Vergleich zum Pumpen *zu langsam*. Deswegen können die Protonen trotz der Reaktion in der Lösung akkumulieren. Ihre Konzentration steigt. Bei einer bestimmten hohen Konzentration schaltet das Enzym wieder auf «schnell» zurück, und der Kreis beginnt von Neuem. Das fortgesetzte Umschalten des Enzyms verhindert die Balance von Nachschub und Verbrauch. (Es ist einfach zu verstehen, warum der «Zweite Hauptsatz der Thermodynamik» in diesem Experiment außer Kraft gesetzt ist. Die Oszillation gelingt nur, wenn Protonen nachgepumpt werden. Der Zweite Hauptsatz aber bezieht sich nur auf Lösungen ohne Zufuhr von außen.)

Trotz dieser Erklärung ist eine Konzentrationsoszillation alles andere als trivial. Ein Enzymmolekül kann langsam oder schnell arbeiten, aber es weiß nichts von einem pH-Wert oder Säuregrad, es erkennt nur einzelne Protonen. Einem Proton sagt eine Oszillation nichts, es bewegt sich entweder zwischen den Wassermolekülen oder es verliert durch eine Reaktion mit einem Molekül A seine Identität. Ein in einem Enzym versteckter hypothetischer Molekülbeobachter würde zwar bemerken, dass es für das Enzym nicht immer gleich viel Arbeit gibt, aber alle Aktivität der Protonen, die er registriert, wäre für ihn so irregulär, als wäre es ein rein zufälliges Geschehen. Er würde konstatieren, dass der pH-Wert trotz einiger Fluktuationen im Mittel stabil sei. Mit Recht.

Währenddessen zeichnet sein makroskopischer Kollege, der Biochemiker in seinem Labor, die Schwankungen des pH-Messgerätes auf und erkennt eine wunderbar regelmäßige Schwingung. Er schließt daraus auf ein kausales Naturgesetz im Sinne der klassischen Physik. Er stellt eine geordnete zeitliche Struktur ohne jeden Zufall fest. Ebenfalls mit Recht.

Das Erscheinen einer Oszillation und ihre Ursache liegen auf zwei deutlich getrennten Ebenen. Auf der Mikroebene der Moleküle bleibt das Geschehen dem fluktuierenden Zufall, der molekularen Unordnung überlassen. Aber genau daraus entsteht auf der Makroebene spontan – «wie aus dem Nichts» – die zeitlich geordnete Struktur: eine periodische Oszillation. Der bei der Joduhr einmalig beobachtete Farbumschlag kann durch den konstanten Nachschub an Substanzen beliebig wiederholt werden. (Eine auffällige Parallele zum Schrittmacher des Herzens. Dort erregte sich jede Zelle durch langsames Lecken seiner Zellwand rhythmisch. Aber die eigentliche Ursache, das Öffnen und Schließen der Schleusen, war dem Zufall überlassen!)

Und «in vivo»?

Forschungen konnten schlüssig belegen, dass biochemische Oszillationen spontan auftreten können, dass es viele Möglichkeiten gibt, sie zu erzeugen, und dass sie im Prinzip auch in lebenden Zellen realisierbar sind. Das sind zwar wichtige Ergebnisse, aber von Interesse für die Lebensforschung ist schließlich nicht, ob etwas «prinzipiell möglich» ist, sondern ob es auch wirklich passiert. Und «wirklich» heißt im Leben, *in vivo.* Unter diesem Aspekt war das Resümee der in Fachartikeln veröffentlichten Beobachtungen bis zur Mitte der achtziger Jahre mager.

Die bestuntersuchte biochemische Reaktion, von der rhythmische Konzentrationsschwankungen bekannt sind, ist die Reaktion des Enzyms Peroxidase. Aber im Labor läuft das Experiment immer unter künstlichen Bedingungen ab, mit einem Enzym, das aus seiner natürlichen Umgebung entfernt worden ist. Im Verband einer lebenden Zelle ist die Dynamik dieser Reaktion bisher nicht erforscht. Über Oszillationen und über ihre mögliche Funktion im Stoffwechsel (zum Beispiel in den Wurzeln des Meerrettichs) ist nichts bekannt.

Gute Detailkenntnisse haben wir von der Glykolyse, dem Zuckerabbau in Hefezellen. Es gelingt mit etwas Sorgfalt sogar, diese Oszillationen in einer einzelnen lebenden Hefezelle zu messen. Auch hier müssen aber künstliche Laborbedingungen eingestellt werden, zum Beispiel muss die Hefe eine bestimmte Zeit «hungern». Eine Funktion der Zuckerschwankungen im Leben der Hefezelle ist bis heute fragwürdig. Eine Reihe von

Forschern hält die Oszillationen sogar für ein Artefakt, ein ausschließlich unter künstlichen Bedingungen auftretendes Phänomen, das für den Stoffwechsel *in vivo* keine Bedeutung hat.

Schließlich gibt es noch die Zellen des Schleimpilzes Dictyostelium, die in einer genetisch festgelegten Phase ihres Entwicklungszyklus spontan damit beginnen, eine Substanz – genannt zyklisches Adenosinmonophosphat – in Schüben zu produzieren und abzusondern. Die episodisch ausgeschiedene Substanz lockt andere Zellen desselben Pilzes an, die in der Nähe sind. Unter fortgesetzter periodischer «Verführung» finden sich viele gleichartige Zellen an der lockenden Quelle der Oszillation zusammen, um einen vielzelligen Organismus zu formen, der Sporen bilden und sich vermehren kann. Ein einzigartiges Schauspiel an der Grenze von Ein- und Vielzelligkeit. Aber eben auch in jeder Hinsicht einzigartig. Bei anderen Organismen, die zeitlebens vielzellig sind, ist ein ähnliches Phänomen nicht bekannt.

Die Botschaften des Kalziums

Wäre es bei diesen wenigen Einzelfällen geblieben, hätte man das Konzept «biochemische Oszillationen» getrost zu den Akten legen können, ein Thema von bestenfalls akademischem Interesse, von dem keine befruchtende Inspiration für das allgemeine Verständnis von Lebensvorgängen zu erhoffen war. Eine Periodizität der Schwingungen, die zu schnell war, als dass sie unmittelbar an der Zellteilung oder gar am Tagesrhythmus beteiligt sein konnte, und auf der anderen Seite zu schwerfällig, um sie mit dem Feuern von Nervenzellen in Verbindung zu setzen. Darüber hinaus fehlten überzeugende Hypothesen, *wozu* solche Konzentrationsschwankungen in einer lebenden Zelle überhaupt gut sein sollten. Inmitten dieses Pessimismus wurden dann Mitte der achtziger Jahre Beobachtungen gemacht, die das Thema biochemische Oszillationen nicht nur vor dem Verstauben in abgelegten Fachzeitschriften bewahrten, sondern es an die vorderste Front der Zellbiologie katapultierten.

Den Impuls dafür gab eine neue Messmethode. Erst das richtige Instrumentarium konnte demonstrieren, dass lebende Zellen noch ganz andere Rhythmen haben als die Zellteilung. Da man die biochemischen Konzentrationsschwankungen mit dem bloßen Auge nicht sieht, müssen sie sichtbar gemacht werden. Hilfreich war dabei die Beobachtung, dass manche organischen Substanzen in Gegenwart von Metallionen *fluoreszieren*, das heißt, in einem bestimmten Licht von sich aus zu leuchten beginnen. Wenn diese Metallionen fehlen, verschwindet die Fluoreszenz. Aus diesen Substanzen wurden Farbstoffe entwickelt, die man in lebende Zellen einschleusen kann und die durch ihre Leuchtkraft anzeigen, ob und wie viele Ionen eines bestimmten Metalls gerade in der Zelle frei herumschwimmen. Ionen, die chemisch gebunden oder in Membranen versteckt sind, werden damit nicht angezeigt. Diese Methode erwies sich als ideal für einen Kandidaten, auf dessen Konzentrationsverlauf die Zellbiologen aus vielen Gründen neugierig geworden waren: das Kalzium.

Kalzium ist ein unauffälliges Metall, das chemisch mit dem Magnesium und dem Barium verwandt ist. Seine leuchtendste Eigenschaft ist eine intensiv ziegelrote Flamme, wenn man zerstoßenen und pulverisierten Marmor (ein Salz des Kalziums) in den Bunsenbrenner bläst. In der Biologie kennt man Kalzium vor allem als mineralischen Hauptbestandteil der Knochen und Zähne. In der lebenden Zelle aber ist Kalzium (in Form seiner positiven Ionen) ein schillernder Tausendsassa, ein Hansdampf in allen Gassen, ein gewisses Etwas, das, so scheint es, bei keinem wichtigen Prozess und in keiner Zelle fehlt, und das in dieser Hinsicht seine Metallkollegen Magnesium, Natrium und Kalium in den Schatten stellt.

Es liegt am Kalzium, ob sich eine Eizelle zu einem fertigen Organismus entwickelt. Es liegt auch am Kalzium, ob sich eine Muskelzelle zusammenzieht oder entspannt. Kalzium ist daran beteiligt, ob sich eine erregte Nervenzelle etwas «merkt». Und Kalzium entscheidet mit, wann sich eine Zelle teilt, wie sie sich differenziert, ob sie sich in eine Krebszelle verwandelt und ohne Ende zu wuchern beginnt und wann sie stirbt. Kalzium ist immer dabei. Die Ursache dieser Vielfalt ist, dass viele wichtigen Enzyme in jeder Zelle nicht nur vom pH-Wert, sondern auch von der Konzentration des Kalziums reguliert werden. Dadurch nimmt Kalzium direkt Einfluss auf den Stoffwechsel und indirekt auch auf die Kontrolle des Erbguts. Injiziert man einer lebenden Zelle eine der fluoreszierenden Substanzen, deren Leuchtkraft ausschließlich auf frei umherschwimmendes Kalzium anspricht, dann lässt sich die Konzentration des Kalziums *in vivo* kontinuierlich messen.

Oszillationen des Kalziums spielen eine Schlüsselrolle bei der Befruchtung. Direkt beobachtet wurde dies erstmals 1985 bei Mäuseeiern. Wie allgemein bekannt, gibt es gewisse instinktgetriebene Verhaltensweisen, die darin münden, dass eine Spermazelle und ein befruchtungsfähiges Ei zusammentreffen. Doch auch wenn dem Erfolg beschieden war, sind das Erbgut des Vaters außen an der Eihülle und das Erbgut der Mutter im Kern der Eizelle noch immer getrennt. Die Eizelle muss «gesagt» bekommen, dass das Erbgut des Vaters eingelassen werden will, und dass sich das Erbgut beider Zellen verbinden muss, um mit der kompletten Information einen neuen Organismus entwickeln zu können. Wie also erfährt der Kern der Eizelle von der Gegenwart der väterlichen Hälfte des Erbguts außen an der Zellmembran? Offenbar muss von der Spermazelle zum Kern der Eizelle ein Signal übertragen werden. Aus Experimenten weiß man, dass die Spermazelle an der Stelle, wo sie die Eizelle berührt, die Konzentration des Kalziums erhöht. Kalzium fließt aus Speichern in die Zellflüssigkeit. Seine Konzentration steigt. Dann wird es von Pumpen wieder in die Speicher zurückbefördert. Die Konzentration sinkt. Die Pumpen arbeiten dabei wie das Enzym in unserem Prototyp: Schnell, wenn viel zu tun ist, langsam, wenn wenig Kalzium umherschwimmt. Der Zyklus wiederholt sich, solange das Sperma außen an der Zelle haftet, und das Kalzium beginnt zu oszillieren. Die Oszillation bleibt aber nicht auf die Umgebung der Spermata beschränkt, sondern sie breitet sich in Wellen über die gesamte Eizelle aus und schwappt dabei auch über den Kern hinweg. Im Kern wird die Kalziumoszillation von Enzymen registriert. Schon nach wenigen Wellen wissen die Enzyme im Kern Bescheid und öffnen den Zugang für das Sperma. Danach verschmelzen die beiden Hälften des Erbguts, und die erste Zellteilung kann beginnen.

In einem Tierversuch wurde die natürliche Oszillation des Kalziums bei Ankunft des Spermas absichtlich unterdrückt. Deshalb konnten keine Signalwellen vom Sperma zum Kern des Eis laufen. Und es passierte – nichts. Obwohl die Eizelle befruchtungsfähig war, und obwohl das Sperma ordnungsgemäß angekommen war. Wurde in diesem blockierten Zustand aber eine Kalziumoszillation künstlich ausgelöst, dann breiteten sich auch Wellen über die Eizelle und ihren Kern aus. Erst in diesem Moment «erfuhr» die Eizelle von der Gegenwart des Spermas und leitete die notwendigen Umstellungen zur Entwicklung des neuen Lebewesens ein. Erst durch die Kommunikation mit Hilfe der Kalziumoszillation kam es zu einer Verschmelzung des Erbguts von Mutter und Vater.

Nach diesen Pionierexperimenten zur Befruchtung wurden Oszillationen des Kalziums in vielen anderen Zelltypen und in so vielen unterschiedlichen Funktionen gefunden, dass wir sie heute als zentrale Signalüberträger in lebenden Zellen ansehen. Nicht nur melden sie die Ankunft des Spermas an den Kern des Eis, sie vermitteln auch zwischen einzelnen Abteilungen innerhalb einer Zelle, kommunizieren zwischen den Zellen eines Gewebes und übersetzen auch die Botschaften von Hormonen im Blut für die Empfänger im Gewebe. Rhythmisch ist besonders der zuletzt genannte Fall interessant. Man kann ihn an Kulturen von Leberzellen studieren. Die Zellen schwimmen zunächst in einer physiologischen Lösung, wobei ihr interner Kalziumgehalt konstant niedrig gehalten ist. Dann wird der Lösung ein Hormon zugesetzt. Ist die Konzentration des Hormons niedrig, dann ändert sich am Kalzium nichts. Übersteigt die Menge des Hormons einen bestimmten Wert, dann beginnt das Kalzium in der Zelle (wie nach Ankunft eines Spermas) zu oszillieren. Eine solche oszillierende Antwort wurde mit vielen Hormonen beobachtet. Doch der rhythmische Charakter der Antwort ist nicht immer gleich. Er hängt vom Typ des Botenstoffs ab. Das Kalzium kann sie unterscheiden.

Mit Adrenalin ist die Oszillation regelmäßig (Abbildung 11, oben). Sie hat eine feste Frequenz von etwa einer Schwingung pro Minute und eine konstante Amplitude. Kalzium wird abwechselnd freigesetzt und von den Pumpen wieder entsorgt. Mit einem anderen Botenstoff wie dem ATP (Adenosintriphosphat) ist die Oszillation unregelmäßig (Abbildung 11, unten). Es gibt große und kleine Oszillationen, die Zeiten zwischen zwei großen Schwingungen variieren stark. Die Variation ist nicht

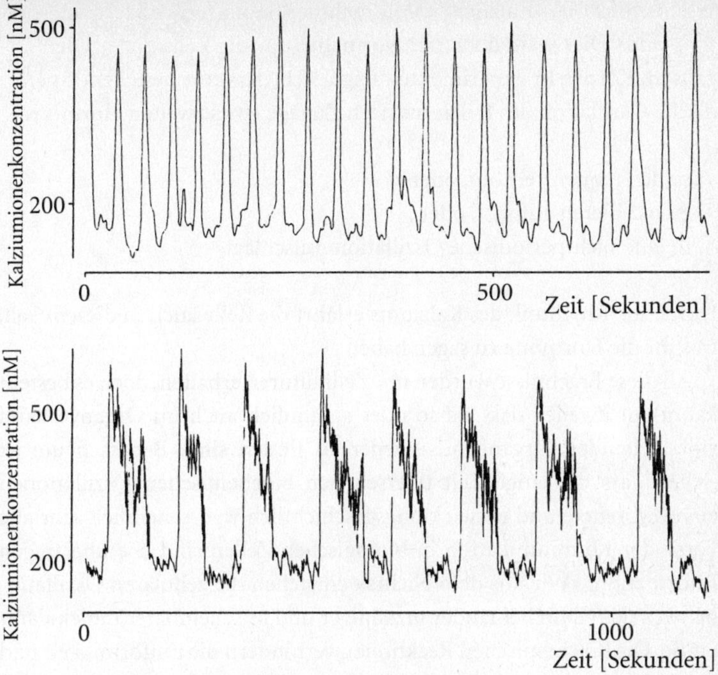

Abbildung 11: Oszillationen des Kalziums in einer Leberzelle in Gegenwart von Adrenalin (oben) und mit ATP (unten)

zufällig, sondern chaotisch – ähnlich den Variationen der Nervenzelle im zweiten Kapitel. Bei einer Erhöhung des Kalziums bemerkt die Zelle, *dass* ein Botenstoff präsent ist. Am Rhythmus der Oszillation differenziert sie die Botenstoffe und kann sich entsprechend auf sie einstellen.

CD-Ton 12: Einfache Oszillation des Kalziums in einer Leberzelle nach Stimulation mit Adrenalin.

CD-Ton 13: Komplexe Oszillation des Kalziums in einer Leberzelle nach Stimulation mit ATP.

Wie oszilliert das Kalzium, wenn mehrere Botenstoffe gleichzeitig präsent sind? Dies wäre doch der Normalfall für die Zelle eines jeden Organs im Körper. In Experimenten zeigte sich, dass eine bestehende periodische Oszillation des Kalziums nach Zugabe eines zweiten Hormons

- seine Frequenz erhöht, oder
- zu oszillieren aufhört, oder
- in eine nichtperiodische Oszillation umschlägt.

Durch die Rhythmik des Kalziums erfährt die Zelle auch in diesem Fall, was ihr die Hormone zu sagen haben.

All diese Ergebnisse wurden mit Zellkulturen erhalten, doch es besteht kaum ein Zweifel, dass sie so oder so ähnlich auch im Organverband eines lebenden Organismus wieder zu finden sind. Bereits heute ist sicher, dass die lange Zeit übersehenen biochemischen Oszillationen eine verbreitete und entwicklungsgeschichtlich wahrscheinlich sehr alte Form der Kommunikation in biologischen Zellen sind. Sie übertragen Information. «Wie aus dem Nichts» entstehen die zellulären Oszillationen aus dem Durcheinander unzähliger und unscheinbarer molekularer Stöße. Die biochemischen Reaktionen verhindern die Einförmigkeit und Zeitlosigkeit konstanter Konzentrationen. Nicht nur Herz-, Nerven- und Drüsenzellen arbeiten auf diese Weise. Alle Zellen des Körpers oszillieren zumindest vorübergehend, um ihren Stoffwechsel zu kontrollieren und zu manipulieren. Die rhythmische Organisation ist ein universelles Prinzip des Lebens.

Interaktionen

Räuber und Beute

Das anschaulichste Prinzip, einen Rhythmus *de novo* zu erzeugen, stammt aus einem Artikel von Vito Volterra aus dem Jahr 1926. Angeregt wurde die Arbeit durch einen Biologen namens Umberto d'Ancona.

Es gab zwei sehr praktische Gründe, warum d'Ancona die Beziehung zu Volterra suchte. Zum einen war Volterra ein bekannter Professor für Mathematik, der sich für «Fluktuationen» interessierte. Er dachte dabei konkret an die Fluktuation von Tierpopulationen. Die Größe der Population einer Tierart, das ist die Zahl der Individuen, bleibt über die Jahre nicht stabil, sondern sie schwankt. Volterra vermutete, dass dies kein Zufall war, sondern eine plausible, einsichtige Erklärung haben musste. Und d'Ancona suchte nach einer Erklärung für eine recht eigenartige Fluktuation.

Es ging dabei um Fischpopulationen in der Adria. D'Ancona legte dem Professor Erhebungen aus der Zeit während und nach dem Ersten Weltkrieg vor und bat ihn um seine Meinung. Während des Krieges wurde die Adria nicht befischt, Italien und die Donaumonarchie waren einander feindlich gesinnt. Da in friedlichen Zeiten beim Fischen mit Netzen Raub- und Beutefische gleichermaßen gefangen werden, hätte man annehmen können, dass alle Populationen vom Krieg gleichermaßen profitieren und ungestört wachsen würden. Die Daten sagten aber etwas anderes. Während des Kriegs hatte die (mittlere) Zahl von Raubfischen zugenommen. Die Räuber profitierten vom Stopp des Fischfangs und gediehen. Die Populationen von Fischarten, die sich nicht von anderen Fischen ernährten, waren dagegen dezimiert. Die Zahl ihrer Individuen war trotz der günstigen Umstände geringer als in den Zeiten des Fischfangs vor und nach dem Krieg. Das heißt, Fische, die von anderen

Fischen gejagt und gefressen wurden, profitierten vom Fischfang, obwohl dadurch ihre Zahl doch eigentlich hätte abnehmen müssen. Sie gediehen und vermehrten sich dabei sogar besser. Nur die Räuberpopulation litt unter dem Fischfang.

Volterra fiel auf, dass es zwischen den Populationen, die sich im Krieg gegensätzlich entwickelt hatten, eine Beziehung gab. Diese Beziehung, die er als «wechselseitige Interaktion» definierte, hieß: Fressen und gefressen werden. Es war offensichtlich, dass sie nicht ohne Einfluss auf die Zahl der (über-)lebenden Fische bleiben konnte. Volterra sah in dem «fressen und gefressen werden» den Schlüssel zur Erklärung der Daten. Also befreite er das Problem von den übrigen biologischen und ökologischen Details und konzentrierte sich ganz auf das Verhältnis von Räubern zu ihrer Beute.

Dabei ging er nicht realistisch vor, er dachte mathematisch-praktisch. Ungeachtet aller bekannten Fakten nahm er an, es gäbe einen idealen Lebensraum, in dem ausschließlich eine einzige Räuberpopulation mit einer einzigen Beutepopulation zusammenlebt, und für diesen Lebensraum entwickelte er sein Modell. Wenn wir (mit Blick auf die berühmteste Statistik der Populationsbiologie) die Räuber als Luchse und die Beute als Hasen bezeichnen, dann sieht das Modell anschaulich so aus: Hasen fressen pflanzliche Kost, vermehren sich – und sterben. Sie brauchen zum Überleben keine weitere Tierart neben sich. Luchse sterben auch, aber sie sind zum Leben auf Beutetiere angewiesen, also zum Beispiel auf eine Hasenpopulation. Die Luchse jagen, erlegen und fressen Hasen. Das ist eine «wechselseitige Interaktion» zwischen den beiden Populationen: Wegen der Luchse nimmt die Zahl der Hasen ab, und wegen der Hasen vermehren sich die Luchse. Volterra zeigte in seinem Artikel, dass diese wenigen Annahmen für das Zusammenleben einer Räuber- und einer Beutepopulation genügen, um – mathematisch formuliert – eine Fluktuation zu erzeugen.

«Fluktuation» heißt in diesem Fall, die Populationen schwanken selbst dann, wenn man annimmt, dass die Umwelt unveränderlich und immer konstant ist, dass die Hasen also immer gleich viel zu fressen haben und die Sterbe- und Fortpflanzungsraten von Hasen und Luchsen gleich bleiben. Die Zahl der Luchse und die Zahl der Hasen bleibt nicht konstant. Erst gibt es viele Hasen und wenige Luchse, die Luchse machen leichte Beute. Darum nimmt die Anzahl der Hasen ab, die der Luchse steigt an, und es wird schwieriger, Hasen zu erlegen. Diese gegenseitigen Verschiebungen wiederholen sich und schwanken, ohne sich je stabil auszubalancieren. In einem Hasenparadies, in dem es Hasenfutter gibt, in dem aber weder räuberische Feinde leben noch Infektionskrankheiten ausbrechen können, schwankt die Stärke der Population ebenso wenig wie in einem Luchsparadies, in dem täglich mit einer festgelegten Zahl von Hasen gefüttert wird. Für eine Fluktuation braucht es zwei Populationen, die miteinander interagieren, und sei es auf so blutige Weise wie die Räuber und ihre Beute.

Der Grund dafür, dass sich eine Oszillation einpendelt, besteht darin, dass die Auswirkung der Interaktion auf Luchse und Hasen ungleich ist: Eine große Zahl von Beutetieren ist gut für die Räuber, sie vermehren sich schnell. Eine große Zahl von Räubern aber ist ungut für die Beutetiere, sie werden dezimiert. Die Spielregel lautet: Wenige Räuber bekommen die Oberhand und vermehren sich stark, wenn sie *viele* Beutetiere vorfinden, doch andererseits können sich wenige Beutetiere nur dann gut vermehren, wenn *wenige* Räuber da sind. Zwei Tierarten, die sich gegenseitig fressen, hätten ebenso wenig oszillierende Populationen wie zwei Typen von Pflanzenfressern, die sich die vorhandene Nahrung teilen.

Volterras Modell schließt aber auch den Fall ein, dass sich die Populationen von Räubern und ihrer Beute auf ein stabiles Niveau einpendeln und dort unverändert bleiben können. Dann würden sich Vermehrung und Sterberate gerade ausbalancieren – nach dem gleichen Prinzip, mit der gleichen Interaktion. Ob dies passiert oder ob die Populationen oszillieren, hängt davon ab, wie schnell sich die Populationen vermehren, wie viele Individuen pro Zeit sterben und wie groß der Jagderfolg der Räuber ist. Beides ist möglich. Beides steckt in den gemachten Annahmen. Realisiert wird immer nur eins.

Volterra übertrug diese Überlegungen auf die Fischbestände der Adria. Für seine Mathematik spielte es keine Rolle, ob man dabei an Luchse oder Raubfische dachte. Sein Modell sagte die Fluktuationen von Fischpopulationen ebenso voraus, wenn nur mindestens eine Räuberart beteiligt war. Er überprüfte den Einfluss eines simulierten Fischfangs in seinem Modell und fand, dass dieser Effekt von seiner angenommenen Räuber-Beute-Konstellation richtig beschrieben wurde. Der wichtige Punkt ist, dass beim Fischfang nicht zwischen Arten unterschieden wird, Räuber und Beutefische gehen gemeinsam in die Netze. Durch Fischfang wird die Zahl der Räuber verringert, die Zahl der Beutefische steigt deswegen und überwiegt sogar den Verlust durch Abfischen, wenn der Fischfang nicht zu intensiv betrieben wird. Dies erklärt dann auch den umgekehrten Effekt: Die Beutepopulation nimmt ab, wenn nicht gefischt wird; der Grund ist die steigende Zahl der Räuber, die keine Feinde haben.

Das war es, was d'Ancona in seiner Statistik gesehen hatte. Volterras Modellgleichung und Analyse der elementaren Spielregeln half, die Folgen des Kriegs auf den Fischbestand der Adria zu verstehen. (Dass dazu nicht immer die Mathematik bemüht werden muss, belegt Charles Darwin, der in seinem Buch «Über den Ursprung der Arten» zur Diskussion um Wildschäden in England spöttisch anmerkt, dass der Wildbestand vermutlich niedriger wäre, wenn man die Jagd ganz stoppen und weder das Wild noch seine natürlichen Feinde töten würde.)

Volterras Modell konnte aber nicht nur die Folgen des menschlichen Eingriffs richtig deuten. Es sagte auch die Fluktuation, die Schwankung von Populationen voraus. Und diese Schwankung, die sich laut Modell regelmäßig wiederholen sollte, wäre ebenfalls eine natürliche Konsequenz der Beziehung von Räuber und Beute, ihrer Interaktion. Ein Denken in Interaktionen dürfte den meisten seiner Zeitgenossen fremd gewesen sein, denn das klassisch geschulte Denken war gewohnt, für eindeutige Veränderungen auch eindeutige Ursachen anzugeben. Dabei waren Ursache und Wirkung getrennt. Doch für die Fluktuationen in Volterras Modell gibt es diese Trennung nicht. Weder sind die Hasen für sich genommen schuld, noch die Luchse. Auch nicht das Wetter, die Nahrung, noch sonst eine fluktuierende Unwägbarkeit. Jedes einzelne Tier einer Population tut, was es sowieso tut, fressen, sich vermehren, sterben. Und die Population ist nichts weiter als die Summe der Einzeltiere. Andererseits ist klar, dass an einer Fluktuation (heute sagt man «Oszillation») natürlich sowohl *alle* Hasen als auch *alle* Luchse beteiligt sind und sie deswegen auch verursachen. Die Luchse, weil sie fressen, die Hasen, weil sie sich fressen lassen. Für eine Oszillation brauchen sich die Populationen gegenseitig. Das System aus Luchsen und Hasen ist eine Beziehung, die sich gegenseitig regelt. Sicher ist, wer wen frisst. Aber wer regelt und wer geregelt wird, lässt sich nicht trennen. Weder das Fressen, noch die Vermehrung, noch das Sterben sind für sich genommen «schuld» an einer Schwankung der Populationen. Es muss alles zusammenkommen. Im Grunde ist jede Komponente des Modells auf ihre Weise beteiligt. Pointierter gesagt, alles, was passiert, ist schuld an dem, was passiert.

Um die Oszillation in einem Modell abstrakt zu erklären, versuchen es manche mit mathematischer Fachsprache und sprechen von «konjugiert komplexen Eigenwerten». Aber was bedeutet das für die Hasen und Luchse, die davon vielleicht gar nicht viel verstehen? Ist denn etwa die Schwankung ihrer Populationen (oder der Rhythmus im Sinusknoten unseres Herzens) ein Opfer von «konjugiert komplexen Eigenwerten»? Natürlich nicht. Das Modell und seine mathematische Analyse zeigen nur, dass plausible elementare Annahmen über die Veränderung von Populationen Oszillationen entstehen lassen *können.* Um uns davon zu überzeugen, was unter den gemachten Annahmen passieren würde, brauchen wir nur das Modell zu simulieren, also die Möglichkeiten, die in ihm stecken, im Einzelnen durchzuspielen. Ob das Ergebnis dann auf die realen Populationen angewendet werden kann, hängt von der Güte der Annahmen ab.

Volterras Modell ist extrem einfach und klar aufgebaut. So einfach und klar, dass es in der Form, in der es 1926 vorgeschlagen wurde, zwar akademisch, aber nicht praktisch einsetzbar ist. Es illustriert ein Prinzip. Seine Analyse schult das dynamische Denken. Sie macht plausibel, warum Populationsschwankungen auftreten *können.* Eine verlässliche Stütze für ökopolitische Entscheidungen ist das Modell nicht. Dafür gibt es zu viele begründete Einwände.

Die Zahl der Luchs- und Hasenfelle, die im neunzehnten Jahrhundert von Trappern bei der Hudson Bay Company in Kanada abgeliefert wurden, lässt starke Schwankungen der Populationen von Hasen und Luchsen vermuten (Abbildung 12). Die Zahlen der Felle erreichen etwa alle

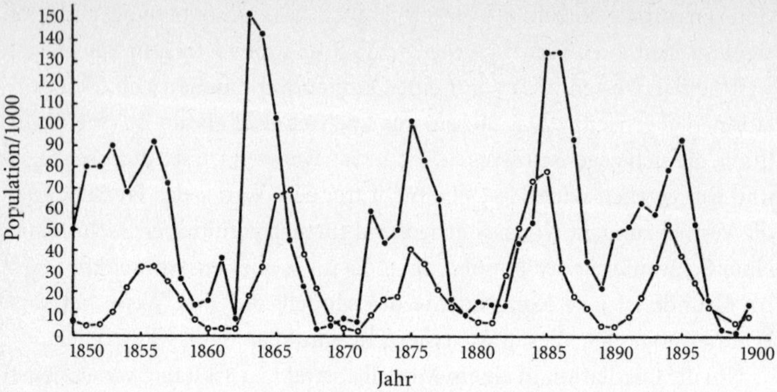

Abbildung 12: Zahl der abgelieferten Felle bei der Hudson Bay Company von 1850 bis 1900: Hasen (große Oszillationen) und Luchse (kleine Oszillationen)

zehn Jahre einen Höchststand, und man sieht, dass beide Fellsorten immer etwa gleichzeitig auf dem Tiefstand sind. Das spricht zunächst dafür, dass das Modell von Volterra zur Erklärung dieser Daten praktisch eingesetzt werden kann. Im Jahr 1882 aber stieg die Zahl der Luchsfelle schon vor der Zahl der Hasenfelle an. Wenn diese Reihenfolge auch für den Anstieg der Populationen gilt, verträgt es sich mit Volterras Modell nicht. Die Räuberpopulation im Modell kann immer erst mit einer Verzögerung nach der Beutepopulation ansteigen. Allerdings ist es fraglich, ob die Art, wie die Daten gewonnen wurden – immerhin wurden die wirklichen Bestände nicht gezählt –, überhaupt eine detaillierte Prüfung des Modells erlaubt. Halten wir also fest, dass eine Luchs- und eine Hasenpopulation schwankt, und dass Volterras Modell eine Ursache dafür benennt. Ist das aber die einzige Möglichkeit?

Selbst wenn die Populationen wie gezeigt schwanken, ist das noch kein Beleg, dass der Grund dafür die «wechselseitige Interaktion» durch Fressen und Gefressenwerden ist. Laborversuche verdeutlichen, wie Fliegenpopulationen bei gleichmäßiger Ernährung ausgeprägt oszillieren können – in Abwesenheit von Räubern. Populationen von Mehlkäfern schwanken ähnlich stark, ebenfalls ohne dass Feinde vorhanden sind. Erwachsene Käfer sind Kannibalen, die, auch wenn Nahrung zur Verfügung steht, ihre eigenen Eier und Puppen fressen. Es braucht gar keine Feinde, die Räuber sind die Mehlkäfer selbst. Hasen sind zwar keine Kannibalen, aber ihre Zahl kann eben auch aus anderen Gründen, ohne jeden Einfluss der Luchse, oszillieren. Ein Grund wäre beispielsweise eine periodisch wiederkehrende Infektionskrankheit. Und die Zahl der Luchse würde diesem Trend dann wegen des schwankenden Beuteangebots nur folgen. Oder aber die Luchspopulation bleibt nicht gleich, weil Luchse in manchen Jahren stark, in anderen schwächer gejagt werden, zum Beispiel, weil die Trends in der Pelzmode wechseln. Dann würde die Zahl der Hasen nur der Schwankung der Luchse folgen, und die Interaktion zwischen beiden wäre nur passiv daran beteiligt. Die Oszillation hätte in beiden Fällen eine andere (Haupt-)Ursache, und die Aussagen des Räuber-Beute-Modells wären nicht zutreffend.

Da die zur Entscheidung der Frage nötigen Experimente in freier Wildbahn nicht ausgeführt und auch nicht mehrfach wiederholt werden können, bleibt das Problem ungelöst. Es gibt bis heute sich streitende «Schulen» von Forschern, die entweder die Räuber-Beute-Beziehung oder andere Interaktionen als Hauptursache der Fluktuationen bevorzugen. Sicher bleibt nur, dass es *ohne* Interaktionen keine ausgeprägten Oszillationen geben kann. Dass Volterras Modell so einfach ist, macht es zwar zur Voraussage von realen Luchs- und Hasenpopulationen unbrauchbar, aber es ist gerade dadurch eine Pionierleistung. Es besagt, dass Fluktuationen von Populationen nicht nur von Zufällen oder diffusen Unwägbarkeiten (Wetter, Jahreszeiten, Mondphase) abhängen müssen. Ihre Ursache kann die Tatsache sein, dass zwei (neutral formuliert) Partner in einer ungleichen Wechselbeziehung stehen, die einem Partner nützt, dem anderen aber schadet. In diesem Fall ist die Fluktuation der Populationen eine natürliche Konsequenz ihrer Beziehung. Und ebenso konsequent sind gegenläufige Entwicklungen wie die der Fischbestände in der Adria im Ersten Weltkrieg.

Ach ja, und zum anderen war da noch ein zweiter, praktischer Grund, warum d'Ancona den Kontakt zu Professor Volterra suchte. Auch damit war er erfolgreich: Er wurde Volterras Schwiegersohn.

Rhythmus und Homöostase

Nach Volterras Veröffentlichung stand die Naturwissenschaft an einer Schwelle. Es deutete sich eine fachübergreifende Idee an, die auch auf die menschliche Physiologie hätte angewandt werden können. Einige Jahre vor Volterra hatte bereits Alfred Lotka argumentiert, dass eine große Zahl von Molekülen in eine kollektive Schwingung geraten kann. Was dazu benötigt wurde, war nicht mehr als zwei Molekülsorten, die sich durch chemische Reaktionen selbst vermehren konnten. Ohne dass Lotka dies weiter hervorhob, war mit «Reaktionen» dieselbe Interaktion gemeint wie mit Volterras «fressen und gefressen werden»: Eine Molekülsorte vermehrt sich auf Kosten der zweiten. Beide Modelle waren identisch. Unabhängig von den ansonsten gewaltigen Unterschieden zwischen Molekülen und den Räubern und Beutetieren sollten der Theorie nach beide Systeme (die Reaktionen im Becherglas und die Tierpopulationen in der Wildnis) ähnlich fluktuieren. Dann wären sie durch den Rhythmus miteinander verwandt wie Nervenzellen und Wassertropfen.

Neben der Theorie gab es auch Experimente, bei denen große Molekülpopulationen durch chemische Reaktionen zu fluktuieren begannen. Da war der Bray-Oszillator, bei dem durch einen Satz von Reaktionen die Konzentration von Jod in Wasser (eine «Jodpopulation») zum Schwingen kam. Und wenn sich ein Eisennagel in Salpetersäure oder ein Zinkstab in Natronlauge zersetzten (schnelle Varianten der Korrosion von Metallen), konnte man beobachten, dass sich ihre Auflösung in Salze in einem rhythmischen Wechsel beschleunigte und wieder bremste. Gleichzeitig gingen aus Messungen dabei starke Schwankungen der elektrischen Potenziale hervor. Diese physikalisch-chemischen Oszillationen hätte man auf einer abstrakten Ebene durchaus mit biologischen Systemen in Verbindung bringen können, um auch da eine rhythmische Verwandtschaft zu suchen.

Studien des Herzschlags, der Atmung und des weiblichen Zyklus hatten Anfang des zwanzigsten Jahrhunderts bereits Tradition, doch verfeinerte und neu entwickelte Messmethoden schienen der rhythmischen Idee überraschend neue Nahrung zu geben. Im Jahr 1923 veröffentlichte die dänische Medizinstudentin Karen Marie Hansen eine Studie des Zuckerspiegels im menschlichen Blut. Der Blutzucker war nicht konstant, sondern schwankte auffällig (Abbildung 13). Und in Experimenten mit Nervenzellen registrierten empfindliche Elektroden spontane Schwankungen der elektrischen Potenziale, sodass man die ebenfalls bereits bekannten Gehirnwellen einer kollektiven rhythmischen Aktivität der Nervenzellen zuschreiben konnte. Hätte man dies alles zusammengenommen, dann hätte man an der Schwelle zur Entdeckung gestanden, dass sowohl die unbelebte wie auch die belebte Welt von ähnlichen (oder gar universellen) rhythmischen Gesetzen durchdrungen ist.

Die wiederkehrenden Zyklen von Sonne, Monden und Planeten, ja eigentlich die gesamte Himmelsmechanik suggerierte, dass der Kosmos als ein harmonisches Miteinander von ineinander verschlungenen Zyklen nach einfachen Grundgesetzen zu denken sei. Durch Niels Bohrs berühmten Vorschlag, dass Elektronen wie Planeten auf winzigen Bahnen um die Atomkerne kreisen, nahm diese Vorstellung auch Einzug in die Physik der Elementarteilchen. Es lag deshalb (im Nachhinein besehen) in der Luft, nach entsprechenden Analogien auch in der belebten Welt zu suchen. In schöngeistigen Zirkeln war es bereits üblich, von der «Symphonie der Rhythmen» (wie Ludwig Klages es ausdrückte) zu reden, die in der gesamten kosmisch-physikalischen und der organisch-belebten Welt erklang.

Die gleichförmige Wiederholung von Ereignissen war ein etabliertes mathematisches Konzept. Man musste nur, wie Lotka und Volterra dies vorexerziert hatten, die mathematischen Gleichungen auf die Welten der Chemie, der Biochemie und des Lebendigen übertragen, um auch dort einfache und neuartige Naturgesetze zu finden, durch die die komplizierte biochemische und organisch-belebte Welt durchsichtiger und überschaubarer würde. Aber das Projekt wurde nicht versucht, die Schwelle nicht überschritten. Ein großes Hindernis lag gerade in den Schlüsselmodellen von Lotka und Volterra, denn gegen ihre Gültigkeit ließ sich ein gewichtiges Argument ins Feld führen. Es gibt (neben allen praktischen Vorbehalten) auch einen theoretischen Haken, der gegen das Modell spricht. Es war zu Volterras Zeit wohl akzeptiert, dass das Zu-

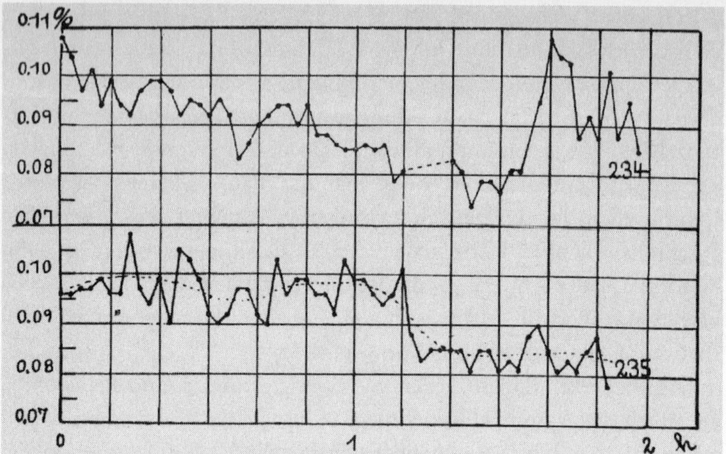

Curve no. 234. Fasting male normal person of 19.
Curve no. 235. Fasting female normal person of 17.
Both show distinct variations in the fasting normal blood sugar but in a different manner. (1/1).

sammenspiel von Gravitation und Trägheit die Bewegung der Planeten um die Sonne sinnvoll erklärt, aber Volterras Vorschlag wurde recht reserviert aufgenommen. Nicht nur sind Ökosysteme ganz offensichtlich nicht auf wenige idealisierte Annahmen reduzierbar, auch die mathematische Form überzeugte nicht. Volterras (ebenso wie Lotkas) Gleichung war in gewisser Weise ein Perpetuum mobile der zweiten Art: Die Oszillationen waren nur stabil, weil keine Energieverluste auftraten; wie ein Pendel, das nie aufhört zu schwingen. Das erschien verdächtig. In unserer Welt gibt es *immer* Energieverluste, es ist nicht vorstellbar, dass ein einmal angestoßener Prozess die ihm zugeführte Energie behält und unablässig in eine geordnete Oszillation verwandelt. Ein sich selbst überlassenes Pendel hört irgendwann auf zu schwingen. Erst später wurde allgemein bekannt, dass diese Eigenschaft nur eine Folge der Idealisierung ist und durch eine kleine Erweiterung des Originalmodells leicht zu beheben ist. Durch einen ständigen Nachschub an Energie lassen sich «Reibungsverluste» problemlos ausgleichen (in der realen Welt entspricht das der Energie, die Hasen beim Fressen von Gras oder Möhren aufnehmen). Der mathematische Einwand gegen das spezielle Modell war dem-

INVESTIGATIONS

ON

THE BLOOD SUGAR

IN MAN

CONDITIONS OF OSCILLATIONS, RISE

AND DISTRIBUTION

BY

KAREN MARIE HANSEN

COPENHAGEN 1923

Abbildung 13: Die Entdeckung von Schwankungen des Blutzuckers durch Karen Hansen, 1923 (Diagramm und Buchumschlag)

nach zwar berechtigt, wie sich aber später zeigte, entkräftet er das Prinzip Oszillation nicht.

Natürlich wurde auch bemerkt, dass (wie bei den Tierpopulationen) die von der Theorie vorausgesagten perfekten Rhythmen in der belebten Welt so perfekt nicht vorkommen. Es gab Schwankungen, Störungen und jede Menge von Unregelmäßigkeiten, aber nichts davon ließ sich mit einiger Genauigkeit berechnen, so wie es zum Beispiel in der Himmelsmechanik üblich war. Dem Einwand bezüglich der Perfektion der Rhythmen hätte man bereits in den zwanziger Jahren begegnen können, denn schon zu Anfang des Jahrhunderts hatte Henri Poincaré ein System studiert, das aus zwei hypothetischen Sonnen und einem ebenso hypothetischen Planeten bestand. Poincaré zeigte, dass die Bahn des Planeten sehr unregelmäßig wurde, wenn er nicht nur um eine, sondern abwechselnd um beide Sonnen kreiste. Die Bahn des Planeten folgte langen irregulären Schleifen, auch ohne jede Störung von außen. Natürlich wäre es möglich gewesen, diese gesetzmäßigen Irregularitäten auf die Dynamik biologischer Systeme zu übertragen. Aber das Phänomen, das später unter dem Namen «Chaos» berühmt werden sollte, war außerhalb von mathematisch interessierten Kreisen niemandem bekannt. Und überhaupt, wer hatte je zwei Sonnen gesehen, die sich gemeinsam einen Planeten teilen?

Nein, mit klassisch-physikalischen Rhythmen ließ sich nicht gut argumentieren. Reibungsfreiheit (wie beim mathematischen Pendel) und perfekte Zyklen (wie die keplerschen Planetenbahnen) sind *Ideale*, aber die organische Welt muss sich auf das *Reale* einstellen. Ein Lebewesen kann nicht in seliger Harmonie im leeren Raum kreisen, seine Aufgabe ist es, den aktuellen Zustand gegen die Widrigkeiten und Anfeindungen von außen stabil zu halten, um sein eigenes Überleben zu sichern. Zwar schwankt der Blutzucker, doch der Körper braucht sich nicht um einen Rhythmus zu sorgen. Er muss nach Wegen suchen, trotz wechselndem Kohlenhydratgehalt der Nahrung und trotz unregelmäßiger Mahlzeiten den Zucker im Blut auf einem bestimmten Niveau zu halten, um die Enegieversorgung seiner Organe zu sichern.

Die Idee, die sich durchzusetzen begann, war das Konzept Homöostase. Wichtige Werte eines Organismus wie die Konzentration des Zuckers im Blut, die Körpertemperatur oder die Versorgung des Bluts mit Sauerstoff können zu hoch oder zu niedrig sein. Beides ist schädlich. Irgendwo dazwischen muss es einen optimalen Wert für die Bedürfnisse des Körpers geben. Die Aufgabe des Stoffwechsels und der physiologischen Funktionen ist es, diesen optimalen Wert einzupegeln und zu halten. Die Lehre von der Homöostase entwirft deshalb Regelkreise, die den optimalen Wert einstellen und Abweichungen von ihm korrigieren können. Wenn in einem Experiment Schwankungen festgestellt werden, dann liegt das an Störungen des Optimums, denen nicht sofort, sondern erst mit einer zeitlichen Verzögerung gegenreguliert wird. So wären die Schwankungen und Irregularitäten auf einfache Weise erklärt. Gleichzeitig hatte man das Problem vom Hals, für den Rhythmus eine körpereigene Ursache benennen zu müssen.

Im gleichen Jahr, in dem Volterras Arbeit erschien, veröffentlichte Walter Bradford Cannon sein Werk «Vorläufige Postulate betreffend die Homöostatik» – die Basis des Denkens in Regelkreisen. Es war keine Frage, welcher Idee die wissenschaftliche Welt ihre Gunst zuwandte. Die Dynamik Lotkas und Volterras schien Instabilität und unerwünschte

Schwankungen vorauszusagen, die Homöostatik versprach Stabilität durch Regulation. Das Prinzip «Homöostase» wurde erfolgreich in die Physiologie und Medizin übertragen und etablierte sich.

Erst dreißig Jahre später entdeckte man, dass das wichtigste Molekül des Jahrhunderts, die DNA, genau die Eigenschaft «Selbstvermehrung» besitzt, die Lotka für seine hypothetischen Moleküle gefordert hatte. Und erst sechzig Jahre später erkannte man, dass auch die irregulären Rhythmen der Nervenzellen im Gehirn nichts anderes sind als das Ergebnis einer optimalen Regulation, und dass gerade die Regelkreise der Homöostatik die idealen Bausteine sind, um Instabilität und Rhythmen zu erzeugen. Aber in den zwanziger Jahren war die Zeit für ein fachübergreifendes rhythmisches Prinzip noch nicht gekommen.

Ohr

Rhythmen hören

Erinnern Sie sich? Vor ein paar Jahren gab es Filme und Bilder von Forschern, die das Verhalten der Buckelwale untersuchten. Sie fuhren mit Booten hinaus aufs offene Meer und gewöhnten die Wale so an sich, dass sie zwischen ihnen mit Unterwasserkameras tauchen konnten. Die eigentliche Sensation aber waren nicht die Bilder der Kameras, sondern die Aufnahmen, die sie von den Stimmen der Wale gemacht hatten. Denn eigentlich, dachte man, gab es doch nichts zu hören. Man stellte sich die Welt unter Wasser stumm vor.

Und dann wurden diese eigenartigen Rufe und Klänge entdeckt, die bald so populär wurden, dass sie sich auf Schallplatten verkaufen ließen, als wären es einstudierte Chorgesänge. Heutzutage weiß jeder, welcher einfache Trick dahinter steckt, das normalerweise für uns schlecht oder nicht Hörbare unter Wasser hörbar zu machen. Der Trick bestand darin, den Walen ein Unterwassermikrophon hinzuhalten und sie zu bitten hineinzusingen. Die Laute unter Wasser, Rufe und Antworten, wurden ebenso wie Schall in der Luft verbreitet: Als Druckschwankungen, die sich in alle Himmelsrichtungen ausbreiteten. Das Problem des Ohrs von Landbewohnern ist, dass es vor allem auf Luftdruckschwankungen eingestellt ist, und dass Wasserdruckwellen von der Wasseroberfläche nur sehr schlecht an die Luft abgestrahlt werden. Hält man im Ozean schwimmend den Kopf unter Wasser, kann man sehr wohl auch die Wale hören, wenn sie laut genug singen. Aber der bequeme technische Umweg über ein Unterwassermikrophon wird für wissenschaftliche Zwecke in der Regel vorgezogen. Für das Ohr, das sich Messungen anhört, sind nur die Schallwellen wichtig, die es erreichen, unabhängig davon, ob die Quelle der Aufzeichnung Luftdruck- oder Wasserdruckwellen sind. Sie müssen nur mit dem richtigen Mikrophon registriert werden.

Lautsprechermembranen sind ähnlich geduldig wie Papier. Sie wandeln alles in Schall um, wenn es nur schwingt. Es ist unerheblich, ob die Quelle der Schwingung Schall ist oder irgend ein anderes Signal. Die 220 Volt Wechselspannung aus dem Stromnetz erzeugen bei der Wiedergabe im Lautsprecher ein tiefes Brummen – genau die fünfzig Hertz, mit denen die Spannung ihren Wert «wechselt». Konstante Signale und solche Signale, die nur steigen oder nur fallen, können nicht gehört werden. Die Spannung einer Batterie zum Beispiel lässt sich einfach mit einem Voltmeter messen und auch auf einem Magnetband aufzeichnen. Aber bei der Wiedergabe bleiben die Lautsprecher stumm. Die Membran schwingt nicht. Und wo nichts schwingt, ist auch nichts zu hören.

Die wichtigsten Wechselspannungsgeneratoren der Biologie sind die Nervenzellen. Weil sie schwingen, lassen sie sich auch bei ihrer Arbeit abhören. Ihre Spannungswechsel sind klein, sie bewegen sich in der Größenordnung von zehn bis hundert Millivolt, aber das stellt für einen guten Verstärker kein Problem dar. Nerven, die ihr Potenzial etwa fünfzig Mal pro Sekunde wechseln, liefern ein ähnliches Brummen wie die Haushaltsspannung aus der Steckdose. Neurophysiologen nützen dies aus, wenn sie aktive Nervenzellen in Gehirnen suchen. Sie führen Elektroden ein und hören die Spannungsschwankungen mit, um stumme von feuernden Nerven zu unterscheiden. Da das biologische Signal keine technisch stabilisierte Sinusschwingung ist, klingt es nicht rund und sauber, sondern kratzend und verrauscht.

Ein Problem, das bei der Wiedergabe von Messungen auftreten kann, ist, dass das Ohr nicht jede Luftdruckschwankung wahrnehmen kann. Schallereignisse sind nur in einem Bereich von etwa 40 bis 16000 Hertz hörbar. Nur was innerhalb dieses «Fensters» liegt, wird auch gehört. Was darüber oder darunter ist, kann man aber durch Zeitraffer oder Zeitlupe hörbar machen – die Grundfrequenz wird dafür entweder beschleunigt oder gebremst. Die Ultraschallsignale der Fledermäuse von mehr als zwanzigtausend Hertz, mit denen sie Gegenstände und Fluginsekten orten, sind durch zeitliche Dehnung als klare Rufe zu hören. Das niederfrequente Grunzen der Baleenwale, wenn es unter vierzig Hertz sinkt, wird erst durch zeitliches Raffen eindrucksvoll wahrnehmbar.

Hört man sich eine Aufzeichnung der Aktivität von Nervenzellen an, die zehnfach beschleunigt ist (um auch diejenigen Nerven zu hören, die ihre Spannung nur fünfmal pro Sekunde wechseln), dann ist sowohl die Qualität des Signals verändert (aus Spannungsspitzen werden Schallwellen) als auch ihre Frequenz (zehnmal größer). Deshalb kann aus dem Gehörten allein keine Aussage über die absolute Spannung oder über die absolute Frequenz gemacht werden. Diese Größen muss man *berechnen.* Sehr wohl lassen sich aber Aussagen über die Frequenzänderungen eines Signals (seine «Melodik») und die Frequenzverhältnisse mehrerer gleichzeitig abgespielter Signale (ihre «Harmonik») treffen.

Aber das ist nicht alles. Es fehlt noch eine weitere wichtige Größe: die Lautstärke oder Intensität eines Tones oder Geräusches. Auch sie ist nicht absolut, sondern hängt davon ab, wie das Signal verstärkt (oder abgeschwächt) wurde. Bleibt die Intensität eines Tons gleich, kann wiederum keine Schwingung entstehen. Das Ohr vergleicht vor allem relative Lautstärken. Der wichtige Spezialfall unter den Änderungen der Lautstärke ist die Wiederholung: Ein Ton bricht ab – und kehrt wieder. In diesem Fall aktiviert das Gehör ein Suchsystem. Haben die getrennten Ereignisse eine Beziehung zueinander? Im Sinne unserer Definition aus dem ersten Kapitel ist das der Augenblick, in dem das Ohr nach Rhythmus zu fahnden beginnt. Es untersucht, ob zeitlich getrennte Ereignisse zusammengehören und inwieweit eines das nächste bedingt. Wiederholungen sind zu auffällig und zu wichtig, als dass man sie ignorieren könnte.

Obwohl Schall ein geeignetes Medium für die Qualität «Rhythmus» ist (in Form von akustischen Wiederholungen), ist er doch nur *eine* von mehreren möglichen Arten sie zu übertragen. So wie es Töne ohne Rhythmus gibt, gibt es auch Rhythmus ohne Töne. Die Schläge der Fäuste eines Boxers in die Luft und die sparsame Bewegung der Finger beim Schreiben mit einem Stift, auch wenn sie geräuschlos bleiben, sind für das Auge als rhythmische Bewegung erkennbar. Und wenn die Augen geschlossen sind, spüren wir den Rhythmus einer Massage als wandernde Druckwellen auf der Haut. Nicht nur hörbare Frequenzen tragen Rhythmus, er ist auch ist auch für Auge oder Tastsinn wahrnehmbar.

Ähnlich wie Schall nur im Frequenzfenster von vierzig bis sechzehntausend Hertz registriert wird, hat auch der Rhythmus des Schalls ein «Fenster» der Wahrnehmung. Folgen mehrere Einzelereignisse zu langsam oder zu schnell aufeinander, dann wird ihre rhythmische Qualität nicht mehr bemerkt. Das Fenster, innerhalb dessen wir Wiederholungen als eigenständigen Rhythmus wahrnehmen, ist schmal. Schon ohne Übung und besondere Konzentration fällt es schwer, eine Sequenz von zehn Schlägen, die jeweils mehr als eine Minute auseinander liegen, als einen Rhythmus zu identifizieren, auch wenn wir sie problemlos als «gleich» oder «ähnlich» erkennen und einander zuordnen. Die Ereignisse sind zu weit voneinander getrennt. Andererseits wird niemand von Rhythmus sprechen, wenn ein Klopfen mehr als zwanzig Mal in der Sekunde ertönt. Wir sprechen dann von Brummen oder Surren. Bei mehr als vierzig Wiederholungen pro Sekunde verschmilzt es zu einer kontinuierlichen, einheitlichen Empfindung, dem Ton. Und wiederum ist es trotz dieses «Fensters» kein Problem, vom Rhythmus eines Neurons zu sprechen, das fünfhundert Mal pro Sekunde feuert und dabei einen Ton mittlerer Höhe erzeugt. Ebenso sprechen wir vom Tagesrhythmus, auch wenn zwischen «Schlag» und «Schlag» 24 Stunden vergehen. Selbst wenn wir nicht wirklich die reale Aufnahme in Zeitlupe oder Zeitraffer hören, können wir es uns doch sehr gut *vorstellen.*

Ähnlich wie bei der Skalierung von Ultra- und Infraschall in den hörbaren Bereich ist das Raffen oder Beschleunigen von Rhythmen ein technischer Kniff, der der Arbeit unserer Vorstellungskraft entgegenkommt. Die Vorstellung hat, ebenso wie die Erinnerung, keine Probleme damit, die Skala «Zeit» zu strecken oder zu stauchen. Die Zeit ist darin ebenso flexibel wie der Raum. Auch den Raum können wir in der Vorstellung nahezu beliebig manipulieren. Dieser Akt der Aufbereitung, einer Verkleinerung oder Vergrößerung, ist bei Bildern etwas sehr Selbstverständliches, und niemand wundert sich, wenn er ein Foto von der ganzen Erde und eines von der Eizelle einer Maus zu sehen bekommt. Das Erste zeigt komprimiert die Land-Wasser-Verteilung auf dem Planeten, das zweite Details wie Zellkern oder Zellwand. Beides ist legitim, und die Auswertungen solcher skalierten, für das Auge zurechtgeschneiderten Information aus der Mikro- oder Makrowelt sind wichtige Quellen des Wissens über die räumliche Struktur der Welt. Daher ist auch zu erwarten, dass durch Zeitlupe und Zeitraffer von Rhythmen mehr über die zeitlichen Strukturen der Welt zu erfahren ist.

Da sowohl die Töne als auch die Abstände zwischen ihnen zeitliche Ereignisse sind, werden mit jeder Zeitlupe und jedem Zeitraffer sowohl Tonhöhe als auch Frequenz des Rhythmus manipuliert. Wahrscheinlich war für die Wahl des Faktors, mit dem die Gesänge der Buckelwale verlangsamt wurden, der Rhythmus sogar das ausschlaggebende Kriterium. Die Tonhöhe hätte auch anders gewählt werden können, aber die Laute wirkten nur in einem sehr engen rhythmischen Bereich auch «gesanglich». Die Gesänge der Buckelwale sind das Ergebnis einer menschlichen musikalisch-ästhetischen Skalierung. Noch weiß niemand, welche gesangliche Qualität die Wale selbst mit ihren Äußerungen verbinden.

Schnittstelle Innenohr

Von den Sinnen, die Rhythmen wahrnehmen können, ist das Ohr am stärksten auf Vorgänge in der Zeit spezialisiert. Seine Aufgabe ist dabei, Schall korrekt als Geräusche, Worte oder Gesänge zu erkennen. Die eigentliche Schnittstelle für die Übertragung von Schwingungen der Luft in interpretierbare Information für das Gehirn ist das Innenohr.

Luft ist ein Kollektiv von sehr vielen Atomen und Molekülen, die sich bewegen. Sie bewegen sich, weil sie Energie haben. Weil es so viele Teilchen sind, stoßen sie fortwährend gegeneinander, und durch die dauernden Stöße verteilt sich die Energie gleichmäßig auf sie. Es herrscht ein stabiler Luftdruck. Dieser Luftdruck wirkt auch auf das Trommelfell, denn dort treffen in jedem Moment sehr viele Luftteilchen unkoordiniert auf. Bei gleichmäßigem Luftdruck bleibt das Trommelfell unbewegt, und wir registrieren «Stille». Ein Kollektiv von Luftmolekülen kann in Schwingung versetzt werden. Durch die schwingende Saite einer Geige, durch die vibrierende Membran eines Lautsprechers oder durch die flatternden Stimmbänder eines sprechenden Menschen in seinem Hals. Schwingende Körper arbeiten gegen das ungeordnete und einheitliche Chaos der Luftteilchen und prägen ihm eine Vorzugsrichtung auf, sie erzeugen Luftdruckschwankungen. Die Schwankungen bleiben aber nicht auf die nahe Umgebung des schwingenden Körpers begrenzt, sie werden durch die Stöße von einem Teilchen zum nächsten weitergegeben. So entstehen aus der lokalen Schwingung eines Körpers Wellen, die sich in der Stille der Luft ausbreiten. Wenn sie ans Ohr gelangen und das Trommelfell in Bewegung setzen, werden sie Schall genannt.

Luftdruckschwankungen geben dem Trommelfell Auskunft über die Schwingung des verursachenden Körpers, weil sie selbst passiv sind. Sie folgen getreu den Schwingungen des Körpers und fügen von sich aus nichts hinzu. Die Schwingungen mehrerer Körper überlagern sich und erreichen gemeinsam das Ohr. Das Trommelfell folgt den Luftdruckschwankungen passiv. Ein reiner Sinuston bewegt es gleichmäßig hin und her, ein Geräusch regt es zu einer komplizierten Folge von großen, mittleren und kleinen Auslenkungen an. Schall, der vereinigte Brei der Luftdruckschwankungen aller Tonquellen, wird auf das Hin und Her von Trommelfellen übertragen. Das Gehirn hat die Aufgabe, aus diesen Bewegungen das herauszuholen, was für unsere Wahrnehmung der Welt relevant ist. Stimmen, Motorenbrummen, Blätterrascheln, Musik. *Alle* akustische Information über die Welt steckt in den Schwingungen des Schalls, der auf die Trommelfelle drückt.

Die Schwingungen des Trommelfells werden im Mittelohr über eine Kombination von Knöchelchen (dem Hammer, dem Amboss und dem Steigbügel) ans Innenohr weitergeleitet, zur so genannten Schnecke. Die Schnecke ist das Organ, in dem die Schwingungen des Trommelfells übersetzt werden in die Signale zehntausender Nervenzellen. Das letzte der drei Knöchelchen, der Steigbügel, sitzt fest auf einem ovalen Fenster, am Anfang einer langen, dünnen Zunge, die in Form einer Spirale in einem Schneckengehäuse aufgewickelt ist. Die Zunge schwebt in einem Gel, der so genannten Lymphe, und unterteilt die Gehäusekammer in zwei Hälften. In ihrem Gel eingebettet ist sie gut beweglich.

Im Fachjargon heißt die «Zunge» Basilarmembran. Ihre Aufgabe ist die rein zeitlichen Schwingungen des Steigbügels (der seinerseits den Schwingungen des Trommelfells folgt) in wandernde Wellen zu verwandeln. Der schwach vibrierende Steigbügel versetzt die flüssige Lymphe im Inneren der Schnecke in Bewegung, und diese Bewegung läuft in

Druckwellen über die Basilarmembran bis zu ihrem Ende. Eine Besonderheit der etwa drei Zentimeter langen aufgerollten Zunge ist, dass ihre Steife schnell abnimmt. Sie ist am ovalen Fenster hart, wird dann immer weicher und ist am Ende labberig. Wegen dieser abnehmenden Steife findet eine über die Zunge laufende Welle immer nur an einer bestimmten Stelle eine Steifheit oder Weichheit, die besonders gut zu ihr passt. An dieser Stelle wird die Membran dann auch am stärksten ausgelenkt. Eine Welle mit hoher Frequenz (ein hoher Ton, bei dem das Trommelfell sehr schnell vibriert) findet ihr Optimum am Anfang, nah am Steigbügel, wo die Membran noch hart ist, eine Welle mit niedriger Frequenz dagegen in der Nähe des sehr weichen Endes der Membran, Wellen mit mittleren Frequenzen richten sich entsprechend dazwischen ein. So breiten sich zwar alle Vibrationen des Steigbügels durch die ganze Schneckenkammer aus, aber jede Schwingung bewegt die Basilarmembran immer nur an einer bevorzugten Stelle merklich, an allen anderen wenig oder gar nicht.

Entdeckt wurde diese bemerkenswerte «Verwandlung» von Frequenzen in lokalisierte Bewegungen der Basilarmembran in den vierziger Jahren durch den ungarischen Sinnesphysiologen Georg von Békésy, der seine Untersuchungen unter anderem an den noch frischen Innenohren von Leichen vornahm. Mit ihrer lokalisierten optimalen Auslenkung trennt die schwingende Membran die verschiedenen Vibrationen des Steigbügels säuberlich nach ihren Frequenzen geordnet auf. Werden zwei Töne mit verschiedenen Frequenzen gleichzeitig gehört, dann schwingt die Basilarmembran an zwei Orten gleichzeitig. Bei einem Rauschen dagegen, das aus sehr vielen simultanen Frequenzen zusammengesetzt ist, schwingt die ganze Membran wie eine heftig bewegte Wasseroberfläche. Ein Knack- oder Klickgeräusch baut sein zugehöriges Wellenmuster nur kurzzeitig auf und verebbt. Bei einem Rhythmus, der Wiederholung eines charakteristischen Klangs, wechseln sich Auslenkungen der Membran und Ruhephasen ab.

Man kann nur erahnen, welch unvorstellbar komplexe Bewegung die Basilarmembran während des Hörens von Sprache macht. Sprache besteht aus den kurze Zeit gehaltenen Vokalen einer definierten Grundfrequenz mit den zugehörigen Obertönen und den rhythmusgebenden Geräuschen der Konsonanten mit ihren reichen Spektren von Frequenzen. Nehmen wir als Beispiel den Laut «n» im letzten Halbsatz

> «und den rhythmusgebenden Geräuschen der Konsonanten
> mit ihren reichen Spektren von Frequenzen».

Schematisch dargestellt sieht sein Auftreten so aus:

n n _ _ _ n n _ _ n _ n n n n
_ _ n _ n _ n n _ n n

Dabei steht das Symbol n jeweils für eine Silbe mit einem «n» und der Strich für alle übrigen Silben. «n» ist ein tönender Konsonant, hat also anders als «t», «k» oder «p» eine echte Grundfrequenz, die sich auf der Basilarmembran lokalisieren lässt. Das «n» wird nasal gesprochen. Luft fließt nur durch die Nase, nicht durch den Mund. Seine besondere Färbung erhält es, weil im Gegensatz zum ebenfalls nasalen «m» der Mund beim «n» geöffnet ist.

Mit seiner nasalen Färbung löst das gesprochene «n» ein charakteristisches Wellenmuster auf der Basilarmembran aus. Da die genaue Position der stärksten Auslenkungen von der Tonhöhe abhängt, kann sie in einem Satz bei zwei «n» verschieden sein. Das zweite «n» im Wort «Frequenzen» ist tiefer als das erste, weil am Satzende ein Punkt steht. Trotzdem wäre das Bewegungsmuster der Membran einfach, wenn nur die einzelnen Buchstaben immer etwa das gleiche Bild gäben und klar voneinander abgetrennt würden, wie die Buchstaben einer Druckschrift. Doch bei gesprochenen Worten ist praktisch nie ein Laut längere Zeit konstant. Er verändert seine zeitliche Struktur, je nachdem, ob er frei steht oder ob ihm ein «d», «t» oder ein «z» folgt. Das Gehirn muss dann die Aufgabe lösen, zum Beispiel aus jenem Halbsatz, der bei normaler Sprechgeschwindigkeit etwa sieben Sekunden dauert, jedes der fünfzehn «n» nicht nur als «n» zu identifizieren, wenn gleichzeitig ein Auto vorüberfährt oder wenn der Sprecher heiser ist, sondern es auch im Zusammenhang der Silben korrekt zuzuordnen.

An der Zuordnung der Laute ist zweifellos auch eine differenzierte rhythmische Wahrnehmung beteiligt. Neugeborene, welche die Bedeutung von Worten noch nicht kennen und auch keine Erfahrung im Umgang mit ihnen haben, reagieren bereits sensibel auf rhythmische Feinheiten der Sprache. In einer Studie wurde gezeigt, dass Säuglinge gesprochenes Holländisch von Japanisch unterscheiden können. Dass diese Wahrnehmung auf rhythmischen Eigenheiten beruht, schloss man daraus, dass sie dieselben Sprachen *nicht* unterscheiden konnten, wenn man ihnen die Aufnahmen rückwärts vorspielte. Es wird angenommen, dass der natürliche Lauf der Sprache eine rhythmische Logik besitzt, die bei der Umkehr der Aufnahme verloren geht. (Fragen Sie sich gerade, woher man weiß, dass Säuglinge einen solchen Unterschied erkennen? Man spielt ihnen ein Band so lange vor, bis man am gleichmäßigen Nuckeln merkt, dass sie sich zum Beispiel an die japanische Sprache gewöhnt haben. Dann folgt ein holländischer Satz. Bleibt das Nuckeln gleich, hat der Säugling keinen Verdacht geschöpft. Ändert sich der Rhythmus des Nuckelns – es wird schneller und intensiver – dann hat er den Wechsel bemerkt.)

Einen weiteren Hinweis auf wesentliche rhythmische Elemente bei der Spracherkennung bieten Trommelsprachen. Es gibt Trommelsprachen, die reine Zeichensprachen sind. Jedem Wort oder Begriff wird ein Laut oder eine Kombination von Lauten zugeordnet. Die Trommelsprachen der Jaunde und Duda (in Südkamerun und Gabun) dagegen imitieren die gesprochene Sprache des Stammes. Durch Tonhöhe, Tonfärbung und vor allem das korrekte rhythmische Nachempfinden gelingt es ihnen, beim Hörer die gemeinten Worte ins Bewusstsein zu rufen («Worterweckung»). Der Sinn der Worte wird vorwiegend anhand des rhythmischen Skeletts von Sätzen verstanden.

Zurück zum Innenohr. Die vom Schall verursachte Schwingung der Basilarmembran löst schließlich elektrische Signale aus, durch die an der Schnecke anliegende Nervenzellen zum Feuern gereizt werden. Mit diesem Schritt ist die mechanische Schwingung, die ursprünglich vom Schall ausgelöst wurde, in Aktionspotenziale umgewandelt. Von jedem der beiden Innenohren nehmen etwa fünfunddreißigtausend Nervenfasern ihren Weg zum Gehirn.

Viele Nervenzellen der beiden Gehörnervenbündel feuern auch ohne akustische Reizung des Ohrs, bei völliger Stille. Diese spontanen Aktionspotenziale wirken zufällig. Sie sind irregulär und konnten bisher keiner physiologischen Funktion zugeordnet werden. Dabei ist dieses «Feuern in der Stille» durchaus bemerkenswert. Etwa zwei Drittel aller Gehörnerven (mehr als zwanzigtausend pro Ohr) feuern spontan, manche weniger als zwanzig Mal pro Sekunde, viele aber zwischen vierzig und hundert Mal. Wenn sich die Basilarmembran des Innenohrs bewegt, feuern die Gehörnerven im Schnitt entweder häufiger oder seltener als in der Ruhephase, je nachdem, in welche Richtung die Membran ausgelenkt wird.

In elektrophysiologischen Messungen fällt bei genauem Vergleich auf, dass derselbe Gehörnerv zwei *verschiedene* Sequenzen von Aktionspotenzialen sendet, wenn das Ohr den gleichen Ton zweimal wahrnimmt. Man hat deshalb lange Zeit angenommen, dass die individuelle rhythmische Sequenz der Aktionspotenziale für das Wiedererkennen des gleichen Tons oder Geräusches und damit auch für das Entdecken eines Rhythmus im Gehörten keine Bedeutung hat. Man dachte, dass nur die *mittlere* Häufigkeit der Potenziale für die nachfolgende Verarbeitung im Gehirn relevant ist. Das ist in einem gewissen Grad sinnvoll, denn ein Klopfen will auch dann als Rhythmus erkannt sein, wenn die einzelnen Schläge nicht genau gleich sind, und es muss auch zu erkennen sein, wenn andere gleichzeitig eintreffende Schallereignisse, zum Beispiel Krach, die Erregungssalven des Gehörnervs stark verändern. Die Schlussfolgerung, dass die zeitliche Sequenz für den Transport von Information zum Gehirn *keine* Rolle spielt, wird aber in neuerer Zeit infrage gestellt. Gerade bei akustischen Signalen werden immer häufiger Belege dafür gefunden, dass sehr wohl auch kurze individuelle Sequenzen von Potenzialen richtig interpretiert werden. Im Großen und Ganzen aber ist der unaufhörliche Strom der Erregungen, der vom Innenohr zum Gehirn fließt, bis heute ein großes Rätsel.

Eine wegen höchster experimenteller Schwierigkeiten wenig untersuchte, aber außerordentlich reizvolle Vermutung ist, dass das Innenohr nicht nur den Schall originalgetreu in Signale für das Gehirn überträgt, sondern *aktiv* am Hörvorgang teilnimmt. Es gehen nämlich keineswegs nur Nerven von der Schnecke weg, sondern es führen auch Nerven vom Gehirn zu ihr hin. Dadurch wird sie laufend mit Informationen aus dem

Gehirn versorgt. Die mechanische Auslenkung der Basilarmembran ist eigentlich viel zu schwach, um die abgehenden Nerven zu reizen. Die Membran muss nach Stimulation selbst aktiv zu schwingen beginnen, um von den Nervenzellen registriert zu werden. Sie tut dies mit einem Verstärkermechanismus, der von den Nerven aus dem Gehirn reguliert wird. Damit besitzt die Schnecke ausdrücklich die technischen Voraussetzungen, um sich auf bestimmte Frequenzen oder bestimmte Rhythmen vorzubereiten und eine *Vorauswahl* unter den ankommenden Schallgeräuschen zu treffen. Dies wäre eine Möglichkeit für das Gehirn, nicht nur zu hören, sondern gleichzeitig auch mitzubestimmen, was es hören will – und was nicht.

Rhythmische Etüden einer Nervenzelle

Eine Nervenzelle ist ein Pulsgeber. Eine aus ihrer natürlichen Umgebung herauspräparierte Nervenzelle, die in einer physiologischen Salzlösung am Leben gehalten wird, kann unter stabilen Bedingungen spontan, regelmäßig und dauerhaft oszillieren. Die Oszillation ist ein fortgesetzter Spannungswechsel, allerdings mit zwei ungleichen Teilen: einer Ruhelage, in der äußerlich nur sehr wenig passiert; und einer plötzlichen Umpolung, dem Puls oder Aktionspotenzial. Man spricht deshalb normalerweise auch nicht von Wechselspannung, sondern denkt eher an einen geladenen Kondensator, der sich kurzzeitig entlädt und sofort wieder auflädt. Die komplette Umpolung dauert weniger als hundert Millisekunden. Bei den Nervenzellen eines Tintenfisches mit Namen Onchidium werden je nach Zusammensetzung der Salzlösung hundert bis zweihundert Pulse pro Sekunde gemessen, die in großer Regelmäßigkeit aufeinander folgen.

Wie Herzmuskelzellen haben Nervenzellen außer dem spontan oszillierenden auch einen zweiten möglichen Zustand. Das Innere der Zelle bleibt dauerhaft negativ geladen und entlädt sich nicht spontan. Ist die Lösung, in die der Nerv getaucht ist, in ihrer Zusammensetzung nicht allzu verschieden vom spontan oszillierenden Fall, dann ist der Ruhezustand «erregbar», ein kleiner Anstoß von außen, ein kurzer Stromstoß genügt, um eine spontane Umpolung des Nerven, einen Puls, auszulösen. War der Anstoß nur kurz und einmalig, dann kehrt der Nerv schnell wieder in die Ruhelage zurück und verharrt da. Die induzierte Entladung aber sieht genauso aus wie einer der Pulse während der spontanen Oszillation. Erregbarkeit ist ein sicheres Anzeichen dafür, dass mit geringen Veränderungen des Experiments auch eine spontane Oszillation gefunden werden kann. Eine einzelne Erregung gibt bereits eine Kostprobe davon.

Auch für die Erforschung der Rhythmen von Nervenzellen waren die zwanziger Jahre des 20. Jahrhunderts schicksalhaft. Der Neurophysiologe Edgar Douglas Adrian hatte das Glück, dass zu Beginn seiner Forscherkarriere die Vakuumröhre erfunden worden war. Er machte sich deren Verstärkereigenschaften zunutze und konnte die schwachen Spannungspulse von Nervenzellen mit drei zusammengeschalteten Röhren so verstärken, dass sie (wie bei den Elektrokardiogrammen zu jener Zeit) eine Quecksilbersäule zum Wackeln brachten. Die Quecksilbersäule wurde von einer Seite mit einer Lampe beleuchtet und auf der anderen Seite rasch ein lichtempfindlicher Film vorbeigezogen. In diesen Messungen entstanden aus den Pulsen der Nervenzellen zittrige Schatten der Quecksilbersäule auf dem Film.

Adrians Pionierversuch bestand darin, dass er ein Gewicht an den freigelegten Muskel eines Tieres hängte und die Potenziale maß, die von den anliegenden Nervenzellen ins Gehirn geleitet wurden. Er vermutete ganz richtig, dass das Gehirn die veränderte Muskelspannung durch diese Pulse mitgeteilt bekam. Ihm fiel auf, dass die Zahl der Pulse, die ans Gehirn geleitet wurden, stieg, wenn das angehängte Gewicht größer war. Er formulierte die Hypothese: mehr Gewicht = mehr Muskelspannung = mehr Nervenimpulse pro Sekunde. Irritierend aber schien, dass die exakte Sequenz der Pulse nicht nur unregelmäßig, sondern auch bei jedem Versuch eine andere war. Adrian fasste seine Ergebnisse in drei Publikationen zusammen, die im Jahre 1926 erschienen. Seine Schlussfolgerungen: Nerven übertragen Information. Sie tun dies, indem sie bei äußerer Reizung (zum Beispiel durch ein Gewicht) Sequenzen von schnellen Spannungspulsen verschicken. Die Stärke der Reizung wird dem Gehirn über die *mittlere* Häufigkeit der Pulse signalisiert. Eine individuelle Sequenz oder gar die einzelnen Abstände zwischen den Pulsen, die (im Gegensatz zu den gleichförmigen Pulsen des Tintenfisches) stark variieren, haben *keine* Bedeutung.

Diese dritte These entwickelte sich zu einem Dogma, welches das Studium individueller Rhythmen von Neuronen über Jahrzehnte überflüssig erscheinen ließ und Fortschritte auf diesem Gebiet blockierte. In den letzten Jahren aber haben neue Experimente Zweifel an der Allgemeingültigkeit der These aufkommen lassen. Heute sieht es so aus, als würde der Satz «Alle Information steckt in der mittleren Häufigkeit von Pulsen» nur bei konstanten Reizen gelten, wie zum Beispiel dem ruhig am Muskel hängenden Gewicht bei Adrian. Dies ist aber eine Form der Reizung, die in der Natur praktisch nie vorkommt. Reizt man dagegen Nervenzellen periodisch oder gar irregulär, dann scheint die einzelne Sequenz sehr wohl auch Information zu enthalten.

Kehren wir damit zu unserem regelmäßig pulsierenden Nerv, dem Riesenaxon des Tintenfisches Onchidium, zurück. Mehrere japanische Forschergruppen haben untersucht, wie die regelmäßige Oszillation des Nervs auf Störungen reagiert, die weder einmalig noch konstant sind. Sie machten Versuche mit zeitlich sich verändernden Reizen. Da eine gut ausgearbeitete Theorie für unregelmäßige Störungen fehlte, konzentrierten sich die Untersuchungen auf *periodische* Störsignale. In den Riesennerv wurde eine Störelektrode eingestochen, und durch diese Elektrode konnte ein Strom mit einer frei wählbaren Frequenz geschickt werden. Es gab jetzt also zwei Frequenzen, die sich miteinander arrangieren mussten: die natürliche Grundfrequenz des Nervs und die Frequenz des störenden Stroms.

Wegen der offenkundigen rhythmischen Qualität aller Resultate versuche ich auch hier eine Interpretation, «als ob» die Potenziale zu hören wären. Der Wechsel zwischen Ruhe und Puls beim Aktionspotenzial legt nahe, wie im Kapitel «Rhythmische Experimente» den Ruhezustand mit «Stille» zu identifizieren und dem Puls einen Ton oder ein Geräusch zuzuordnen. Wegen der hohen Frequenz hört man «live» (bei natürlicher Geschwindigkeit) keine isolierten Pulse, sondern einen durchgehenden Ton. Ich verlangsame deshalb das Geschehen in der Vorstellung so, dass pro Sekunde nur zwei oder drei Schläge zu hören sind. Dabei ergeben sich unter anderem folgende Ergebnisse: Sind in einem Experiment die zwei beteiligten Frequenzen einander ähnlich (die Grundfrequenz ist etwa gleich der Störfrequenz), dann stellt sich die Oszillation des Nervs auf die Störung ein und folgt ihr im Verhältnis 1:1. Das heißt, *jede* Störwelle löst einen Puls des Nervs aus. Interessanter wird die Antwort des Nervs, wenn die Störung so schnell ist, dass ihr der Nerv nicht mehr im Verhältnis 1:1 folgen kann. Wie alle dynamischen Systeme haben auch Nerven eine gewisse Trägheit. Es braucht zum Beispiel Zeit, um die Ausgangsspannung nach einer Entladung wieder aufzubauen. Während dieser Aufbauphase aber ist noch kein neuer Puls auslösbar. Folgerichtig setzt der Nerv bei einer Störwelle gelegentlich aus und feuert nicht. Die Messung bei einer solchen zu schnellen Störung zeigt keinen Einerrhythmus mehr.

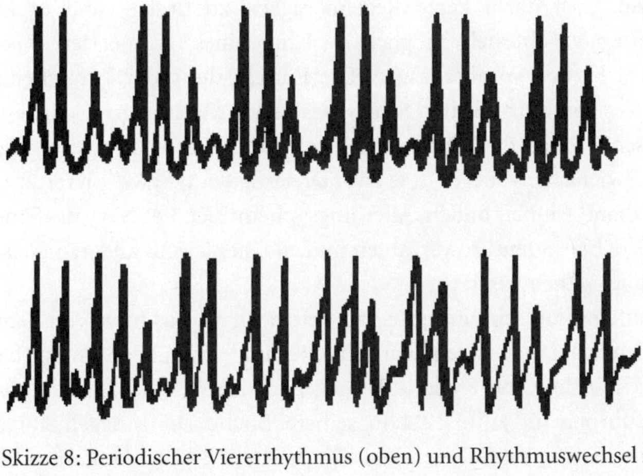

Skizze 8: Periodischer Viererrhythmus (oben) und Rhythmuswechsel zwischen Dreier- und Vierermotiv

Nach jeder Gruppe von drei Pulsen folgt eine *Pause* von etwa der Länge eines Pulses. Jeder vierte Puls fehlt! Rhythmisch interpretiert erklingt ein Vierertakt:

_ Bum-Bum-da __Bum-Bum-da__Bum-Bum-da__…

Das klein geschriebene «da» soll andeuten, dass der dritte Schlag einer Gruppe jeweils schwächer ist als die ersten beiden.

Wird die Störfrequenz noch schneller eingestellt, entsteht ein Dreiertakt. Schon bei jedem dritten Schlag muss der Nerv aussetzen, um sich vollständig zu regenerieren:

_Bum-da__Bum-da__Bum-da__…

Der interessanteste Fall dieser Versuchsreihe taucht auf, wenn eine Störfrequenz eingestellt wird, die genau zwischen dem Vierer- und dem Dreiertakt liegt. In diesem Fall weigert sich der Nerv, sich für eine der beiden Alternativen zu entscheiden. Die Messung zeigt eine bunt gemischte Folge von Vierer- und Dreiermotiven («Takten»). Trotz genauester Messung ist darin keine Regelmäßigkeit zu finden, und es ist schlechterdings nicht mehr möglich, die Länge eines kommenden «Taktes» mit Sicherheit vorauszusagen. Die Entscheidung darüber scheint sich der Nerv bis zum zweiten Schlag des neuen Motivs vorzubehalten. Musikalisch erinnert der Wechsel von Dreier- und Vierertakt an den bayrischen «Zwiefachen», bei dem je zwei Dreiertakte und zwei Vierertakte eine (tanzbare) Einheit bilden. Allerdings scheint sich der Nerv des Tintenfisches dabei laufend zu verzählen und an einer jeweils anderen Stelle des Schemas neu einzusetzen.

Dass eine periodische Erregung zu einem Rhythmus führt, bei dem gelegentlich Schläge ausfallen, wurde auch beim Herzen beobachtet. Der holländische Arzt Karel Frederik Wenckebach beschrieb dieses Phänomen ausführlich im Jahre 1914 in seinem Buch «Die unregelmäßige Herztätigkeit». Die Vorhöfe erregen sich periodisch, aber die Kammern folgen nicht jedes Mal mit einer Kontraktion und setzen aus. Manchmal fehlt jeder dritte Schlag, manchmal jeder zweite. Es kann sogar sein, dass pro erfolgtem Schlag der Kammern zwei Kammerschläge nacheinander aussetzen. Die Ursache scheint hierbei aber nicht eine zu schnelle Erregung zu sein, sondern eine behinderte Überleitung der Erregung von den Vorhöfen auf die Kammern.

In den bisher besprochenen Experimenten am Tintenfisch unterschied sich die Störfrequenz zwar von der Eigenfrequenz des Nervs, aber sie lag in der gleichen Größenordnung. Betrachten wir nun noch die möglichen Extremfälle, wenn die zwei Frequenzen *sehr* verschieden sind. Wird die Störfrequenz sehr schnell, dann hat der Nerv keine Chance mehr, ihr zu folgen, auch nicht kurzzeitig. Er «spürt» gar nicht mehr, dass die Störung eine Oszillation ist. Sie verschwimmt zu einem konstanten Mittelwert (so wie auch für das Ohr ein zu schneller Rhythmus in ein kontinuierliches Geräusch übergeht). Sind positive und negative Störungen gleich groß, dann ist der Mittelwert null, und der Nerv kehrt zu seiner natürlichen Eigenfrequenz zurück. Wird dagegen die Störung sehr langsam, dann hat der Nerv keine Mühe, ihr zu folgen. In der positiven Phase der Störung oszilliert er auf natürliche Art und Weise, aber in der negativen Phase stoppt die Oszillation ganz. Es wirkt, als würde die periodische Aktivität des Nervs regelmäßig an- und wieder abgeschaltet.

In geradezu idealer Weise wird die gesamte Bandbreite der rhythmischen Antworten von Nerven auf verschiedene Störfrequenzen im Innenohr verwirklicht. Die Architektur der Schnecke ist so, dass die einzelnen Frequenzen des Schalls der Reihe nach von sehr langsam bis sehr schnell auf über dreißigtausend Nervenzellen ausgebreitet werden. Wir finden am einen Ende der Schnecke Nerven, die bei sehr langsamem Eingangssignal (ein tiefer Ton) jeweils während einer Phase kurz oszillieren, in der restlichen Zeit aber «stumm» bleiben. Im Bereich mittelhoher Töne arrangieren sich komplizierte rhythmische Beziehungen, wenn Störung und Eigenfrequenz einander ähneln. Und am anderen Ende (hohe Töne) gibt es Nervenzellen, deren natürliche Aktivität durch eine zu schnelle Frequenz nicht mehr erkennbar verändert wird. Es scheint, als wären die Signale der Gehörnerven bei Beschallung des Trommelfells ein ideales Beispiel, um die Ergebnisse der rhythmischen Studien an Tintenfischen auch bei Wirbeltieren anzuwenden und damit die Verschlüsselung von akustischen Signalen im Innenohr zu verstehen.

Einfach ist das allerdings nicht. Im zweiten Kapitel findet sich das Beispiel, dass auch ein ungestörter Nerv schon ein rhythmisches Repertoire besitzt, das mehr umfasst als ein einfaches und regelmäßiges Feuern.

Auch bei den Nerven, die vom Innenohr von Wirbeltieren ins Gehirn laufen, wird die streng regelmäßige Oszillation im ungestörten Zustand praktisch nie beobachtet. Sie mischen die Motive bereits von sich aus.

Schließlich müssen wir uns noch daran erinnern, dass eine anhaltende periodische Störung zwar im Labor einfach anzulegen, dass sie aber in Wirklichkeit natürlich ebenso künstlich ist wie eine konstante Störung. Beide Fälle sind Bedingungen, denen ein Ohr im Normalfall nicht begegnet und die in der Evolution des Ohrs keine Rolle gespielt haben können. Das Einfache und Konstante bleibt die Ausnahme. Unser Ohr und unser Gehirn sind auf Irregularitäten und Komplikationen eingestellt.

Im Fünfachteltakt

Kein Zweifel, es ist eine Spinne. Eine mit dünnen Beinen und einem Körper wie ein Stecknadelkopf. Klein und schwarz. Aber Spinnen haben acht Beine, oder? Ich zähle nur fünf. Eine irritierende Zahl von Beinen. Und irgendwie sind sie ungleich proportioniert angeordnet. Eines ist viel länger als die anderen vier. Dabei ist es sonst gleich gegliedert, es sieht nicht aus, als seien die vier anderen abgerissen und zu kurz. Ist da ein Bein zu viel, oder fehlen ihr drei? Eine so seltsame Begegnung mitten in der Nacht, dass ich die Spinne nicht verjage, sondern sie weiter über meinen Nachttisch laufen lasse.

Wenn sie läuft, zeigt das lange Bein nach vorne rechts. Es bildet zusammen mit den vier anderen ein nach vorne rechts verzogenes Fünfeck, und bewegt sich vorsichtig, doch wie aus einem Guss, ohne zu hinken oder sich zu verheddern. Eins-zwei-drei-vier-fünf-Eins-zwei-drei-vier-fünf-Eins … Da ist kein Zögern, kein Stolpern. Das sieht nicht aus wie eine Verletzung, auch nicht wie ein Fehler oder eine Behinderung.

Als sie auf Nietzsches «Unzeitgemäße Betrachtungen» (Zitat: «*Dies ist ein Gleichnis für jeden Einzelnen von uns: Er muss das Chaos in sich organisieren dadurch, dass er sich auf seine echten Bedürfnisse zurückbesinnt.*») trifft, ändert sich der Schritt. Vier kurze Beine werden langsamer, das fünfte hebt die Spitze hoch, streckt sich und tippt sacht an den Buchrücken. Der Schritt ist: Eins-zwei-drei-vier-Eins-zwei-drei-vier-Eins ... Die «Fünf» ist ausgefallen und tastet wie ein Fühler, wie der Krückstock eines Blinden am Buchrücken entlang. Auf dem Mauervorsprung unter dem Fenster steht die Spinne still, und das lange Bein biegt sich mit der Spitze an ihr Mundwerkzeug. Nach kurzem Nesteln fährt es aus, die «Fünf» reiht sich wieder in den Fortgang ein, und zügig geht es weiter. Das verzogene Fünfeck der Beinspitzen tippelt am Fensterrahmen hoch. Eins-zwei-drei-vier-fünf-Eins-zwei-drei-vier-fünf-Eins ...

Einige Tage später sehe ich an der Wand eine Artgenossin. Sie ist schwarz und hat den gleichen Stecknadelrumpf, aber acht Beine wie jede andere Spinne auch. Vier kurze und vier lange. Ich erschrecke sie ein wenig, damit sie zu laufen beginnt. Mein verzogenes Weltbild rückt sich wieder zurecht. Diese Spinne läuft, wie Spinnen eben laufen – zu schnell, als dass ich die Beinchen mitzählen könnte ...

Die Evolution des rhythmischen Gehörs

Da Rhythmus ganz allgemein auf Änderungen der *Intensität* einer Wahrnehmung beruht (unabhängig davon, *wie* sie wahrgenommen wird), kann sein Ursprung im Laufe der Evolution im Prinzip an jedes Sinnesorgan gekoppelt sein. Die Erfahrung von Rhythmen im Alltag könnte einen evolutionären Druck ausgeübt haben. Die Organismen beugten sich dem Druck, indem sie begannen, Rhythmus als eigene Qualität zu ihrem Vorteil wahrzunehmen. Man könnte an *Berührungen* denken (die später zum Tastsinn führten) und an wechselnde Lagen eines Organismus im Verhältnis zu seiner Umwelt oder zur Schwerkraft der Erde (die dann im Gleichgewichtssinn mündeten). Vielleicht war es eine Kombination der Erfahrungen von körperlichem Kontakt und passivem Lagewechsel mit der Entdeckung, dass auf beides erfolgreich mit eigener aktiver Bewegung reagiert werden kann. Spezies, die sich im Meer entwickelten, konnten nicht vermeiden, den Strömungen und Wellen des Wassers ausgesetzt zu sein, aber auch sich wiederholende Wechsel von Licht und Schatten könnten die Fähigkeit verstärkt haben, für die Wiederkehr einer ähnlichen Wahrnehmung «hellhörig» zu werden. Interessant ist, dass das spezifisch mit Rhythmen arbeitende Gehör in der Evolution wohl erst später entstanden ist als die Sinne zum Fühlen, Sehen, Riechen oder Schmecken.

Heuschrecken, Grillen und Zikaden kommunizieren mit Geräuschen und können akustische Signale hören. Sie haben Membranen, die bei bestimmten Geräuschfrequenzen zu schwingen beginnen, und können damit das Sirren oder Zirpen von Artgenossen empfangen und zuordnen. Bei ihnen finden wir bereits das Phänomen, dass es nicht nur die Frequenzen der Töne sind, die wahrgenommen und mit angeborenen Verhaltensmustern beantwortet werden, sondern dass sie spezifische, eigentümliche Sequenzen von akustischen Signalen, prägnante Motive, erfunden haben und sich damit kenntlich machen. Vielleicht versuchen sie, sich bei hohem Lärmpegel und gegenüber der Konkurrenz verwandter Arten abzuheben und durchzusetzen. Neben Tonhöhe, Klangfarbe und Lautstärke bietet die Wiederholung kurzer Motive einen neuen akustischen «Raum» – eine zusätzliche Dimension, in der viele Nischen mit Vorteil für das eigene Überleben besetzt werden können. Es ist wohl kein Zufall, dass es uns in einer fremden Umgebung, beispielsweise im Tropenwald bei Nacht, auch bei hohem Geräuschpegel leicht fällt, die Rhythmen von Insekten und Fröschen und Affen zu unterscheiden, die Rhythmen einzelner Insekten zu differenzieren, zuzuordnen und in der nächsten Nacht wieder zu erkennen. Der Vorteil der Entwicklung eines solchen Sinns liegt dabei vielleicht nicht nur darin, Nahrung zu finden, Feinden zu entkommen oder sich fortzupflanzen. Der Vorteil liegt auch auf einem höheren Grad der Abstraktion: Rhythmus ist eine Folge von Ereignissen, denen eine Bedeutung unterstellt werden kann. Mit Rhythmen lassen sich *Signale* zusammenstellen.

In der Evolution waren es die Fische, die als Erste ein differenziertes Hören entwickelt haben. Am Anfang dieser Entwicklung standen druckempfindliche Zellen auf der Körperoberfläche, mit denen Strömungen und Wellen erkannt wurden. Daraus bildete sich ein Gleichgewichtsorgan, das den Fischen half, Wasserbewegungen mit Seheindrücken und der eigenen Bewegung zu koordinieren. Zum Beispiel um vor einem Feind zu fliehen. Das Gleichgewichtsorgan beherbergte kleine Kriställchen, die eingebettet in ein Gel auf feinen Härchen auflagen und je nach

Lage und Bewegung des Körpers verschieden stark auf die Härchen drückten. Der Druck wurde dann von Nervenzellen registriert. Es wird vermutet, dass diese Kriställchen nicht nur auf Bewegungen reagierten, sondern auch auf Schallwellen, die stark genug waren, den Fischkörper zu durchdringen. Irgendwann wurden dann diese Schwingungen des Schalls als eigenständige Information interpretiert, zum Beispiel um mit ihrer Hilfe auch ohne Blickkontakt Feinde und Geschlechtspartner zu unterscheiden.

Letztlich soll sich aus diesem schallempfindlichen Gleichgewichtsorgan der Gehörsinn entwickelt haben, den Fische auch heute noch haben. Denn Fische haben Verwendung für das Gehör: Sie selbst erzeugen Schall. Wir hören die Töne und Geräusche, die Fische an ihre Umgebung abgeben, zwar nicht direkt, aber sie lassen sich mit einem Unterwassermikrophon aufzeichnen. Viele Arten können knirschen, pochen oder klopfen. Und sie tun es nicht nur aus reinem Selbstzweck. Kombinationen von Geräuschen helfen ihnen, zu kommunizieren. Sie sind, zum Beispiel bei der Besamung, eindringlich wiederholte Signale der Männchen an die Weibchen. Daher sind Fische darauf angewiesen, den Unterwasserschall rhythmisch zu analysieren.

Allerdings war noch eine langwierige und vielschichtige Differenzierung des Gehörs nötig, um schließlich die am weitesten fortgeschrittene Kommunikationsform zu entwickeln. Die Wiederkehr, Verschachtelung und Manipulation von Lauten in der menschlichen Sprache ist so raffiniert, dass wir sie normalerweise gar nicht ausdrücklich als vorwiegend rhythmische Angelegenheit empfinden. Sprache, mit ihrem koordinierten Ausstoß von Vokalen, deren Klänge durch Konsonanten und durch Pausen getrennt sind, ist zweifellos der vorläufige Höhepunkt kommunikativer rhythmischer Komplexität. Sprache kombiniert die Erzeugung von Schall in Kehle und Kopf und die Aktivität im Gehirn des Menschen zu einem einzigartigen Kreislauf von Rhythmen im Dienste der Verständigung; eine Verbindung, die erst möglich wurde durch die Übertragung von Schall auf vibrierende Membranen und schließlich auf feuernde Nervenzellen: durch das menschliche Gehör.

Eine hörende Wissenschaft

Die Naturwissenschaft hat in vielen Gebieten «vom Auge» profitiert. Damit meine ich, dass sie die Resultate von Messungen nicht nur in Form von Zahlen abspeichert, sondern sie visualisiert, sichtbar macht, und es dem Gehirn ermöglicht, alle Fähigkeiten daran zu erproben, die es durch den Sehsinn im Laufe der Evolution entwickelt hat. Ein Paradebeispiel dafür ist die Aufklärung der Struktur des Moleküls, das die Erbinformation trägt. Die Struktur der DNS wurde mit dem Auge entdeckt.

James Watson und Francis Crick lagen von den DNS-Molekülen neben vielen Einzelinformationen auch Bilder vor. Allerdings waren es keine Photographien im üblichen Sinn, sondern die Beugungsmuster von Röntgenstrahlen. In diesen Mustern waren keine Atome zu sehen, sondern *Symmetrien*, regelmäßige räumliche Beziehungen. Watson und Crick lösten das geometrische Rätsel der dreidimensionalen Struktur, indem sie die Atome mit einem Molekülbaukasten auf verschiedene Weise zusammensetzten und versuchten, den Ursprung der Symmetrien auf den Bildern mit ihren Drahtgestellen zu rekonstruieren. Die Lösung – eine «Wendeltreppe» mit zwei «Geländern» – war die Synthese vieler Details zu einem stimmigen dreidimensionalen Objekt, ein Produkt der visuellen, räumlichen Vorstellungskraft.

Kann die Wissenschaft in ähnlicher Weise auch «vom Ohr» profitieren? Vielleicht wird die Antwort in einem Experiment mit der Vorstellung plausibel. Da sei ein einheitlich schwarz gefärbter Fleck. Er steht stellvertretend für ein Stück Gewebe oder für ein Organ, und dieser Fleck beginnt periodisch zu blinken (zum Beispiel wegen der Fluoreszenz eines Farbstoffs). Das Auge hat keine Mühe, dies zu erkennen. Man könnte das Blinken auch vertonen, aber ein zusätzlicher Gewinn ist davon nicht zu erwarten. Wenn der Fleck nun chaotisch blinkt (wie die Leberzelle mit ATP im vorhergehenden Kapitel), wird es ein wenig schwieriger. Das Auge sieht das Blinken und registriert auch, dass der Fleck manchmal heller, dann wieder weniger hell aufleuchtet. Manchmal bleibt er hell, flackert aber dabei. Sobald die regelmäßige Wiederholung fehlt, tut sich das Auge schwerer. Es fällt nicht leicht, relative Helligkeitsunterschiede und deren zeitliche Abstände gleichzeitig zu erkennen. Dagegen hat das Ohr wenig Mühe, wenn es die Vertonung hört, das chaotische Signal trotz seiner Unregelmäßigkeit zu strukturieren, sich seine Charakteristika zu merken und es später wieder zu erkennen. Vermutlich werden die meisten Menschen in der Vertonung sofort den Unterschied eines chaotischen Rhythmus von einer zufälligen Geräuschfolge entdecken. Aber es ist wahrscheinlich, dass dies mit etwas Übung auch durch Betrachtung des blinkenden Flecks gelingt.

Jetzt nehmen wir an, auf dem Fleck seien vier verschieden große kleine Flecke, und jeder dieser kleinen Flecke würde irregulär blinken. Es wird kompliziert! Sobald die kleinen Flecke nicht mehr synchron blinken, beginnt für das Auge ein Durcheinander. Es ist auch für das Ohr keine einfache Aufgabe, vier irreguläre Rhythmen gleichzeitig zu hören. Aber es gibt einen Unterschied, das Ohr hat es bei der Suche nach Zusammenhängen und Beziehungen in gleichzeitig gehörten, nicht synchronisierten Rhythmen leichter. Besonders unterstützt wird dies, wenn jede Stimme eine eigene Klangfarbe hat (eine Information, die der Lage der blinkenden Teile auf dem Fleck entspricht). Das Ohr kann zwischen dem Gesamteindruck, der Kombination aller Rhythmen und den einzelnen «Stimmen» problemlos umschalten. Dies wird ausgenützt, um zum Beispiel ein Streichquartett mit vier verwobenen Stimmen zu genießen. Es merkt sich komplexe zeitliche Motive zudem besser als das Auge und kann ihren erwarteten Fortgang in die Zukunft detaillierter voraussagen. Damit entdeckt es Abweichungen und Veränderungen des rhythmischen Charakters schneller. Auch ein wenig geschultes Ohr ist dadurch in der Lage, in einer gehörten Musik «Fehler» sofort zu bemerken. Den gleichen Fehler in den gedruckten Notenköpfen einer Partitur mit dem Auge zu finden, ist ohne akustische Erfahrung praktisch unmöglich.

CD-Ton 14: Vier gleichzeitig erklingende irreguläre Rhythmen mit gleicher Klangfarbe (Xylophon). Gelegentliche Synchronisation.

CD-Ton 15: Vier gleichzeitig erklingende irreguläre Rhythmen, denen vier verschiedene Klangfarben zugeordnet sind.

Irreguläre, verflochtene Rhythmen sind Phänomene, die der Vorstellungskraft des Gehörs besser entsprechen als dem Sehsinn. Da, wo sie auftreten, könnte deshalb auch die Wissenschaft von der akustischen Wahrnehmung profitieren. Dabei wären drei mögliche Anwendungen von Interesse:

- Die Herzarrhythmien, die durch mehrere konkurrierende Schrittmacher (zum Beispiel auf den Kammern) verursacht werden. Da man die einzelnen Schrittmacher vom Elektrokardiogramm nicht automatisch mitgeteilt bekommt, müsste man sie durch mehrfaches Hören und gleichzeitiges Experimentieren mit synthetisch erzeugten Rhythmen (aus dem musikalischen «Modellbaukasten») vergleichen.
- Die pulsierenden Hormone, die in Ketten oder Feedbackschleifen verbunden sind. Ein Beispiel ist die Dynamik des Wachstumshormons mit seinen beiden Kontrollhormonen und dem insulinähnlichen Hormon, das es stimuliert. (Da im fließenden Blut die Hormone vermischt sind, entspräche das visuell einem homogenen Fleck, der gleichzeitig in vier verschiedenen Farben blinkt!)
- Die Aktivität von Nerven oder Verbänden von Nerven im Gehirn. In diesem Fall dürften vier Stimmen bei weitem nicht ausreichen. Aber es wäre ein Einstieg in ihre zeitliche Organisation. Gelingt es dem Ohr (wie bei der kollektiven Improvisation der Hormone), zusammengehörige Rhythmen von zufällig gleichzeitig zu hörenden Ereignissen auszusondern? Immerhin sollte man erwarten, dass das Ergebnis musikalisch vielfältiger ist als ein heftiger Gewitterregen. (Eine treffendere musikalische Analogie zum Geschehen im Gehirn bespreche ich im Kapitel «Improvisationen».)

Jede Messung lässt sich vertonen, genauso wie man sie visualisieren kann. Vielleicht profitiert die Wissenschaft davon genauso, wie sie bei der Entdeckung der DNS-Struktur von der Visualisierung profitiert hat. Vielleicht macht sie dadurch einen ähnlichen qualitativen Sprung wie die Geschichte des Kinofilms beim Übergang vom Stummfilm zum Tonfilm. Sie kann es aber nur, wenn sie sich der wahren Stärken des Ohrs und der akustischen Phantasie bedient. Der Umgang mit irregulärem Rhythmus scheint eine solche Stärke zu sein.

Da der lebende Organismus in jeder Zelle, in vielen Organen und insbesondere bei der Aktivität seines Gehirns rhythmisch organisiert ist, wäre die Erweiterung durch Vertonungen nicht nur ein unterhaltsamer Zeitvertreib, sondern ein Versuch, sich diese bislang stummen Strukturen mit dem Ohr zu erschließen, so wie man sich die unsichtbare Welt der Moleküle mit dem Auge erschlossen hat.

Bewegung

Bewegung im Choral

«Stell dir vor, irgendjemand – Sänger oder Instrumentalist – würde die schönste Melodie erklingen lassen, ohne dabei auf den Rhythmus zu achten: Gibt es jemanden, der so eine Musik akzeptieren würde?»

Offenbar erwartete Dionysius Halicarnassus, der dies während der Regierungszeit von Kaiser Augustus niederschrieb, darauf gar keine direkte Antwort. Seine rhetorische Frage sucht nicht nach einer Person mit einer absonderlichen Auffassung von Musik, sondern versucht zwischen sich und dem Leser klarzustellen: Musik ohne Rhythmus kann es nicht geben. Und doch entstand einige Jahrhunderte später eine Musik, die heute für manche geradezu ein Synonym für eine Musik ohne Rhythmus ist. Im sechsten Jahrhundert nach Christus sammelte Papst Gregor VI. Melodien und Texte, die ihm der erstarkten christlichen Religion angemessen schienen, und fasste sie zu einem (damals) neuen Kanon der Kirchenmusik zusammen. Diese Sammlung der (später so benannten) gregorianischen Choräle begründete die abendländische christliche Kirchenmusik. Überliefert sind uns die gregorianischen Choräle als lange Sequenzen von Notenköpfen ohne Taktstriche und überwiegend ohne Angaben zu Metrum oder Rhythmus.

Ein gregorianischer Choral wird in der Regel von mehreren Personen gleichzeitig und einstimmig gesungen, längere und kürzere Wortsilben sind unregelmäßig vermischt in einer ansteigenden und abfallenden Linie, die nicht ruht, bis sie schließlich nach vielen Bögen, Wellen und Verzierungen wieder im Grundton der angeschlagenen Tonart endet. Dieser Aufbau begründete einst eine der einflussreichsten Musiken der menschlichen Zivilisation. Verwundert notiert der Musikjournalist Pascal Jourdain: «Unsere 800 Jahre alte Musiktradition entwickelte sich aus den monotonen Kirchengesängen, die außer der Silbenmetrik der Sprache wenig Rhythmus aufwies.» Und der Musikwissenschaftler Ernst Kurth resümiert, der gregorianische Choral sei der *Inbegriff* des irrationalen und rhythmuslosen Strömens.

Trotz musikalischer Wurzeln, die wahrscheinlich viele Jahrhunderte zurückreichten, trotz der antiken Rhythmustheorie des Aristoxenus und trotz der rhetorischen Beschwörung des Dionysius Halicarnassus: War die zentrale Wurzel unserer vielstimmigen Musikkultur wirklich monoton und ohne Rhythmus? Wir haben uns daran gewöhnt, Vorgaben für den Rhythmus eines Musikstücks zu bekommen, in Form eines Takts mit festen Zählzeiten – den «Viertelnoten» –, in der Zahl der Metronomschläge pro Minute (für das Tempo) und mit Symbolen für die Akzentuierung. Dies ist sicher optimal für eine ausgearbeitete Komposition, oder wenn ein Komponist eine ungewöhnliche Vorstellung verwirklichen will, die sich aus den Melodien und Harmonien nicht von selbst versteht. Die alltäglichste Quelle wird dabei allerdings leicht übersehen. Rhythmus hat beim Menschen die Tendenz, von selbst zu entstehen und auf die eine oder andere Weise einfach da zu sein, in der Wiederholung von Bewegungen beispielsweise. Er steckt beim Laufen in den Beinen und in den Armen. Er zeigt sich am Wippen einer Fußspitze beim Sitzen, am Drehen oder Nicken des Kopfes und am Zwinkern der Augenlider. Er ist beim Kratzen auf der Haut auf die Krümmungen eines einzigen Fingers beschränkt und durchzieht den Körper beim Schwimmen der Länge nach.

Für die Muskulatur des menschlichen Körpers ist rhythmische Wiederholung das übergreifende und allgegenwärtige (wenn auch oft nicht bewusste) Organisationsprinzip. Das gilt ebenso für den Einsatz der Muskulatur beim Sprechen, für den Wechsel betonter und unbetonter Noten beim Singen und für das Spielen eines Instruments. Es bedeutet nicht, dass der unbewusst benutzte Rhythmus auch passend ist oder den musikalischen Ausdruck optimiert. Es besagt, dass immer ein Rhythmus versucht wird, sobald Muskelbewegung zum Vortrag von Musik oder Sprache verlangt ist. Der Rhythmus der Körperbewegungen unterscheidet sich von notierten Takten (mit ihrer Vorgabe von Tempo und Zählzeiten). Er bleibt nicht konstant. Wenn man ihm die Gelegenheit gibt, ohne störende Einflüsse frei zu laufen, variiert er und fluktuiert. Er kann sich aus einer Form allmählich in eine neue umwandeln und ohne erkennbaren Grund abrupt umschlagen. Auch neigt er dazu, sich fremden Rhythmen anzupassen, die gleichzeitig zu hören, zu sehen oder zu spüren sind. Auf diese Weise entstehen schunkelnde Menschentrauben im Karneval und so weicht der homogene Schlussapplaus nach einem Konzert dem rhythmischen Klatschen nach einer «Zu-ga-be».

Diese Eigenschaften lassen sich produktiv nutzen. In einer Gruppe von Sängern werden die individuellen Rhythmen durch akzentuiertes Summen beeinflusst und einander angepasst. Dadurch, dass jedes Mitglied zugleich auf sich selbst und auf die anderen achtet, findet die Gruppe in einen gemeinsamen Rhythmus, der sich auch ohne einen Dirigenten am Laufen hält. Je nach Charakter und Stimmung der Gruppe ist dieser verbindende Rhythmus beweglich oder starr. Er kann sich durch bissige Akzente beschleunigen oder durch einen unscharfen Ansatz verschleppen – und bei nachlassender Motivation auch spontan wieder zerfallen.

Ein Motiv, den einmal gefundenen gemeinsamen Rhythmus nicht zerfallen zu lassen, ist das Singen einer Melodie. Eine Melodie ist ein Satz von Tönen, die sich in einer festgelegten zeitlichen Reihenfolge entfalten. Kinderlieder oder mündlich überlieferte Volksmusik kommen ohne Angaben zu Zählzeiten, Tempo und Akzentuierungen aus. Der Rhythmus wird durch das gemeinsame Singen vermittelt. Auch die gregorianischen Choräle wurden wahrscheinlich von spontanen oder tradierten Gruppenrhythmen getragen. Zwar waren die antiken Theorien des Rhythmus im Mittelalter bekannt, doch fehlte die Vorstellung, dass ein Rhythmus schriftlich vorgegeben sein müsse. Ein vorab festgelegtes Metrum als Stütze des Rhythmus entstand erst mit der Entwicklung von mehrstimmigen Kompositionen. In den mehrstimmigen Kompositionen ist es ein Hilfsmittel für eine Melodieführung, bei der die einzelnen Stimmen in Tonhöhe und Tondauer auseinander laufen und die deshalb ihre rhythmische Kopplung nicht mit jeder Silbe neu abgleichen können. Im einstimmigen gregorianischen Choral ist solch ein Hilfsmittel überflüssig. Die Sänger müssen nur den Lauf ihrer Melodie erinnern, der Rhythmus kommt beim Singen von allein.

Aus diesem Grunde dürfen wir dem mittelalterlichen Gesang wohl auch wesentlich mehr Freiheit zugestehen, als das heute praktizierte präzise Vom-Blatt-Singen erahnen lässt. Die musikalische Erfahrung der meisten Mönche war Volksmusik, war Tanzmusik. Das schließt getragene Balladen ebenso ein wie ungehemmte Trinklieder, in jedem Fall aber Musik, die ein Rhythmusgefühl fördert, das unmittelbar aus der Bewegung des Körpers kommt. Unter diesem Blickwinkel fällt es sogar schwer, sich die singenden Mönche steif und hölzern vorzustellen. Jeder starke Gruppenrhythmus stimuliert. Der gregorianische Choral war vielleicht nicht das Medium wirbelnder Derwische, um in Ekstase zu geraten, aber er war auch nie eine Melodie ohne Rhythmus. Man muss sich im Gegenteil eine innig körperlich akzentuierte Musik vorstellen, deren Rhythmus durch aufeinander abgestimmte Bewegungen der Mönche mit jedem Singen neu entstand.

Die Wirkung der Bewegung ist ihre Ursache

Die Bewegungen der Skelettmuskulatur sind nicht autonom. Werden alle Verbindungen mit den Nerven durchtrennt, dann bleibt ein Skelettmuskel entspannt, er kontrahiert nicht. Ohne nervöse Stimulation bewegen sich Arme und Beine, Kopf und Rumpf, Kiefer und Augenbrauen nicht. Erst eine künstliche elektrische Reizung durch einen kurzen Stromstoß löst in einem isolierten Muskel ein Zucken aus. Im intakten Organismus kommt die Reizung von den Nervenzellen aus dem Rückenmark und letztlich aus dem Gehirn. Dies ist für den Organismus sinnvoll, denn Skelettmuskeln haben im Gegensatz zum Herzen oder dem Darm keine Daueraufgabe als Pumpen. Sie sollen nicht von sich aus zittern oder verkrampfen, sondern koordinierte Bewegungen ausführen. Das Gehirn kombiniert Wahrnehmungen, prüft das aktuelle Befinden des Körpers, entscheidet sich für eine Bewegung und schickt seine Befehle über das Rückenmark an die Muskulatur. Schließlich kontrahieren sich die ausgewählten Muskeln in der gewünschten Weise. Bewegung gehorcht nach diesem Modell offenbar «Befehlen von oben». Der Herzschlag und die Magen-Darm-Kontraktionen dagegen sind autonom in dem Sinn, dass sie ihre rhythmische Arbeit auch dann fortsetzen, wenn ihre Verbindungen zu anderen Organen und insbesondere zum Gehirn gekappt sind. Beide besitzen ihren eigenen Schrittmacher. Durch die angeschlossenen Nervenzellen wird ihre autonome Tätigkeit lediglich moduliert, beschleunigt oder verlangsamt und so den übrigen Organen und ihrem Stoffwechsel angepasst. Die Zellen des Sinusknotens im Herzen besitzen ihre Autonomie, weil der Herzschlag bei aller Variation und Anpassung ein Leben lang mit einer bestimmten Grundfrequenz weiterlaufen muss. Für die Skelettmuskeln fehlt eine solche Grundfrequenz. Es kann überlebenswichtig sein, dass sich ein Organismus längere Zeit *nicht* bewegt. Die Notwendigkeit des Herzschlags ist von vornherein festgelegt, die Notwendigkeit und der Zeitpunkt von Muskelbewegung unvorhersehbar.

Es sieht so aus, als seien ein Skelettmuskel und das Gehirn zwei experimentell voneinander trennbare Einheiten, die für sich gesondert untersucht werden können. Da das Gehirn von sich aus aktiv ist, ein isolierter Muskel aber nicht, kann eine Bewegung als das Ergebnis einer einfachen Ursache-Wirkungs-Kette interpretiert werden. Das Gehirn ist die Steuerzentrale, die Ursache; ein Muskel ist Befehlsempfänger und ausführendes Organ. Seine Bewegung ist die Wirkung.

Die Beziehung zwischen Ursache und Wirkung ist in der Vergangenheit gründlich untersucht worden. Das Gehirn schickt seine Befehle auch dann, wenn der Muskel abgetrennt ist (dies lässt sich an frei liegenden Nerven messen), und Muskeln reagieren auf komplizierte elektrische Reizungen mit vorhersagbaren Bewegungsmustern. In Pilotprojekten versucht man heute sogar, Prothesen, die eine «gewollte» Bewegung real und korrekt ausführen, als Ersatz für amputierte Arme zu bauen. Jemand, der seinen Arm verloren hat, müsste sich dann nur eine Bewegung vorstellen. Sensoren würden die Nervensignale messen und damit die Bewegung der Prothese ansteuern. In Tierversuchen wurden bereits Programme entwickelt, welche die gewollte Bewegung allein aus den Nervenimpulsen, die vom Gehirn zu den Muskeln geschickt werden, richtig interpretieren können. Die passive Muskelmaschinerie befolgt die Aufträge. Der Bewegungsapparat ist damit in erster Näherung als Summe der beiden separierbaren Teile «autonomer Denker und Befehlsgeber Gehirn» und «ausführendes Organ Skelettmuskel» beschrieben.

Das Modell ist aber, so wie ich es eben dargestellt habe, noch nicht vollständig. Das Gehirn fällt seine Entscheidungen darüber, ob es eine Bewegung anordnet, nicht aus heiterem Himmel, sondern aufgrund von Informationen, die ihm pausenlos zufließen. Das sind Informationen «von außen», Sinneswahrnehmungen der Umwelt, aber auch Informationen «von innen», aus dem Körper. Da ein Körper keine festgelegte Standardruheposition aller seiner Teile besitzt, in die er spontan immer wieder zurückkehrt, muss das Gehirn bei seiner Entscheidung zum Beispiel die Positionen der Gliedmassen, den Spannungs- oder Entspannungszustand jedes Muskels und alle momentanen Bewegungen des Skeletts mit berücksichtigen. Dafür sind alle Muskeln durch eine eigene Klasse von Sinnesnerven mit dem Gehirn verbunden. Diese Nerven entspringen in den so genannten Muskelspindeln und arbeiten als Sensoren, die dem Gehirn die notwendigen Informationen mitteilen.

Einer einfachen Ursache-Wirkungs-Beziehung gehorcht auch die Verbindung zwischen Muskeln und Gehirn. Jede Muskelposition und jede Veränderung des Kontraktionszustands schickt eine Sequenz von elektrischen Impulsen über die Nerven ans Gehirn. Dort kann die tatsächlich ausgeführte Bewegung aus den Signalen dieser Sensoren im Nachhinein erschlossen werden. Mit Rücksicht auf die zuerst genannte Verbindung von Gehirn und Muskulatur über die befehlsübertragenden Nerven muss nunmehr allerdings von einer Rückverbindung, einer Rückkopplung gesprochen werden. Die Information fließt dahin zurück, wo ihre Ursache liegt. Damit schließt sich eine Sequenz von zwei Ursache-Wirkungs-Beziehungen zu einem Kreis. Dieses erweiterte Modell beschreibt das Bewegungssystem zwar besser, doch ist die Trennung der Teilsysteme «Gehirn» und «Muskulatur» jetzt nicht mehr unproblematisch.

Das Problem an der Sache kennen wir bereits von den vielfach regulierten und rückgekoppelten Hormonsystemen. Ein System aus zwei oder mehr Komponenten kann gerade wegen der Rückkopplungen instabil werden und zu oszillieren beginnen. Die Folge einer solchen Instabilität ist im einfachsten Fall eine periodische Oszillation, die sich selbst erhält. Sie braucht nicht ständig angestoßen werden, sondern schwingt von sich aus weiter. Doch genau in diesem Fall laufen Ursachen und Wirkungen im Kreis, und jede Bevorzugung einer einzelnen Komponente als «wahrer» Ursache ist willkürlich und nicht gerechtfertigt. Auf die Bewegung übertragen, spräche also nichts dagegen, die Nerven, die aus dem Gehirn zur Muskulatur laufen, als Sensoren zu verstehen, mit denen der aktuelle Zustand des Gehirns überprüft wird, und die Nerven, die von den Muskeln zum Gehirn führen, als Überträger für Befehle der Muskelzentrale an untergebene Gehirnregionen zu betrachten.

Klingt das unplausibel? Vielleicht wird es so einfacher: Man denke sich alle Muskeln zu einem einzigen großen Verband in einer Schale zusammengefasst und dafür die Regionen des Gehirns, die an den Muskeln hängen, in ein Dutzend räumlich voneinander getrennter Häufchen aufgeteilt (die durch dünne Fasern verbunden sind). Außerdem soll auf jedem Häufchen ein Glühbirnchen sitzen, das immer dann aufleuchtet, wenn die Erregung seiner Nerven ein bestimmtes Mindestmaß überschreitet. Nur die räumliche Anordnung der Komponenten sei verändert, ihre Arbeit bleibe die gleiche. Wie sieht es aus? Ein unübersichtlich zuckender Muskelhaufen im Zentrum und an der Peripherie ein Dutzend Satellitenorgane, die durch gelegentliches Blinken signalisieren, dass sie erregt worden sind. Die Muskelzentrale gibt ihre Befehle, die Nerven blinken und erstatten Bericht. Und wenn man schließlich noch, statt ein Glühbirnchen blinken zu lassen, durch die Erregung der Nervenhäufchen eine Armprothese ansteuern würde? Die Zuordnungen der Rollen sind austauschbar.

Wenn Ursache und Wirkung gleichgesetzt werden, dann ist es sinnvoll, dass auch die beobachteten Aktivitäten in gewisser Weise gleichwertig sind. Zu behaupten, ein ruhender Muskel «steuere» das Feuern der Nerven im Gehirn oder feuernde Nerven «folgten» dem ruhenden Muskel, widerspricht dem Sprachgefühl und der alltäglichen Vorstellung von aktiver Ursache und passiver Wirkung.

Es sind die wiederholten Bewegungen. Wenn sie sich wiederholen – sei es beim lässigen Däumchendrehen oder beim exzessiven Tanzen –, werden Bewegungen zugleich auch Ursache einer wiederholten Stimulation des Gehirns und nehmen Einfluss auf dessen Aktivität. Vielleicht ist eine vorsichtige, aber korrekte Formulierung dieses Gedankens: Rhythmische Bewegungen bestimmen die Entscheidungen des Gehirns zur nächsten Bewegung mit.

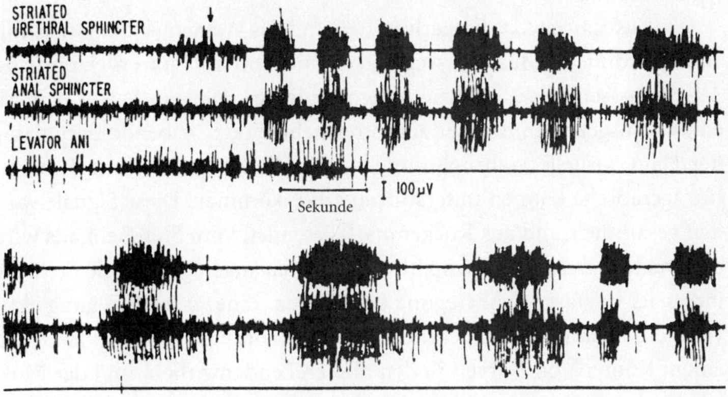

Abbildung 14: Aktivität dreier Muskeln im Beckenbereich eines Mannes vor und während der Ejakulation. Untere Reihe: Fortsetzung.

Diese Abbildung aus dem Jahr 1970 fand ich in einem Lehrbuch der nichtlinearen Dynamik, in dem das diskutierte Phänomen mit einem Augenzwinkern unter dem Stichwort «harte Erregung» erwähnt wird. In der nichtlinearen Dynamik versteht man unter «harter Erregung» eine Oszillation, die plötzlich und ohne äußere Stimulation auftritt. Diese Definition scheint der biologischen Situation aber nicht ganz angemessen, denn die bei dieser Messung registrierten Kontraktionen treten erst nach intensiver rhythmischer Vorarbeit auf.

Gemessen wurden die Potenziale von drei verschiedenen Muskeln im unteren Beckenbereich eines Mannes während eines von ihm selbst herbeigeführten Orgasmus. Der schüchterne kleine Pfeil in der Abbildung deutet den Moment an, da der (freiwillige) Proband den Beginn des Höhepunktes signalisiert. Nachfolgend beginnt eine auffällige rhythmische Aktivität bei zwei Muskeln, während sich der dritte völlig entspannt und offenbar am Akt nicht beteiligt ist. Zu sehen sind sechs kürzere Erregungsschübe, die so genannten Emissionen, denen vier starke Ejakulationen folgen. Danach flaut die Aktivität wieder ab. Der Vorgang hat eine gewisse Verwandtschaft mit den durch gesteigerte Spannung des Uterus eingeleiteten Kontraktionen von Beckenmuskeln der Frau bei der Geburt eines Kindes.

Wie das Saugen, das Fingerlutschen und das Weinen ist der Orgasmus eine koordinierte Muskelbewegung, die nicht erlernt zu werden braucht. Allerdings setzen die Kontraktionen weder spontan noch auf Wunsch ein. Vorausgehen muss aber eine streichelnde oder reibende Berührung der Haut, visuelle Wahrnehmungen, sexuelle Phantasien und Respirationsgeräusche können unterstützend dazukommen. Diese Signale werden gesammelt und ans Rückenmark gesendet. Vom Steißbein aus wird die Erektion durch parasympathische Nerven angeregt, und die Erektion ihrerseits verstärkt die Erregung der Nerven. Eine starke Erregung aktiviert eine stammesgeschichtlich alte Rückkopplungsschleife zwischen einem Knoten von Nerven in den oberen Lendenwirbeln und der Muskulatur im unteren Beckenbereich. In höchster Erregung und mit heftig sich wiederholenden Bewegungen verselbständigt sich der Rhythmus dieser Schleife. Der Nervenknoten feuert nun von sich aus, während gleichzeitig die beiden Muskeln an der Basis des Penis synchron zucken, um schließlich in starken, willentlich nicht mehr zu verhindernden Ejakulationen das Sperma auszustoßen. (Wiederum sind während der aktiven Phase der Muskel-Rückenmark-Erregung beide Teile der Rückkopplungsschleife Ursache und Wirkung zugleich. Wenn in dem Film «Body Heat» vom Protagonisten der Geschichte behauptet wird, sein Gehirn sei ausschließlich vom anderen, nichtneuronalen Teil der Schleife gesteuert, dann ist das nach unserem Modell unzulässig einseitig.)

Die Wahl des Willens

Ein wichtiger Einwand an dieser Stelle ist die mögliche Existenz eines freien Willens. Das Gehirn scheint sich doch bewusst für Bewegungen zu entscheiden und sie gemäß seinen Vorstellungen auszuführen. Dies entspricht dem anfangs skizzierten Modell, in dem das Steuerzentrum der Bewegungen zwar auf den aktuellen Zustand der Muskulatur Rücksicht nimmt, aber in seinen Entscheidungen einseitig von den Vorstellungen des Willens abhängt; als sei der Körper der Knecht des Willens. Ist es der Wille, der frei entscheidet, welche Hand (und wann) mit dem Akt der Masturbation beginnt? Das Problem besteht darin, dass es keine empirisch begründete Theorie des Willens gibt. Weder die Existenz noch die Eigenschaften eines spekulativ behaupteten unabhängigen Willens lassen sich experimentell prüfen. Dagegen liegt aber ein bemerkenswerter neurophysiologischer Befund vor, der in eine andere Richtung deutet.

In einem Experiment lernen Versuchspersonen, die linke oder die rechte Hälfte ihres Gehirns absichtlich zu erregen oder zu beruhigen. Der Versuchsleiter misst die Erregung anhand der «langsamen Potenziale». Nach einem erfolgreichen Training wird der Versuch erweitert. Zunächst sollen die Probanden eine bestimmte Hälfte ihres Gehirns bewusst erregen und danach die rechte oder die linke Hand *frei auswählen* und sichtbar bewegen. Der Versuch wird vielfach wiederholt. Nach Ende des Programms gaben alle Teilnehmer an, sie hätten sich bei ihrer Entscheidung frei und unbeeinflusst gefühlt. Dabei hatten sie in Wirklichkeit fast immer die Hand gewählt, die der (vor-)erregten Gehirnhälfte entsprach. Während sie zu überlegen und zu wählen glaubten, war die Entscheidung durch die Vorerregung bereits gefallen. Aber die Illusion, dass die Entscheidung frei war, blieb davon unberührt.

Das Ergebnis unterstützt die These, dass das, was wir introspektiv als freien Willen erleben, nicht unabhängig ist von neuronaler Aktivität. Dass uns eine Entscheidung frei vorkommt, bedeutet nicht, dass sie «ohne Ursache» ist. Wenn es aber stimmt, dass einer Willensentscheidung eine spezifische neuronale Aktivität vorausgeht, dann können wir zumindest nicht ausschließen, dass außer dem Gehirn auch der aktuelle Zustand des gesamten Körpers und seine Bewegungen auf den Willen Einfluss nehmen und seine Inhalte und Entscheidungen mitbestimmen.

Bewegung im Mutterleib

Die meisten rhythmischen Bewegungen des erwachsenen Menschen sind erlernt. Und das Lernen neuer rhythmischer Bewegungen setzt voraus, dass die Qualität Rhythmus bereits bekannt ist. Im Erbgut der befruchteten Eizelle stehen aber weder Anweisungen für eine Bewegung noch für ihre Wiederholung. Im Erbgut sind ausschließlich Baupläne für Eiweiße verschlüsselt. Wo also beginnt der Rhythmus?

Auch wenn im Erbgut keine Anweisungen für sich wiederholende Bewegungen enthalten sind, beginnt das Leben eines Menschen nicht mit einer rhythmischen *Tabula rasa.* Mit *Tabula rasa* bezeichnete man in der Philosophie (vor Kant) die Vorstellung eines bei Geburt «leeren» Menschen, der mit seinen Erfahrungen beim Punkt null anfangen muss. Ohne Vorwissen und bereits erlernte Fähigkeiten sollte sich die Leere ab dem Beginn des Lebens durch Erfahrung füllen. Allein seine Erfahrung sollte einen Menschen zu dem machen, was er ist.

Gegen dieses Modell sprechen die Ultraschallstudien an menschlichen Föten von Heinz Prechtl und seinen Kollegen. Sie beobachteten, dass die Bewegungen des Fötus etwa ab der achten Woche sowohl autonom als auch zweifelsfrei rhythmisch strukturiert sind. Die Bewegungsmuster sind bei allen gesunden Föten erstaunlich ähnlich. Sie strecken und beugen Hände und Füße, drehen den Kopf hin und her, führen die Hände zum Mund, öffnen und schließen den Mund und schlucken. Ab etwa der 14. Woche ist das rhythmische Standardrepertoire eines Fötus komplett. Im Widerspruch zur Vorstellung der *Tabula rasa* wurde keine Phase zufälliger, unstrukturierter Bewegungen beobachtet. Der Fötus scheint nicht lernen zu müssen. Er beginnt mit seinen rhythmischen Bewegungen weitgehend unabhängig von konkreter Erfahrung. Dies spricht dafür, dass rhythmische Bewegung selbstorganisiert ist. Sobald die Rückkopplungsschleifen des Körpers (die sich ebenfalls selbstorganisiert gebildet haben) geschlossen sind, fangen sie spontan an zu oszillieren und elementare Bewegungen zu wiederholen. Mit diesem zwar erblich bedingten, aber spontan auftretenden Grundrepertoire kann der Säugling nach der Geburt beginnen, neue Erfahrungen zu machen.

Die Erfahrungen erweitern sein Repertoire. Dadurch wird es persönlich und unverwechselbar und seine Persönlichkeit gleichzeitig unverwechselbar, denn eine ausgeführte Bewegung entscheidet nicht nur über die nächste Bewegung mit. Sie hat auch Einfluss darauf, wie sich die Nerven im Gehirn verschalten und wie sich ihre Aktivität organisiert und entwickelt. Der Körper formt sich sein Gehirn, indem er lernt, sich zu bewegen.

Mit den Muskeln denken?

> «Die psychischen Elemente, die offenbar als Elemente des Denkens dienen, sind bestimmte Signale und mehr oder weniger klare Bilder, die «willkürlich» reproduziert und kombiniert werden können ... Die erwähnten Elemente sind in meinem Fall visueller und manchmal muskulärer Natur.» (Albert Einstein in einem Brief an Jacques Hadamard)

Alle Information aus dem Körper wird in dem somatosensorischen Kortex gesammelt, dem Areal, wo das «Körpergefühl» ins Gehirn eingespeist wird. In einem unmittelbar benachbarten Areal, dem parietalen Kortex, bauen die Signale aus den Muskeln und Gelenken zusammen mit den Signalen der anderen Sinne ein Bild vom Körper und der Welt, in der sich der Körper bewegt, auf. Eine Zerstörung des parietalen Kortex in der rechten Hälfte des Gehirns hat zur Folge, dass nur noch die rechte Körperhälfte wahrgenommen, die linke aber wegen des Defekts schlicht «vergessen» wird. Beispielsweise bemerkte ein Mann mit diesem Defekt beim Blick in den Spiegel nicht, dass seine linke Wange noch unrasiert war, weil er sie nicht mehr als Teil seines Körpers erkannte. Die linke Hälfte des Kopfes war in seinem Gehirn nicht mehr repräsentiert und wurde bei Entscheidungen über Bewegungen daher nicht berücksichtigt.

Dieses Bild vom Körper ist nicht einfach von Anfang an da. Es wird vom Körper selbst, durch seine Wahrnehmungen und seine Bewegungen, erst erzeugt. Die Darstellung einzelner Körperteile in diesen Regionen des Gehirns hängt deswegen explizit mit ihrem Gebrauch und der Schulung ihrer Bewegungen zusammen. Es konnte zum Beispiel gezeigt werden, dass bei ausgebildeten Geigern die linke, rhythmisch außerordentlich subtil geschulte Hand stärker repräsentiert ist als die rechte. Jede einzelne Bewegung bestimmt die Aktivität dieses Areals mit. Es ist möglich, dass die Selbstrepräsentationen eines Boxers und eines Schriftstellers *auch* wegen ihrer abweichenden muskulären Tätigkeit verschieden sind.

Der parietale Kortex ist aber auch der Sitz der analytischen Intelligenz, der Sprache und anderer «höherer» Bewusstseinsleistungen. Angeblich unterschied sich das viel studierte Gehirn Einsteins in den meisten anatomischen Eigenschaften von dem Gehirn eines Durchschnittsmenschen nicht – die einzige Ausnahme: der parietale Kortex. Der Teil, wo nicht nur analytische Gedanken, sondern auch die Körperinformationen einfließen, war bei Einstein auffällig vergrößert.

Die Vermutung liegt nahe, dass Einsteins parietaler Kortex sowohl durch sein intensives physikalisches Denken als auch durch sein Geigenspiel langjährig trainiert und hoch entwickelt war. Zugleich muss man aber berücksichtigen, dass die anatomische Größe eines Areals oder die räumliche Nähe zweier Zentren im Gehirn noch keine unmittelbaren Aussagen darüber zulassen, was neurophysiologisch oder gar kognitiv abläuft. In welchen Proportionen zum Beispiel Einsteins Körper mit seiner im Geigenspiel geschulten linken Hand kortikal abgebildet war, lässt sich nicht rekonstruieren. Bauen komplex strukturierte Bewegungen wie das Geigenspiel eine differenziertere Beziehung auf als ein täglicher Dauerlauf, der dafür den ganzen Körper einbezieht? Es dürfte schwer sein, daraus eine experimentell prüfbare Hypothese abzuleiten.

Nietzsche bemerkt an einer Stelle, man solle keinem Gedanken trauen, der im Sitzen geboren sei, bei dessen Entstehung die Muskeln kein Fest gefeiert hätten. Er glaubte, ein Mangel an Bewegung produziere «verhockte» Gedanken, deren Schwerfälligkeit in verdorbenen Eingeweiden entstehe. Seine These, dass scharfsinniges Denken und geschliffene Formulierungen unter anderem dem Spiel der Muskeln entsprängen, ist vielleicht mehr als eine unterhaltsame Metapher. Nietzsche ist unter den Philosophen derjenige, der am radikalsten behauptet, dass das Bewusstsein und alles Denken seinen Ursprung in der Konstitution und im Stoffwechsel des ganzen Körpers hat. Seine Bemerkung über das Fest der Muskeln zielt vermutlich auf das Laufen: Zarathustras Gedanke der ewigen Wiederkehr wurde beim Wandern in den Bergen um Sils-Maria («6000 Fuß jenseits von Mensch und Zeit») geboren.

Es ist verblüffend, dass Einstein in dem eingangs zitierten Brief an Hadamard bemerkt, dass seine psychischen Elemente beim Denken nicht nur visuell, sondern manchmal auch «muskulär», also ausdrücklich körperlich seien. Ist es darum aber schon legitim zu behaupten, dass körperliche, «muskuläre» Schulung auch auf das logisch-analytische Denken Einfluss nimmt? Gibt es eine Logik der Muskelaktivität, die sich im Denken und im Sprechen niederschlägt, wie Martha Graham das bei den Tänzerkollegen beobachtet haben will? Können Bewegungen das Denken lenken, Gefühle erzeugen?

Schaukeln

Man braucht zum Schaukeln zweierlei. Erstens eine Schaukel. Irgendeine Schaukel. Es kann eine jener rostigen eisernen Konstruktionen sein, wie sie in meiner Kindheit auf den Spielplätzen zu finden waren – oder gibt es noch jenen Baum mit dem starken Ast, an dem zwei Seile aufgehängt sind, die ein Brett zwischen sich tragen? Zweitens braucht es eine Portion Kindlichkeit oder, falls man schon erwachsen ist, sogar Mut, um freiweg zu beginnen. Eine mögliche Nebenwirkung des Schaukelns ist ein leichter, rasch vorübergehender Schwindel, wenn man lange nicht mehr geschaukelt hat. Darüber hinaus ist nichts Negatives bekannt. Es scheint keine «Schaukelpatienten» zu geben, die, so wie «Discopatienten», früh am Morgen in eine Ambulanz kommen, weil sie das krampfartige Zucken ihrer Muskulatur nach einer durchtanzten Nacht nicht mehr unter Kontrolle bringen.

Soweit nichts anderes ausdrücklich dagegen spricht, stößt man sich kräftig nach hinten ab. Weit nach hinten lehnen, wenn man hinten ist, und nach vorne beugen, wenn man vorne umkehrt. So erhöht sich die Auslenkung und das Tempo nimmt zu. Dann hoch ausholen, am höchsten Punkt zu stehen kommen, und lang gestreckt, den Kopf nach hinten fallen lassend in die Bahn hinein, wo nur noch Himmel zu sehen ist, und hoch nach vorn hinaus – und schließlich wieder aufgerichtet mit vollem Schwung zurück. Wieder und wieder, bis nur noch der Luftzug im Gesicht zu spüren ist und das angenehm flaue Gefühl im Magen, fliegend und fallend und fallend und fliegend, die Erinnerung an Trägheit und Schwere vergessend.

Zweifellos ist ein Mindestmaß an Aufmerksamkeit unabdingbar, dafür, dass die Bewegung weich und rund bleibt, dafür, dass versehentliches Tippen auf den Boden nicht bremst, und dafür, dass der Schwung nicht nachlässt. Je seltener die Füße den Boden streifen, je unbewusster korrigiert wird, umso sicherer werden die Bewegungen, umso tiefer durchdringt das Schaukeln auch das Bewusstsein. Die Perspektive schwankt, hier die Querstange, dort die Fußspitzen, und zuletzt, bei geschlossenen Augen, nur noch das ferne Quietschen der Aufhängung. Der Mut zum Schaukeln wird belohnt durch einen «Kick», eine harmlose Form des Rausches, dem sich der Körper gefahrlos überlassen kann. Schaukeln vereint Muskelbewegung, Positionsempfinden und Sinneswahrnehmung zu einem Impuls, der weiter und weiter trägt. Der willentliche oder reflexive Einfluss höherer Bewegungszentren im Großhirn wird in die Schranken gewiesen. Der Abgleich von Bewegung und Wahrnehmung geschieht unbewusst, in evolutionsgeschichtlich alten Regionen des Stammhirns und im Rückenmark. Für das Bewusstsein wird daraus eine Mischung aus «sorgenfrei», «selbstvergessen» und sogar «lustvoll» – Attribute dessen, was gemeinhin schlicht Glück genannt wird.

Rhythmus und Arbeit

Der Komponist Gerhard Kaufmann bittet die Teilnehmer eines Weiterbildungskurses für Kirchenmusiker und Chorleiter, einen Notenständer zu bauen. Das Holz und passende Werkzeuge liegen in der Mitte eines Raumes bereit, eine Anleitung fehlt. Die Teilnehmer, die erhofft hatten, ihre musikalischen Fachkenntnisse zu vertiefen, sind verblüfft. Um sie von dem Bedenken zu erlösen, einen Notenständer zu basteln habe doch nichts mit Musik zu tun, bekommen sie eine kleine musikalische Hilfestellung. Sie sollen ihre Aufgabe in einem bestimmten Rhythmus lösen.

Der Rhythmus lautet: Hummm – Hummm – Hummm … Langsam summen sich alle in den angestimmten Puls ein. Dann wagen sich die Ersten – immer noch summend – an Leisten und Bretter, an Nägel, Hämmer und Sägen.

In Vietnam gibt es eine Tradition der Arbeitslieder, beispielsweise die Lieder der Bauern auf dem Reisfeld oder die Lieder der Arbeiter beim Bau einer Straße. Gemeinsam ist diesen Liedern, dass sie eine Tätigkeit begleiten, bei der einfache Bewegungen vielfach wiederholt werden müssen, wie das Stecken von Keimlingen in den weichen Schlamm oder das Setzen und Richten von Pflastersteinen. Die Lieder dazu müssen einen Rhythmus haben, der zur Arbeit in Tempo und Charakter passt. Sie verbinden damit die Bewegungen mehrerer Menschen. Der Sinn dieser Lieder ist mehr als nur Unterhaltung und Zeitvertreib. Das Bücken und Setzen von Keimlingen in der grellen Sonne, das Hacken der Erde oder das Klopfen von Steinen ist mühsam. Es wird durch die koordinierte Wiederholung der Bewegung nicht nur kurzweiliger. Der Rhythmus der Körper macht die Arbeit *leichter*. Sie lässt sich einfacher ertragen und besser durchhalten. Wer für sich allein arbeitend schon längst aufgehört hätte, wird durch das antreibende Klopfen und Hacken vom Gesang der anderen weitergezogen. Unlust, die zum Abbruch der Arbeit drängt, wird übertönt und übergangen. Das gemeinsame Singen setzt Energie für die Arbeit frei. Der Rhythmus synchronisiert nicht nur Hände oder Arme, er schwingt auch in den Beinen, im Oberkörper und im Unterleib, er schwingt auch im Kopf. Die Gedanken dürfen abschweifen, aber sie lenken das Bewusstsein nicht mehr, es ist über den Rhythmus an die Arbeit gebunden, *ist* die Arbeit. Darum brauchen die singenden Arbeiter keinen Sklaventreiber. Zwar kann auch das Knallen einer Peitsche die Unlust und den inneren Widerstand überwinden, aber der freiwillige rhythmische Impuls des eigenen Körpers und der Mitarbeiter setzt mehr Energie frei als ein Befehl. Die Arbeit des Einzelnen trägt die Arbeit der ganzen Gruppe, die Gruppe trägt den Einzelnen.

Keiner der Teilnehmer des Weiterbildungskurses für Kirchenmusiker und Chorleiter kann präzise mit Worten beschreiben, was eigentlich passiert ist. Als sie knapp eine Stunde zuvor anfingen, ihren Notenständer zu bauen, gab es nur einen sicheren Anhaltspunkt, und das war der gemeinsam gesummte Rhythmus. Sie hatten sich der Aufgabe zunächst sehr unschlüssig genähert, wenig überlegt und nicht geredet. Dann aber, im vorgegebenen Rhythmus, mit dem Ziel eines fertigen Notenständers vor Augen, hatten sie einfach den ersten Griff getan, einen zweiten, und so einen Handgriff nach dem anderen, bis schließlich ihre Arbeit beendet war. Keiner war vorbereitet, niemand hatte einen Plan gemacht, nichts war vorweg koordiniert. Es hatte sie gepackt. So intensiv gepackt, dass sie jetzt zum Abschluss, immer noch den Rhythmus summend, ausgelassen um ihr Werk zu tanzen beginnen wie um ein Totem in ihrer Mitte, wie um das Goldene Kalb.

Die Arbeiter, die hinausgeschickt werden, um eine Straße zu bauen, oder Mönche, die in einer Kirche einen Choral singen, bilden eine Gruppe. Wenn sie zusammentreffen, um sich ihrem Unternehmen zu widmen, tritt der sonstige Lebensalltag jedes Einzelnen in den Hintergrund. Sie sehen sich, sie sprechen miteinander, vielleicht berühren sie sich, wenn sie sich die Hände schütteln oder auf die Schulter klopfen. Damit erkennen sie sich und geben sich zu erkennen und verstehen sich als Teil dieser einen Gruppe. Und diese Gruppe, das Team, das Kollektiv hat ein Ziel, und dieses Ziel zu erreichen, ist ihre gemeinsame Aufgabe. Die Ärmel werden hochgekrempelt oder die Kehlen gereinigt, und dann regieren nur noch die Handgriffe, die Töne, die Teil der Aufgabe sind. Die Nähe der Menschen zueinander und das gestellte Ziel stecken den Rahmen der Gruppe ab. Der gemeinsame Rhythmus, die Wiederholung des Gleichen bringt sie voran.

Im Gleichtakt hacken oder einstimmig singen ist das eine Extrem. Alle sind auf den gleichen Rhythmus und die gleiche Linie synchronisiert. Jedes Ausscheren aus der Bewegung oder aus der Melodie der Gruppe stört die Arbeit. Die Gleichzeitigkeit der Bewegungen verstärkt und vervielfacht die Kraft des Einzelnen. Die perfekte Synchronisation mag produktiv sein, aber auch destruktiv, aggressiv oder pathetisch, eines aber kann sie nie: Sie kann nicht kreativer sein als der Einzelne in der Gruppe. Dennoch bietet der Rahmen einer Gruppe viel mehr Spielraum der rhythmischen Verbindung als die perfekte Synchronisation. Der Bau des Notenständers zum Beispiel lässt sich nicht in eine große Zahl identischer, sich wiederholender Handgriffe zerlegen wie das Legen von Steinen. Es ist auch überflüssig oder stört sogar, wenn sich dabei alle synchron bewegen. Doch die Arbeit wird durch einen gleichmäßigen Rhythmus gegliedert, in Schwerpunkte und Lücken, in gewichtige und leichte Bewegungen. Der Rhythmus bindet an die Arbeit, aber er überlässt dem Einzelnen die Freiheit der Bewegung. Die Kombination von Einschränkung und Freiheit könnte ein Rezept sein, um sowohl produktiv als auch kreativ zu arbeiten. Willkür und sture Gleichförmigkeit werden verhindert und gleichzeitig eine gewisse Zuverlässigkeit und zur selben Zeit ein gewisser Grad an Überraschung ermöglicht.

Wie verhält es sich schließlich mit dem anderen Extrem, der Gruppe, die weder einen Rhythmus noch eine Aufgabe hat, der Gruppe, die *keine* Vorgabe mehr bekommt? Ist sie dazu verdammt, ungeordnet und unproduktiv zu sein? Fehlt ihr jeder kollektive Rhythmus, weil sie keine Vorgabe hat?

Ich breche hier ab und lasse die Frage vorläufig offen. Es ist der richtige Moment, um das rhythmisch interessanteste Kollektiv des menschlichen Körpers in den Mittelpunkt zu rücken.

Gehirn

Musik und Gehirn

Wie wäre es, wenn man der Arbeit des Gehirns zuhören könnte? Wie das Ticken unzähliger Uhren, das Prasseln bei einem Gewitterregen, das Gemurmel einer Menschenmenge, in der alle durcheinander reden? Oder wie das Fortissimo eines gewaltigen Orchesters? Besonders die Assoziation zur Musik liegt nahe. Weder das Ticken mechanischer Uhrwerke noch das Tropfen von Wasser spiegeln den für die Arbeit des Gehirns zentralen Aspekt des «Sinnvollen» wider. Musik wird als eine komplexe, aber nachvollziehbare zeitliche Struktur von zufälligen Klangkonglomeraten unterschieden. Deshalb bieten sich musikalische Metaphern und Vergleiche zur Musik vor allem an, wenn Aktivität durch ihre ungeheure Vielfalt verwirrt, zugleich aber klar ist, dass in der Verwirrung auch geordnete, verstehbare Prozesse zu finden sein müssen.

In neuerer Zeit ist die Verbindung von Gehirn und Musik durchaus populär. Bücher mit Titeln wie «The Musical Mind» oder «Das wohl temperierte Gehirn» befassen sich zwar vorwiegend mit der Wahrnehmung von Musik im Gehirn, suggerieren aber, dass sich neurophysiologische Prozesse und musikalisches Geschehen auf einer gewissen Ebene entsprechen. Ein weiteres Buch trägt gar den Titel «Die Symphonie des Denkens». Ich greife einen Vergleich heraus, der sich nicht mit der globalen Metapher begnügt, sondern das neuronale Geschehen im Detail musikalisch zu deuten versucht. Die Wissenschaftsautorin Hanna Rhein schreibt: «Wie bei einem Sinfonieorchester, das in ein Thema einstimmt und das die Melodie von den Streichern und Blechbläsern variieren lässt, entstehen im Stimmengewirr der Nervensignale Resonanzphänomene, die Ordnung in das anfängliche Chaos bringen.»

Ich versuche mir vorzustellen, wie das gemeint sein kann. Diese Vorstellung geht über das hinaus, was in dem zitierten Satz steht. Aber der Sinn eines solchen Vergleichs ist schließlich, dem Leser ein «Gefühl» dafür zu vermitteln, was die Quintessenz der experimentellen Resultate ist. Und ein «Gefühl» lebt außer von den benützten Begriffen auch von den Assoziationen, die dabei «mitschwingen».

Was könnte das «anfängliche Chaos» sein? Vielleicht bezieht es sich auf das, was kurz vor dem eigentlichen Konzert zu hören ist. Der Konzertmeister streicht auf seiner Geige den Kammerton. Jeder Musiker stimmt danach sein Instrument und lässt noch einige Töne erklingen, um seinen Ansatz zu prüfen, um sich des Instruments zu versichern oder einfach um sich selbst zu hören und präsent zu sein. Für einige Momente entsteht dabei das herrlichste Stimmengewirr, ein aus dem Kammerton sich verbreitendes Chaos. Es bricht ab, wenn der Dirigent ans Pult klopft und beide Arme ausgebreitet in die Höhe hebt. Stille.

Wie stimmt sich das Orchester «in ein Thema» ein? Auf ein Zeichen des Dirigenten setzt das Orchester ein, alle Musiker einer Instrumentengruppe gleichzeitig und jede Gruppe so exakt wie möglich zum verabredeten Zeitpunkt. Damit dies gelingt und kein Spieler früher oder später einsetzt, wurde vor dem Konzert geübt. Kein Aspekt des Spiels ist dem Zufall überlassen. Die Blechbläser variieren das Thema nicht aus einer Laune heraus, sondern weil es in ihren Noten so notiert ist. Wer die Partitur in den Händen hält, kann das komplette Stück mit allen Resonanzphänomenen bis zum Schlussakkord voraussagen und er wird nicht enttäuscht werden. Die Musiker improvisieren nicht, sie lassen nichts weg und erfinden nichts dazu. Mit der letzten Note ist Schluss. Ein Rückfall in das anfängliche Chaos ist nicht vorgesehen.

In den folgenden drei Abschnitten ist von der Aktivität der Nerven im Gehirn die Rede. Sie sollen die Diskrepanz zum Spiel des Sinfonieorchesters verdeutlichen. Am Ende des nächsten Kapitels beschreibe ich dann eine vom Zufall gesteuerte, durch spontane Einfälle bereicherte Form des Musizierens, bei der fast nichts so abläuft wie bei einem Orchester, das eine Sinfonie spielt, die aber beim Hinhören durchaus mit der Aktivität von Nerven im Gehirn vergleichbar ist.

Zufällige und zuverlässige Erregungen

Das Feuern einer einzelnen Nervenzelle ist das elementare Ereignis aller Informationsverarbeitung im Gehirn. Die Verarbeitung besteht darin, dass sich das Einzelereignis «Feuern» *wiederholt.* Wieder und immer wieder. Und da sich die Ereignisse alle gleichen, da alle Spikes einer Nervenzelle dieselbe Form haben, und da ein isolierter Spike nicht mehr als ein «Bit» Information sein kann, darum muss die zeitliche Struktur der Spikes der Schlüssel zur Arbeit des Gehirns sein. Jede einzelne Zelle bekommt im Verband vieler Nervenzellen, mit denen sie im Gehirn verbunden ist, laufend «Input». Den Input übertragen für gewöhnlich Signalmoleküle, die Neurotransmitter, die von einer Zelle zur nächsten diffundieren. Jede Zelle ist mit sehr vielen weiteren verbunden, oft erreichen sie daher viele Signale gleichzeitig. Sie summiert alle eintreffenden Signale auf und entscheidet dann, ob sie selbst feuert oder nicht. Indem sie feuert, sendet sie ihrerseits Input an andere Nervenzellen. In den Kapiteln «Rhythmische Experimente» und «Ohr» habe ich gezeigt, wie der Nerv eines Tintenfisches konstante und periodische Inputs in rhythmische Sequenzen von Aktionspotenzialen verwandelt. Bis heute ist aber nicht bekannt, wie eine bestimmte Information im menschlichen Gehirn im Detail verschlüsselt und «verstanden» (= entschlüsselt) wird. Kann der Code der Nervenzellen aber auf eine einfache Formel reduziert werden? Vermutlich nicht.

Das Feuern einer Nervenzelle als Antwort auf einen konstanten Input kennen wir bereits aus den Experimenten von Adrian mit Nerven, welche die Information über das Gewicht an einem Muskel ins Gehirn übertragen. Ähnlich verhält sich auch eine einzelne Nervenzelle innerhalb des Gehirns. Die Experimente dazu werden wegen der besseren Reproduzierbarkeit nicht an kompletten Gehirnen, sondern an dünnen Gewebeschnitten gemacht, die aus einer großen Zahl noch intakter Nerven zusammengesetzt sind. Eine einzelne Zelle wird dabei nicht räumlich, sondern «*dynamisch isoliert*». Dadurch lassen sich unerwünschte Inputs der verbundenen Nerven chemisch unterdrücken. Dann wird mit einem winzigen Draht ein konstanter elektrischer Strom an die ausgesuchte Zelle angelegt. Wie in Adrians Versuchen lautet die Antwort der Nervenzelle auf diese Reizung: «Feuern». Eine Sequenz von Aktionspotenzialen kommt zum Einsatz. Diese Sequenz enthält die Information über den Input.

Bei einer Wiederholung des Experiments antwortet die gleiche Zelle wieder mit einer Feuersequenz. Jede Sequenz ist irregulär, und die Abstände zwischen den Spikes sind bei jedem Mal anders. Jeder weitere Versuch erzeugt eine neue Sequenz. Die Analyse zeigt, dass die Abstände zwischen zwei Aktionspotenzialen zufällig sind, also keiner festen Regel zu gehorchen scheinen. Wenn man unter Rhythmus Wiederholungen nach festen Regeln versteht, dann spielt Rhythmus in diesem Fall offenbar keine Rolle. Die einzige konsistente Größe, die in den Versuchen gefunden wird, ist (wie bei Adrian) die mittlere Zahl von Spikes pro Sekunde. Werden mehrere Nerven zugleich gereizt, dann sind ihre Aktionspotenziale untereinander nicht koordiniert. Sie feuern nicht synchron. Die plausible Schlussfolgerung ist daher, dass auch im Gehirn ein konstantes Inputsignal in die *mittlere Frequenz* der Aktionspotenziale übersetzt wird. Anders als bei der («worterweckenden») Trommelsprache der Jaunde bedeutet die Rhythmik der Aktionspotenziale nichts.

Dieser Befund wirft einige Fragen auf. Erstens: Wie lange müssen nachfolgende Nerven das Feuern registrieren, um die mittlere Feuerrate richtig «berechnen» zu können? Warten sie, oder fangen sie schon nach kurzer Zeit an zu raten? Ganz offensichtlich erfolgt diese Berechnung nicht nur mit zwei oder drei Pulsen. Die ersten Abstände sind vielleicht «zufällig» sehr lang oder sehr kurz, weichen also stark vom Mittelwert ab. Zweitens: Wie wird die Information korrekt verarbeitet, wenn der Input nur sehr kurz ist? Drittens: Wie können sich mehrere Nervenzellen als Antwort auf einen gemeinsamen Input so koordinieren, dass sie gleichzeitig feuern? Der Input, den eine Nervenzelle im arbeitenden Gehirn bekommt, ist aber praktisch *nie* konstant. Er schwankt und zittert und sieht meist aus, als sei er zufällig. Die Situation scheint daher hoffnungslos. Wenn schon ein stabiler Input keine präzise, sondern nur eine «mittlere» Antwort auslöst, wie soll dann erst ein irregulärer, nonstop sich verändernder Input erfolgreich verarbeitet werden?

Ein Schlüsselexperiment zu dieser Frage haben Zachary Mainen und Terrence Sejnowsky 1995 publiziert. Sie wählten eine Nervenzelle in einer Gewebeprobe aus einem Rattengehirn. Sie reizten sie mit einem Strom, der dem natürlich fluktuierenden Input im Gehirn entsprach, und registrierten ihre Antwort. Dann wiederholten sie das Experiment, und zwar wieder mit dem genau gleich fluktuierenden Strom. Jedes Mal war das Ergebnis eine irreguläre Sequenz der Aktionspotenziale. Danach legten Mainen und Sejnowsky die Resultate von zehn Experimenten übereinander und sahen, dass sich die Antworten deckten. Nur sehr selten lag ein einzelnes Potenzial an der «falschen» Stelle. Bis auf diese wenigen «Ausrutscher» waren die Sequenzen identisch. Auf einen unregelmäßigen Input antwortete die Zelle nicht zufällig, sondern mit einem zuverlässigen und reproduzierbaren Rhythmus.

Offenbar verschlüsseln Nerven im Gehirn nur einen simplen Input (den konstanten Strom) in eine mittlere Feuerrate. Wenn fast keine Information zu übertragen ist, brauchen auch keine komplexen Rhythmen bemüht zu werden. Einen komplizierten (und potenziell informationsreichen) Input dagegen verarbeiten sie zu einer im Detail exakt wiederholbaren Folge von Spikes.

Sollten sich diese Befunde auch im arbeitenden Gehirn bestätigen (wofür es bereits Hinweise gibt), dann folgt daraus zweierlei. Erstens: Im Verband vieler Nervenzellen wird die Information keineswegs nur über mittlere Feuerraten, sondern *auch* über die individuellen zeitlichen Abstände zwischen den Aktionspotenzialen verschlüsselt. Und zweitens: Der neuronale Code ist nicht fixiert, sondern variabel. Eine Nervenzelle kann die Genauigkeit ihrer Informationsverarbeitung an die *momentanen Ansprüche* (und das heißt auch, an den Schwierigkeitsgrad der Aufgabe) anpassen. Eine komplexe, aber sinnvolle Information kann die Nerven im Gehirn dazu stimulieren, nicht mehr zufällig zu feuern. Und sie ist deshalb auch in der Lage, mehrere oder sogar viele Nerven im gleichen Rhythmus zu synchronisieren und sich dadurch besser «Gehör» zu verschaffen.

Vorübergehende Synchronisation

Ein Konzept, ein Begriff oder allgemein ein Inhalt wird im Gehirn durch feuernde Nervenzellen repräsentiert. Allerdings herrscht heute Übereinstimmung darüber, dass der «Inhalt» auf der Ebene einer einzelnen feuernden Nervenzelle genauso wenig zu verstehen ist wie auf der Ebene des Gehirns als Ganzen. Vielmehr sind kleinere und größere *Gruppen* von Nervenzellen (Nervenzellverbände) in der Lage, durch ihre gemeinsame elektrophysiologische Aktivität Inhalte und Bedeutungen zu erzeugen. Solche Verbände können aus etwa hundert Zellen bestehen, die auf eine bestimmte Aufgabe spezialisiert sind, oder mehrere tausend Zellen umfassen, die darüber hinaus gegen Nachbarverbände nicht scharf abgrenzbar sind. Und offenbar können Zellen auch gleichzeitig Mitglied von mehr als einem Verband sein.

Jede Gruppe von Zellen hat eine Ruheaktivität. Selbst wenn keine neuen Informationen von außen kommen, sind ihre Nerven spontan aktiv. Werden zur selben Zeit aber mehrere Nerven innerhalb eines Verbands durch Messungen überprüft, dann ist ihr Feuern unkoordiniert und offenbar dem Zufall überlassen. Die Aktivität der Gruppe ist deshalb desorganisiert. Dies ändert sich schlagartig, wenn der richtige Input kommt. In solchen Fällen steigt die mittlere Feuerrate des Verbands, die Mitglieder feuern im Schnitt öfter. Gleichzeitig aber scheinen sich auch die Aktionspotenziale untereinander zu verständigen. Ein Nerv nach dem anderen beginnt im gleichen Moment zu feuern. Schon nach kurzer Zeit sind die Spikes der Zellen zu einer einzigen einheitlichen Sequenz gekoppelt und es entsteht ein *kollektiver* Rhythmus der Gruppe. Gewöhnlich hält dieser Rhythmus aber nicht lange an. Lässt die Intensität oder der Informationsgehalt des Inputs nach, desynchronisieren sich die Spikes der Mitglieder wieder, und der Verband kehrt zu seiner desorganisierten Ruheaktivität zurück. Da gezeigt werden konnte, dass die organisierte Aktivität eines Verbandes mit dem Erkennen eines Gegenstandes oder Musters einhergeht, wird angenommen, dass der spezifische kollektive Rhythmus des Verbands die Basis allen Erkennens ist.

Aus der «Ferne» besehen (zum Beispiel aus der Position einer Elektrode auf der Kopfhaut) summieren sich die Potenziale vieler Gruppen von Nervenzellen zu einem Gesamtpotenzial, ihre zufällige, unkoordinierte Ruheaktivität leistet aber nur wenig spezifischen Beitrag zum Gesamtsignal. Die kollektiven Rhythmen dagegen können im Einzelfall so stark sein, dass sie sich mit empfindlichen Methoden registrieren lassen, selbst wenn sie von Arealen in tiefer gelegenen Regionen des Gehirns ausgesendet werden. Diese Rhythmen haben mittlere Frequenzen zwischen zwanzig und achtzig Pulsen pro Sekunde. In der Fachliteratur werden sie als (-Aktivität oder (-Rhythmen klassifiziert. Wenn die (-Rhythmen tatsächlich auf breiter Ebene spezifische Inhalte der Denktätigkeit des Gehirns repräsentieren, dann wäre die Erforschung der gleichzeitigen Aktivität von Nervenverbänden ein wichtiger Schritt auf dem Weg zur Entschlüsselung des rhythmischen Codes im menschlichen Gehirn.

Bei Wirbeltieren und beim Menschen beschränken sich die höheren kognitiven Leistungen des Gehirns aber nicht auf die Repräsentation einfacher Begriffe. Sie umfassen auch die sinnvolle Anordnung und Verknüpfung mehrerer Inhalte. Ein fallender Wassertropfen ist eine Kugel (ein geometrisches Objekt), ein geradlinig fallender Körper, und er ist außerdem, im Gegensatz zu einem Hagelkorn, nicht fest, sondern flüssig. Die Wahrnehmung des Wassertropfens muss diese drei Aspekte verbinden. Wie eine solche Verbindung gelingen kann, zeigten der Neurophysiologe Wolf Singer und seine Mitarbeiter im Sehzentrum von Katzen.

Den Katzen wurden verschiedene optische Muster gezeigt und gleichzeitig die Aktivität mehrerer Nervenzellverbände in ihrem visuellen Kortex registriert. Bestimmte Einzelqualitäten der Bilder wie Symmetrien, Orientierung von Linien und Bewegungen von Mustern verursachten jeweils einen kollektiven Rhythmus in einem einzelnen Verband. Offenbar waren gerade dort die entsprechenden Inhalte des Gesehenen repräsentiert. Sahen die Katzen Muster, in denen mehrere solcher Qualitäten vereint waren, dann lag die Vermutung nahe, dass auch mehrere Zellverbände gleichzeitig aktiviert würden. Genau dies bestätigte sich. Es passierte aber noch mehr. Beim Erkennen eines komplizierten Musters waren nicht nur mehrere Verbände gleichzeitig aktiviert, sondern auch untereinander zeitlich synchronisiert. Vorher getrennte kollektive Rhythmen hatten eine Verbindung zueinander aufgenommen. Daraus ergab sich der Schluss, dass es *die Synchronisation mehrerer Verbände* zu einem übergeordneten kollektiven Rhythmus sein muss, die separate Inhalte und Vorstellungen miteinander verbindet und zu einem übergeordneten, sinnvollen Ganzen formt. Ein Akt des Erkennens wäre demnach hervorgerufen durch das simultane Feuern mehrerer Verbände von Nervenzellen.

Ähnliche Resultate haben die Neurophysiologen außer im visuellen Kortex auch im Gehörkortex nach elektrischer Reizung und im Riechzentrum beim Wiedererkennen eines bekannten Dufts gefunden. Allerdings waren die verschiedenen gleichzeitig aktiven Verbände dabei nicht in jedem Fall streng synchronisiert, sondern die Rhythmen von zwei Verbänden gelegentlich zeitlich gegeneinander verschoben. Erst feuerte der eine und kurz danach der andere Verband. Doch auch dies ist eine einfache und eindeutige rhythmische Beziehung. Es könnte sein, dass die exakte Synchronisation nur ein Spezialfall der Kopplung zwischen gleichzeitig aktiven Verbänden ist. Eine umfassende Hypothese müsste deshalb lauten: Bei der Verknüpfung mehrerer Inhalte zu einem Ganzen werden mehrere Verbände von Nervenzellen *vorübergehend rhythmisch gekoppelt.*

Damit kennen wir bereits drei verschiedene Ebenen neuronaler Aktivität: feuernde Nerven, Gruppen von feuernden Nerven, und Gruppen von Gruppen von feuernden Nerven. Das Charakteristische des Feuerns ist, dass es vom Input abhängt, ob und wie stark eine rhythmische Kopplung zwischen vielen Nerven einer Gruppe oder zwischen mehreren Gruppen hergestellt wird, dass es vermutlich verschiedene Typen von Kopplungen gibt, dass ein kurzer Input einmal eine kollektive Antwort auslösen kann (weil der Ruhezustand zufällig variiert), ein anderes Mal aber nicht, und dass selbst all dies zusammen vielleicht erst ein kleiner Teil der wirklichen Komplexität des rhythmischen Codes ist. Grund genug, jede neue Möglichkeit, die Aktivität des Gehirns verständlicher zu machen, zumindest ernsthaft zu prüfen.

Was ist Divergenz?

Auf das Gehirn prasseln die Daten der Wahrnehmungen seines Körpers und seiner Umwelt ohne Unterlass. Alle Daten werden von Nervenzellen in rhythmische Aktionspotenziale verwandelt und erreichen so ihre Zielorte im Gehirn. Dort muss der ankommende Datenstrom in den Nervenverbänden verarbeitet werden. Ein wichtiger Schritt der Verarbeitung besteht darin, in den Datenströmen relevante Informationen zu entdecken und herauszufiltern. Mit den selektierten Informationen können dann zum Beispiel Entscheidungen getroffen werden. In den vorherigen Abschnitten wurde beschrieben, dass eine komplexe Information Nerven synchronisieren kann, und dass Gruppen von synchronisierten Zellen ihre Aktivität steigern, wenn sie die richtige Information bekommen. Anhand eines Modells demonstriere ich im Folgenden, wie ein Verband von Nervenzellen arbeiten muss, damit er aus einem kontinuierlichen Datenstrom spezifische Inputs erkennen und von unwesentlichen Informationen trennen kann.

Die Worte «erkennen» und «trennen» besagen, dass es bei der Informationsverarbeitung um eine *Klassifizierung* von vorher nicht klassifiziertem Material geht. Jedes informationsverarbeitende System operiert nicht nur quantitativ, sondern es muss auch qualitativ einteilen können. Es unterscheidet «bekannt» von «unbekannt», «Freund» von «Feind», oder «gut» von «böse», indem es die Vielfalt seiner Wahrnehmungen zu getrennten Gruppen zusammenfasst. Dazu müssen insbesondere auch einander ähnliche Ereignisse voneinander unterschieden werden. Dies gelingt durch Divergenz.

Ein Beispiel für eine unerwünschte Divergenz ist in einer Anekdote Beethoven betreffend überliefert. Der Komponist hörte gegen Ende seines Lebens schlecht und bat seine Gesprächspartner, lauter zu sprechen. Wenn sie seinem Wunsch dann aber nachkamen, beschwerte er sich, die Leute würden immer so schreien. Beethoven konnte die Lautstärke von gesprochenen Worten wegen eines Ohrenleidens nicht mehr fein abstufen. Sein Gehör bewertete die in der Regel mittellaute Sprache seiner Gegenüber entweder als «zu leise» oder «zu laut».

Die Unterscheidung in laut und leise ist ein recht einfaches Problem, wenn man Lautstärke zu messen weiß. Man legt einfach einen Wert fest, bei dem getrennt wird, und kann damit jedes beliebige hörbare Ereignis auch klassifizieren: Seine Lautstärke liegt entweder über oder unter dem festgelegten Wert. Schwieriger ist die Aufgabe, beim Abhören der sechs Streichquartette mit der Opuszahl 18 (von Beethoven) eines zu identifizieren, das man vor einiger Zeit schon einmal gehört hat. Dann genügt es nicht mehr, Lautstärke oder Frequenzen zu messen. Zahlen helfen nicht weiter. Wer kein absolutes Gehör hat, der kann auch die Tonart nicht vergleichen, und überhaupt sind von dem früher gehörten Werk fast alle Details vergessen. Geblieben ist vielleicht eine vage Erinnerung an die Grundstimmung und ein oder zwei eingängige Melodien. Doch auch mit diesem Minimum an Erinnerung kann ein menschliches Gehirn das Problem lösen. Dabei bieten die Quartette dem Laien nur wenig Hilfestellung an, die die Klassifizierung erleichtern würde. Sie sind alle gleich instrumentiert, viersätzig und stilistisch ähnlich gearbeitet. Kein Paukenschlag (wie in einer der Sinfonien Haydns), kein plötzlicher Abbruch eines Satzes (wie in Bachs letzter Fuge) und kein zerschneidendes viergestrichenes «e» (wie in «Aus meinem Leben» von Smetana). Sähe man die Information, die das Trommelfell erreicht, als Wellen über ein Oszilloskop laufen – man müsste resigniert aufgeben.

Die Aufgabe könnte also darin bestehen, in einem kontinuierlichen Datenstrom kurze Stücke mit einem charakteristischen Motiv oder Merkmal zu finden und sie automatisch in eine «Erregung» zu verwandeln, während viele andere, auch ähnliche Sequenzen kein (oder nur ein schwaches) Signal erzeugen.

Ein System mit Divergenz, das wir bereits kennen, ist die erregbare Nervenzelle. Sie antwortet auf Inputs, die unterhalb einer Schwelle bleiben, praktisch nicht, auf Inputs, welche die Schwelle überschreiten, aber mit einem Aktionspotenzial. Damit kann sie bereits die Lautstärke in einem Datenstrom in zwei Kategorien einteilen. Liegt die Lautstärke unter der Schwelle (leise), passiert nichts. Liegt sie darüber, sendet der Nerv einen Spike nach dem anderen.

Da sich die Nervenzelle nach jedem Spike spontan regeneriert, kann sie den Datenstrom in sehr kurzen Abständen (zum Beispiel alle zehn

Millisekunden) nach dem immer gleichen Kriterium abfragen. Ein anderes divergentes Element, der Flip-Flop oder Ein-Aus-Schalter, muss nach jedem «Erkennen» erst durch einen zusätzlichen «Schubs» wieder in die Ausgangslage zurückgebracht werden. Ich stelle jetzt das Modell eines divergenten Systems vor, das sich spontan regeneriert. Es gehorcht folgender Regel:

Änderung der Aktivität = Input × Aktivität − Aktivität

Oder anders geschrieben:

Änderung der Aktivität = Aktivität × (Input − 1)

In jedem Moment soll es eine bestimmte *Aktivität* des divergenten Systems geben. Die Aktivität entspricht einem messbaren physikalischen Wert (bei Nerven ist dies zum Beispiel das elektrische Potenzial). Sie kann groß oder klein sein oder auch null (keine Aktivität), aber nicht negativ. Ist sie null, dann ist auch ihre Änderung null, es passiert nichts. Bei einer positiven Änderung nimmt die Aktivität zu, bei einer negativen Änderung nimmt sie ab. Die Änderung der Aktivität hängt von der Aktivität selbst und darüber hinaus nur noch vom *Input* ab.

Der Input ist der Datenstrom, der Umwelteinfluss auf das System zu einem bestimmten Zeitpunkt. Liegt kein Umwelteinfluss vor, dann ist der *Input = 0,* und die Änderung der Aktivität ist negativ. Die Aktivität sinkt gegen null und verharrt dort. Für einen konstanten Input mit unveränderlichem Wert sind zwei Fälle zu unterscheiden. Ein Input, der kleiner ist als 1, führt zu einem Wert für die Änderung, der kleiner ist als 0, also zu einer negativen Veränderung. Das System fällt in den Ruhezustand zurück. Eine Störung, die größer ist als 1, ergibt dagegen einen Wert für die Änderung, der größer ist als 0, also eine positive Veränderung. Die Aktivität steigt und steigt. Das System klassifiziert Umwelteinflüsse danach, ob sie größer oder kleiner sind als 1. Der konkrete Zahlenwert 1 ist willkürlich gewählt. Er steht stellvertretend für eine beliebige Schwelle.

Betrachten wir als nächstes einen Input, der sich in Form einer periodischen Welle vergrößert und verkleinert. Sind alle Werte des Inputs kleiner als 1, dann bleibt die Aktivität klein. Sind alle Werte des Inputs größer als 1, dann wird jede Anfangsaktivität, auch die geringste, zum maximal möglichen Wert verstärkt. Der interessante Fall tritt erst ein, wenn die Welle abwechselnd Werte unter und über 1 annimmt.

Liegt der Wert des Inputs über 1, wird sich die Aktivität vergrößern. Wenn er unter 1 liegt, wird sie sich verkleinern. Die Aktivität wechselt infolgedessen periodisch und abrupt zwischen einem hohen und einem niedrigen Niveau. Der Wechsel beginnt immer, sobald der Input den Schwellenwert 1 überschritten hat. Ist der Input der Welle *im Mittel* größer als 1, dann steigt die Aktivität oszillierend auf ein hohes Niveau. Ist der mittlere Input kleiner als 1, stabilisiert sie sich oszillierend auf ein niedriges Niveau. Die Divergenz erkennt den Mittelwert des Inputs.

Betrachten wir zuletzt das Verhalten des divergenten Systems bei irregulären Störungen, die die Schwelle laufend über- und unterschreiten. Das divergente System würde gern entscheiden, ob der Input größer oder kleiner ist als die Schwelle. Aber der irreguläre Datenstrom mit seinen Fluktuationen lässt ihm dafür keine Zeit. Die Folge davon ist, dass das divergente System stets nur einen groben Mittelwert über die jüngere Vergangenheit des Inputsignals bildet. Dieser «schlechte Mittelwert» aber hängt von der detaillierten Form des Inputs in der jüngeren Vergangenheit ab. Ist dieses schlechte Mittel aber größer als die Schwelle, dann steigt die Aktivität. Bleibt es ausnahmsweise einmal längere Zeit über der Schwelle, dann wird auch die Aktivität sehr groß.

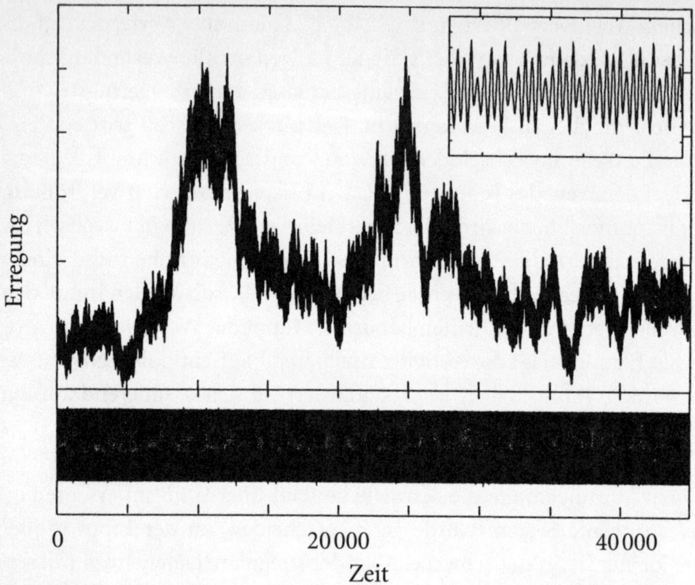

Abbildung 15: Zwei starke Erregungen eines divergenten Systems (oben) durch ein stabiles, aber irreguläres Signal (unten). Die Feinstruktur des Signals ist im Kasten rechts oben zu sehen (nach einer Idee von Georg Hartmann und Otto Rössler).

Die Abbildung zeigt die Antwort eines divergenten Elements auf einen unregelmäßigen, aber im Mittel stabilen Input. Sein Zustand zittert um seine Ruheposition und bricht gelegentlich aus. Die Ausbrüche wirken unmotiviert, weil ihre konkrete Ursache im Input nicht zu erkennen ist. Tatsächlich sind sie aber das Ergebnis einer genauen Informationsverarbeitung, die nur ganz bestimmte Motive im Datenstrom erkennt und durch eine starke «Erregung» beantwortet.

Das divergente System, obwohl es so simpel aufgebaut ist, leistet bereits, was wir von ihm verlangt haben. Es erkennt nicht nur irgendein, sondern ein bestimmtes, vorgegebenes oder gesuchtes Motiv im Datenstrom – zum Beispiel die Melodie des gesuchten Streichquartetts, die noch in der Erinnerung verblieben ist. (Mir fiel es leicht, es war das

Quartett Nummer 5, das ich gehört hatte. Seine ersten beiden Sätze sagten mir beim Abhören der CD wenig. Aber das Thema des dritten Satzes, Andante cantabile, konnte ich aus dem Stegreif mitsummen – und es genau dadurch klassifizieren, herausheben, von allen anderen trennen. «Bekannt» war von «unbekannt» geschieden. Und es war auch ohne Paukenschlag und ohne viergestrichenes «e» gelungen.)

Das hörende Gehirn

Damit bekommen wir eine Vorstellung davon, was mit den Signalen geschieht, die vom Innenohr an das Gehirn übertragen werden. Sic treffen zunächst im Stammhirn ein und werden dort bereits auf ihren physikalischen Gehalt untersucht: Aus welcher Richtung kommt der Ton? Bewegt sich die Schallquelle oder nicht? Welche Frequenzen dominieren? Wie laut sind sie? Und, für das Erkennen von rhythmischen Ereignissen besonders wichtig, wo sind Anfang und Ende eines charakteristischen Tons oder Geräusches? Nach der Voruntersuchung laufen bereits erste Ergebnisse direkt in die Zentren für die Muskelbewegung. Dies beweist eine evolutionär sehr alte Verbindung zwischen Gehör und Bewegung. Für die detaillierte Analyse aber werden die Daten in das Großhirn geschickt. Die akustischen Informationen aus dem Ohr treffen schließlich im Zentrum des Hörens ein, dem auditorischen Kortex. Davon gibt es je eine Abteilung in der rechten und eine in der linken Hälfte des Gehirns. Der auditorische Kortex hat die Aufgabe, die eintreffenden Daten online zu bewältigen. Seine Nerven werden von den Signalen erregt. Würden sich ankommende Signale aber einfach aufaddieren, dann wäre die Kapazität des Gehirns in kurzer Zeit gesprengt. Deshalb löst nicht jedes eingehende Signal eine erhöhte Aktivität aus. Es gibt Verbindungen zwischen den Zellen, die genau umgekehrt arbeiten: Ein aktives Eingangssignal unterdrückt die Aktivität der angekoppelten Nerven. Ebenso können sich nicht nur einzelne Zellen, sondern auch ganze Zellverbände gegenseitig an ihrer Aktivität hindern. Durch das Zusammenspiel von Aktivierung und gegenseitiger Behinderung werden Filter aufgebaut. Damit können uninteressante Informationen abgetrennt und relevante

Informationen verstärkt werden. Die wichtige Funktion der Divergenz ist es, den Großteil der ankommenden Daten zu ignorieren, um dem Kortex einen Freiraum für seine Arbeit zu sichern.

Der auditorische Kortex kann sich mit den Signalsequenzen der jüngeren Vergangenheit nicht sehr lange beschäftigen. Der Input geht immer weiter, rasch muss eine Deutung gefunden, eine Entscheidung getroffen werden, um Kapazität für neue Daten zur Verfügung zu stellen. Auch die Antwort auf die meisten «interessanten» Schallsignale ist deshalb in aller Regel nur eine vorübergehende Erhöhung der Aktivität verschiedener Nervenbündel.

Innerhalb des auditorischen Kortex wurden bereits sechs Regionen identifiziert, in denen ein gehörter Ton eine erhöhte Aktivität auslöst. Davon ist vermutlich nur eine Region für das Tonempfinden zuständig (ist es ein Ton oder nicht?). Eine zweite entdeckt den Ansatz eines Tones (ist er weich oder hart?) und eine dritte überlagert dem Tonempfinden die Klangfarbe (ist der Ton rein oder verrauscht?). Der Ton wird mit allen seinen Merkmalen erkannt durch die charakteristische *Kombination* von Erregungen in mehreren Regionen. Werden einem Affen beide Abteilungen des auditorischen Kortex herausoperiert, kann er trotzdem noch einzelne Klänge erkennen und auf sie reagieren. Er ist aber praktisch unfähig, irgendwelche Kombinationen von Klängen und rhythmische Muster zu identifizieren. Vor der Operation antrainierte Rhythmen werden nicht mehr erinnert. Sie sind verloren und können auch nicht mehr aufs Neue erlernt werden. Da Affe und Mensch einige Parallelen bei der Verarbeitung akustischer Information besitzen, könnte man vermuten, dass die Verknüpfung von wiederholt gehörten Klängen zu dem, was wir Rhythmus nennen, auch beim Menschen im auditorischen Kortex passiert.

Beim Menschen sind die beiden Abteilungen des auditorischen Kortex unterschiedlich spezialisiert. Während die Abteilung in der rechten Gehirnhälfte bei vielen Menschen vorwiegend mit dem Erkennen von Melodien beschäftigt ist, entfachen rhythmische Hörbeispiele (ohne erkennbare Melodie) bei den gleichen Personen in der linken Abteilung verstärkte Aktivität. Die linksseitige Hälfte des auditorischen Kortex wäre demnach ein möglicher Ort im Gehirn, an dem Rhythmen erkannt werden. Tatsächlich beobachtet man auch, dass eine Testperson einen Rhythmus, der nur dem rechten Ohr eingespielt wird, leichter und schneller erkennt, als wenn man ihn nur dem linken Ohr einspielt. Die neuronalen Bahnen von den Ohren überkreuzen sich im Gehirn (ebenso wie die der Augen), und deshalb speist das rechte Ohr das linke Hörzentrum und umgekehrt. Ähnlich fällt es vielen Menschen leichter, einen komplizierten Rhythmus mit der rechten Hand zu schlagen als mit der linken, und das scheint nicht allein das Ergebnis einer größeren Übung der rechten Hand zu sein (zum Beispiel, weil die Versuchsperson Rechtshänder ist). Dasselbe Phänomen wir auch bei Linkshändern beobachtet.

Andererseits kann ein Rhythmus, der nur dem linken Ohr geboten wird, trotzdem erkannt werden, und nach kurzer Übung lernt man, auch mit der linken Hand einen komplexen Rhythmus zu trommeln. Eine Verletzung des linken Hörzentrums vermag das Gehirn beim Verarbeiten von Rhythmen vorübergehend zu stören, aber einmal erlernte Fähigkeiten gehen beim Menschen dadurch nicht verloren und lassen sich durch Training wieder auffrischen. Selbst wenn die gesamte linke Gehirnhälfte nicht mehr arbeitet, bleibt noch ein gewisses Verständnis für Rhythmen bestehen. Die Suche nach einem scharf eingrenzbaren Ort, an dem ein Rhythmus erkannt und interpretiert wird, dürfte deshalb ebenso vergeblich sein wie die berühmte Suche nach einer Großmutterzelle (einem Nerv oder einem Bündel von Nerven, in dem die Erinnerung an die Großmutter aufbewahrt wird). Das liegt unter anderem daran, dass ein Konzept wie der Rhythmus nicht auf den Gehörsinn beschränkt ist. Auch das Erkennen von Berührungsreizen und die Überwachung der Körperbewegung greifen darauf zurück. Das Konzept ist nicht auf einen einzigen Ort beschränkt.

Trifft ein und dasselbe Signal mehrfach im auditorischen Kortex ein, dann aktiviert es in der Regel eine ähnliche Kombination von Zellverbänden. Wiederholt sich das Signal regelmäßig, dann ist die Aktivität der Verbände beim ersten Mal groß, nimmt dann aber langsam ab, bis die Antwort schließlich nur noch sehr schwach ist. Der Rhythmus ist bereits erkannt. Liegen keine besonderen Gründe vor (eine Gefahr etwa), muss diesem Signal kein Gewicht mehr beigemessen werden. «Interessant» wird die Sache erst wieder, wenn sich am Signal etwas verändert: Wenn die Regelmäßigkeit verloren geht, die Lautstärke zunimmt oder wenn das Signal eine neue Klangfarbe bekommt – sofort verstärkt sich die Aktivität wieder.

Wird ein sich wiederholendes Ereignis als regelmäßig wiederkehrend gedeutet, dann nimmt nicht nur die Aktivität der Nervenzellverbände ab, die mit dem Erkennen des einzelnen Ereignisses beschäftigt sind. Der auditorische Kortex beginnt die Fortsetzung des Rhythmus gleichzeitig auch zu *erwarten*. Der Abstand zwischen zwei Tönen oder Schlägen wird abgeschätzt, und das Hörzentrum nimmt in dem Moment, da der nächste Impuls kommen müsste, die zu erwartende Aktivität der beteiligten Verbände vorweg. Es kann sich an das erinnern, was in der jüngsten Vergangenheit passiert ist, und prognostiziert mit dieser Information die nahe Zukunft. Fehlt ein vorausgesagter und erwarteter Impuls mehrmals, dann lässt auch die Prognoseaktivität schnell wieder nach.

Wie die einzelne Nervenzelle ist das Gehirn als Ganzes, und deswegen auch der Bereich für das Hören, nicht auf das Verarbeiten von regelmäßigen Rhythmen beschränkt. Plötzliches lautes Hundegebell in der Nacht weckt, alarmiert und zieht alle Aufmerksamkeit auf sich. Woher kommt das Geräusch? Was bedeutet es? Ist es aggressiv oder verspielt? Der auditorische Kortex registriert den Rhythmus des Bellens und stellt seine Erwartung darauf ein. In diesem Fall können die Prognosen jedoch nicht periodisch sein. Sie müssen Toleranzen haben, die Kurzzeitvorhersage wird vage. Nicht der exakte Zeitpunkt des nächsten Bellens ist wichtig, sondern seine rhythmische Eigenart. Werden die Pausen länger oder kürzer? Mischt sich Knurren hinein? Wird es lauter oder leiser, weil der Hund umherläuft?

Hält das Bellen längere Zeit an, ohne dass sonst etwas Beunruhigendes passiert, lässt die Aufmerksamkeit wieder nach. Die Gedanken schweifen ab. Irgendwann kehrt Ruhe ein, und es kann sein, dass dies gar nicht mehr bewusst wahrgenommen wird. Das Bellen war vom auditorischen Kortex bereits so stark herausgefiltert, dass es das bewusste Denken nicht mehr in Anspruch nehmen musste. Dann wird das Ende des Bellens aus Desinteresse absichtlich überhört. Der auditorische Kortex ist bereit für neue Signale des Ohrs.

Eine zufällige und spontane Musik?

Erinnern wir uns an dieser Stelle der klassisch-musikalischen Interpretation. Wenn wir uns dabei vor allem die Diskrepanz zwischen der Aktivität der Nerven und dem Spiel eines Sinfonieorchesters vor Augen halten, dann nicht, um den zu Beginn des Kapitels zitierten Vergleich zu kritisieren, sondern um ein stimmigeres «Gefühl» für die Vorgänge im Gehirn zu entwickeln.

Erstens: Nervenzellen sind spontan aktiv. Ihr Verhalten ist nach dem heutigen Stand des Wissens oft vom Zufall bestimmt und steht in keiner festen Beziehung zu anderen Nerven seiner Gruppe. Auch wenn eine Gruppe in Resonanz gerät, verstummt darum die spontane Aktivität der anderen Gruppen nicht. Diese Aktivität wird laufend von fremden Signalen gestört, doch wenn der optimale Input eintrifft, schlägt das Verhalten um.

Zweitens: Resonanzphänomene setzen ein, wenn eine Gruppe dazu stimuliert wird, sei es durch Sinneswahrnehmung oder durch andere aktive Teile des Gehirns. Die Stimulation erregt zunächst nicht alle, sondern nur einen Teil der Nerven. Die anderen passen sich nach und nach an. Nach der Stimulation zerfällt die Kopplung wieder, die Nerven bleiben aber spontan aktiv.

Drittens: Resonanzen zwischen mehreren Gruppen sind nicht vorab festgelegt, sondern entstehen selbstorganisiert und aus dem Moment heraus. Die Stärke und Dauer einer Resonanz, auch die Zahl der beteiligten Neuronen variieren und hängen außer von der Stimulation auch von Zufälligkeiten ab.

Viertens: Die Aktivitäten und divergenten Eigenschaften der Nervenverbände verändern sich mit der Zeit. Eine exakte Wiederholung kann es darum nicht geben. Andere Stimulationen lösen zu einem späteren Zeitpunkt eventuell eine Resonanz aus, oder die gleiche Stimulation ruft eine andere Resonanz hervor. Jede Resonanz wirkt wie ein vorläufiger Versuch, mit der Situation fertig zu werden. Bei der Suche nach neuen Lösungen hilft der Zufall mit.

Das spontane, zufällige, provisorisch wechselhafte Verhalten der Nerven und ihre Sensibilität auf das momentane Geschehen in ihrer Umgebung, die sie vorübergehend miteinander koordiniert, ist nicht nur verschieden, es steht ausdrücklich im krassen *Widerspruch* zur sinfonischen Idee und Praxis. Und trotzdem hat der Vergleich von Nerven mit einem Orchester etwas Reizvolles. Das Reizvolle besteht darin, dass er sich an das «Ohr» wendet, dass er nicht nach algebraischer oder geometrischer, sondern nach musikalischer «Logik» sucht und dass er die Arbeit des Gehirns nicht als das Abwickeln einer ausgeklügelten Software in einem Parallelcomputer deutet, sondern als spielerische Organisation von melodischen, harmonischen und (natürlich) rhythmischen Elementen. Dadurch kann das Nachdenken über das Gehirn auf eine neue Ebene springen. Hat man den qualitativen Sprung erst einmal getan, lassen sich die Unstimmigkeiten in den Details leicht korrigieren. Wenn es gelingt, das Verständnis durch eine «stimmigere» musikalische Deutung zu bereichern, dann wäre viel gewonnen – auch wenn es im Gehirn gerade *nicht* so abläuft «wie bei einem Sinfonieorchester».

Improvisationen

Alexanders Gedichte

Das Leben
Das Leben ist schön.
schon so schön als das Leben.
Das Leben ist sehr schön
das lernen wir; das Leben;
Das Leben ist sehr schön.
Wie schön ist das Leben.
Es fangt schön an das Leben.
So (schön) schwer ist das es auch.

Alexander schreibt nur, wenn er dazu ermuntert wird. Aber er zögert nicht, er schreibt. Sechzehn Jahre wurde Alexander ermuntert, zu schreiben. Gedichte, «Tipps für ein langes Leben» oder «Wörter, die mir einfallen». Er weiß nicht mehr, wer ihn zum Schreiben verleitet hat (sagt er). Er schreibt nicht gern. Er schreibt immer, wenn sein Arzt ein leeres Blatt und einen Stift vor ihn hinlegt und ihn bittet, zu einem Stichwort oder zu einem Titel etwas zu Papier zu bringen.

Weil ihn der Arzt bis 1977 etwa siebenhundert Mal darum gebeten hat, gibt es etwa siebenhundert Gedichte und Prosatexte. Ein Teil davon wurde unter dem Titel «Poetische Texte» veröffentlicht. In chronologischer Reihenfolge, so akkurat wie möglich wiedergegeben, inklusive aller orthographischen Fehler. So, wie es auf dem Papier stand. Alexander hat nie daran gedacht, seine Gedichte publik zu machen, und sie deshalb auch nie bearbeitet. Er ist nur dem Wunsch seines Arztes nachgekommen. Vielleicht aus Gefälligkeit.

Alexanders richtiger Vorname ist Ernst. Er wurde 1921 geboren und

Abbildung 16: Alexander. Gezeichnet von seinem Mitpatienten O. T. (1975)

lebt seit 1946 in einem psychiatrischen Krankenhaus. Sein Psychiater (und Herausgeber seiner Werke) ist 1920 geboren und arbeitet seit demselben Jahr 1946 in demselben Krankenhaus. Die etwa siebenhundert Texte wurden zwischen 1960 und 1976 geschrieben und haben Alexander und seine Krankheit in den siebziger Jahren des letzten Jahrhunderts berühmt gemacht.

Alexander ist ein Wanderer in einer unübersichtlichen, zerklüfteten Welt der Sprache. Er meistert sie mit Hilfe der «Sprachkunst», der zweiten von zwölf Arten von Kunst, die ihm auf Wunsch seines Arztes eingefallen sind. (Die erste Kunst ist «Das Rätselauflösen – vor Allem Fremdsprachen».) Seine Sprachkunst wurde gefeiert, man erhob ihn zu einem bedeutenden zeitgenössischen Dichter («Gedichte, die zum Schönsten gehören, was die österreichische Lyrik in der Gegenwart hervorgebracht hat») und versuchte sich in Interpretationen, die heute aus der Distanz gelegentlich unfreiwillig komisch wirken («Das heißt, wenn man einem Gedicht begegnet, das aus gewissen Gründen zweideutig oder orakelhaft wirkt, muss man nicht darauf bestehen, dass jedes Wort aufgeklärt wird»). Inzwischen hat sich die Aufregung um und die Begeisterung für die künstlerischen Dokumente schizophrener Patienten gelegt, und die «Poetischen Texte» sind nicht mehr im Buchhandel vorrätig.

Ob die «gewissen Gründe», die seine Gedichte zweideutig wirken lassen, auch die Ursache dafür sind, warum Alexander sein Leben ganz unzweideutig in der Psychiatrie verbringt? Er meistert zwar die Welt der Sprache, aber er wird auch von ihr beherrscht. Er stehe mit einem Mädchen in Verbindung, das ihn in seine Gewalt zwinge, sagt er bei seiner ersten Einweisung in die Psychiatrie mit zwanzig Jahren. Er höre sie reden. Er erzeuge durch Schluckauf Signale wie Morsezeichen, um sich mit ihr zu verständigen. Sie zwinge ihn, sich zu ohrfeigen. Sie beobachte sein Verhalten und sei über seine Handlungen informiert. Manchmal sage sie auch nette Sachen, aber immer dränge sie ihm ihren Willen auf. Durch «Striche und Punkte», wie beim Morsen. Und: «Ich werde ferngelenkt.»

Alexanders schriftliche Äußerungen dokumentieren zwei Pole. Während eines psychotischen Schubs zerfällt seine Sprache in ein Wirrwarr von Bruchstücken:

ist. send ich nicht keine
Panne habe. Sie holt. – W.
mit Tags sehr darauf.
da sie nicht will. Auch war
ich eher schön E. – Ende
uEer Alexander

Zu anderen Zeiten bedient er sich der Sprache zu treffsicherem Spott und zur Kritik an seiner Umgebung, auch gegen seinen Arzt, der ihn unaufhörlich mit einem Stichwort um poetische Mitteilungen aus seiner Innenwelt bittet. Die ersten drei der «20 Ratschläge für Ärzte» lauten:

1. Man soll keine Gedichte schreiben.
2. Man soll keinen Kinderglauben führen.
3. Man soll keinen Grund dafür angeben, dass man nichts kann.

Die meisten seiner Gedichte bewegen sich frei zwischen diesen beiden Polen. Hohle Phrasen und pointierte Wendungen, Triviales und Tiefsinniges gehen Hand in Hand. Es ist offenbar, dass der Autor die Wörter nicht mit der Distanz einer raffinierten Schreibtechnik aufs Papier setzt, um einen gewünschten oder vorgestellten Eindruck zu erzielen. Aber es bleibt auch nicht bei der hilflosen Beliebigkeit von zufällig ausgewürfelten Wortfolgen. Infolgedessen mag ein «Sinn» zwar gelegentlich anklingen, wie in vielen Dichtungen ist er aber dem logisch arbeitenden Verstand in seiner Beschränktheit und Geradlinigkeit nicht zugänglich. Vieles ist unklar und merkwürdig. Eine Analyse, die nach Konsistenz und Stringenz sucht, kommt nicht ans Ziel. Der Arzt bekommt eine Antwort auf seine Anfrage, aber die Antwort ist vieldeutig.

Darin ist das Spiel zwischen Arzt und Patient den antiken Orakeln verwandt. Auch das Medium des Orakels weissagte nicht von sich aus, um die Mitwelt zu unterhalten oder um zu beeindrucken und berühmt zu werden. Es wartete auf Kundschaft, die mit einem Stichwort oder einer Frage zu ihm kam, tat einen dunklen Spruch und ließ den Frager ohne weitere Auslegung allein.

Das Orakel von Delphi, das bereits vor Ankunft der Griechen mit ihren Göttern auf dem Peloponnes etabliert war, verlangte von den Rat Suchenden, dass sie auf den Stufen des Tempels schliefen. Wenn sie im Schlaf einen Traum hatten, war das ein Zeichen, dass sie die Dienste des Orakels zu Recht und nicht über Gebühr in Anspruch nehmen würden. Die Hohe Priesterin, die Pythia, hörte sich dann in Trance den Traum an und antwortete mit wunderlichen Worten. Nach der Übernahme durch die Griechen versuchten die Priester des Apoll bei der Deutung behilflich zu sein und den «Sinn» zu erhellen. Trotzdem wurde das Orakel mit den Jahren immer schärfer als «ambivalent» kritisiert und seine Legitimität bezweifelt: es sei nicht mit dem aufkommenden griechischen Geist der Vernunft verträglich.

Das Dunkle, das Rätselhafte und die Ambivalenz gehörten zum Wesen des antiken Orakels. Man darf annehmen, dass ein Spruch, der über ein Kind sagt, es werde heranwachsen, seinen Vater töten und die Mutter heiraten, und die Bestätigung dieses Spruchs, dass nämlich das Kind heranwächst, den Vater tötet und die Mutter heiratet (wie im «Ödipus» des Sophokles beschrieben), eine literarische Erfindung ist. Erfunden, um zu *zeigen*, dass der Mensch seiner göttlichen Vorsehung nicht entkommt, sosehr er sich auch darum bemüht. Das ist die Version eines Erzählers, der selbst außerhalb der (fiktiven) Welt der Ereignisse steht, eines Erzählers, der die göttliche Vorstellung kennt und deshalb das Orakel «richtig» versteht. Der Rat Suchende aber, der in der Welt der realen Ereignisse umherirrt, wird aus Prinzip im Ungewissen gelassen, denn seine Zukunft ist offen und muss offen bleiben. Er kommt um seine eigenen Deutungen nicht herum. Sein Schicksal folgt seinen eigenen Entscheidungen. Das Orakel kann bestenfalls Stimmen anrühren und Bilder beschwören, die tief liegen, sehr leise und schwach sind und die er in der Hetze des Alltags überhört und übersieht.

Alexander lässt sich vom Stichwort des Arztes anregen, in sich hineinzuhören. Er grübelt nicht, er überlässt es dem Stichwort, sich das dazugehörige Gedicht zusammenzusuchen. In dem unendlichen Durcheinander von Worten, Stimmen, Melodien und Bildern, die möglich sind, beginnen sich Bruchstücke zu sammeln, von denen sich eines an das nächste fügt. Ohne Mühe und ohne logischen Eingriff, so scheint es. Die Sätze müssen nicht zurechtgebogen werden, um sich in irgendeine Syntax oder Erwartungshaltung zu zwängen. Nicht das, was nach klärender Reflexion zusammenpasst, verbindet sie, sondern die Logik der neuronalen Erregungen in Alexanders Gehirn.

Der Tod
Der Tod ist ganz groß.
Der Tod ist groß
Dir Tod ist grütze.
Der Tod ist schön.
Der Tod ist auch.
Der Tod der Tiere.
Der Tod ist auch dumm.
Ich kann in den Tod gehen.
Der Tod in der Schule als Mädel.

Kein Zweifel, wer hier im Zentrum steht. Kein Zweifel, um wen sich alles dreht. Selbst die Struktur der Zeilen hält sich eisern am «Tod» fest. Das Gedicht kreist um dieses Zentrum. Nachdem er durch die Vorgabe des Arztes beschworen wurde, lässt der Tod das Gehirn des Dichters Alexander nicht mehr los. Der Begriff «Tod» beginnt, sich sein eigenes Gedicht zu suchen. Und Alexander lässt ihn gewähren. Lässt ihn, wieder und wieder, den Sprachraum erkunden und auf dem Papier seine Fundstücke hinterlassen. Und deshalb geht es in immer neuen Anläufen nur um den Einen, den Tod. Jeder neue Vorstoß zielt in eine andere Richtung. Es wiederholt sich keine Zeile. Mit jeder Wiederholung des Zeilenanfangs steht der Tod breiter im Raum. Und mit jedem Vorstoß scheint er seine Präsenz noch zu verstärken. Groß, schön, dumm.

So präsent und beinahe wie ein Monument steht er da, und doch entzieht ihm eine einzige Zeile den Boden unter den Füßen. Wie beiläufig wird aus dem Tod durch einen rettenden Einfall der «Freitod». Eine Zeile lang schlägt die Stimmung um, ein Kontrapunkt, der die Litanei der Attribute durchbricht, aber nur, um sich in das poetische Schlussbild zu verwandeln: der Tod, bedrohlich und niedlich, in der Schule als Mädel. Für einen flüchtigen Augenblick, eine Zeile lang, in wenige stimmige Worte gefasst, die Quintessenz zum «Tod». Angeregt im Gehirn des Autors, der ihn für groß, aber doch auch für «grütze» hält, der in seiner Anstalt an den Selbstmord denkt und der sich seit seiner Schulzeit von einem «Mädel» unter Druck gesetzt fühlt – ein Schlussbild, das sich durch das Vortasten des Begriffs in den Raum seiner Sprache erhoben hat.

Die Worte, die Alexander auf das Papier setzt, wirken, als seien sie Ketten von Indizien; als seien sie Spuren der Wort-Bewegung mit häufigen Richtungswechseln und Wechseln in der Geschwindigkeit. Wenn das Modell von der Repräsentation von Begriffen und Inhalten im Gehirn richtig ist, dann wäre diese Bewegung im Sprachraum durch eine Serie von kollektiven Erregungen von Nerven verursacht. Sie wäre eine Konsequenz des rhythmischen Arrangements der Erregungen.

Wird den Texten der Rang von Gedichten zugestanden, dann bedeutet das, dass man sie nicht für Produkte des Zufalls hält, und in ihnen glaubt man eine «Logik» im weitesten Sinn zu erkennen. Selbst wenn ihnen Geradlinigkeit und Eindeutigkeit fehlen, sind die Bewegungen doch bis zu einem gewissen Grad nachvollziehbar. Diese Eigenschaft fehlt den «Aufschrieben» während einer akuten Psychose. Von welcher Art aber sind die Gedichte? Sind sie das Produkt der Krankheit? Verraten uns die Zeilen des Sprachkünstlers und Rätselauflösers tatsächlich etwas über die *Störung*? Oder arbeitet so jedes Gehirn? Wie sähe die Bewegung beim Nichtschizophrenen aus?

Wortcluster

Gabriele Rico hatte in ihrem Schulunterricht zum Thema «Schreiben» oft genug die Erfahrung gemacht, dass nicht in jedem Schüler ein Alexander steckt, der auf Geheiß zu einem Stichwort Texte niederschreibt, die «zum Schönsten gehören», was die Lyrik der Gegenwart hervorbringt. Im Gegenteil, manche Schüler brachten sowohl aus eigenem Antrieb als auch nach ausdrücklicher Aufforderung im Wesentlichen nur Beliebigkeiten, Gemeinplätze und Peinlichkeiten zu Papier. Andererseits waren da aber immer wieder einzelne Beobachtungen, dass auch die «Talentlosen», die «Nichts-zu-sagen-Habenden» Momente hatten, in denen sie sehr wohl auch gute Geschichten erzählen und dabei originelle, überraschende Bilder entwerfen konnten. Sie schienen nur nicht über die Technik zu verfügen, diese vorhandenen Talente in geschriebene Worte fließen zu lassen.

Rico, die an verschiedenen Schulen in Kalifornien «Kreatives Schreiben» unterrichtet, hat sich wegen dieser Beobachtungen die Frage gestellt, ob es nicht eine Technik gibt, die – unabhängig von persönlichen Problemen – in jedem Einzelnen erst einmal sein vorhandenes Potenzial beim Umgang mit Worten freizulegen vermag. Ihre Idee bestand darin, dass im Prinzip jeder die Möglichkeit in sich trägt, einen Text zu einem beliebigen gestellten Thema mühelos und leichthin zu Papier zu bringen. Jeder ist in der Lage, einen Text zu schreiben, der in irgendeiner Weise für einen beliebigen unbedarften Leser «interessant» ist, ihn erheitert, empört, nachdenklich stimmt oder sonst wie anrührt.

Das Ergebnis ihrer Untersuchungen und Schreibexperimente hat sie in ihrem Buch «Writing the Natural Way» (Schreiben auf natürlichem Wege) zusammengefasst. Das Buch ist keine Anleitung zum Gestalten, Verbessern und Perfektionieren von Texten mit Blick auf ihre Verkäuflichkeit beim breiten Publikum, sondern eine Hilfestellung. Es hilft, ohne zu zögern mit dem Schreiben anzufangen, zum Beispiel als Reaktion auf ein Stichwort.

Die These ist, dass ein kreativer Umgang mit Worten nicht eigentlich neu erlernt, sondern wieder entdeckt werden müsse. Die zentralen Techniken, die einen Text interessant machen (unverbrauchte Metaphern, überraschende Analogien, Spannung durch Gegensätze, Stimmung durch Andeutungen), sind bei den meisten Kindern, die ihre Muttersprache zu gebrauchen lernen, im Überfluss zu beobachten (in der Regel bevor sie die Schule besuchen). Dieser kreative Wortgebrauch und die Experimente mit Worten sind keine mehr oder minder willkürlich durch Konvention festgelegten Künste (wie die Bewegung der Finger beim konventionellen Klavierunterricht), sondern sie spiegeln natürliche Prozesse beim Umgang mit Sprache wider. Deshalb sind sie auch jedem zugänglich. Um die gestaltenden Prozesse im Gehirn nutzbar zu machen und so unmittelbar wie möglich in geschriebenes Wort zu verwandeln, empfiehlt Rico das «Clustern».

Gegeben ist ein Begriff, ein Thema, eine Phrase, aufgeschrieben in der Mitte eines leeren Blatts. Vor dem Blatt sitzt eine Person, die sich den Begriff anschaut und dann ein paar Minuten lang aufschreibt, was ihr zu dem Begriff einfällt – unzensiert und ohne irgendwelchen Regeln zu folgen. Sie zieht lediglich um die entdeckten Wörter oder Phrasen Kreise und verbindet diese Kreise mit Strichen in der Reihenfolge, in der sie entstehen. Wenn eine Sequenz abbricht, weil nichts Neues mehr «kommt», geht es wieder zum gegebenen zentralen Begriff zurück, und eine neue Kette beginnt. Die Ketten verbundener Kreise können offen bleiben, sich selbst wieder zu Kreisen schließen und sich auch verzweigen. So entsteht ein «Cluster», ein strukturiertes Konglomerat von Worten, die alle aus dem ersten Zentrum herausgewachsen sind. Das geht so lange, bis das Papier voll ist, bis die Person keine Einfälle mehr hat oder einfach die Lust verliert. Es erinnert an das bekannte Brainstorming («Gehirnstürmen»), eine Problemlösungsstrategie, bei der eine Gruppe von Personen alle spontanen Einfälle niederschreibt, um dann die beste Möglichkeit auswählen zu können. Beim Clustern wird aber nicht nach einer Lösung für ein Problem gesucht, sondern just nach dem Konglomerat von Worten und Gedanken, die durch Kreise und Striche mit dem Stichwort verbunden sind (Abbildung 17).

Die Wörter lauten (im Uhrzeigersinn, beginnend um 12 Uhr): «suchen – schlafen; gefrorene Bewegung, unbewegt – bewegt – Bewegung – Leben – Tod – leblos (– unbewegt), früher Morgen – früher Abend, gespannt; unseren Atem anhalten, denken, tote Luft – beengend».

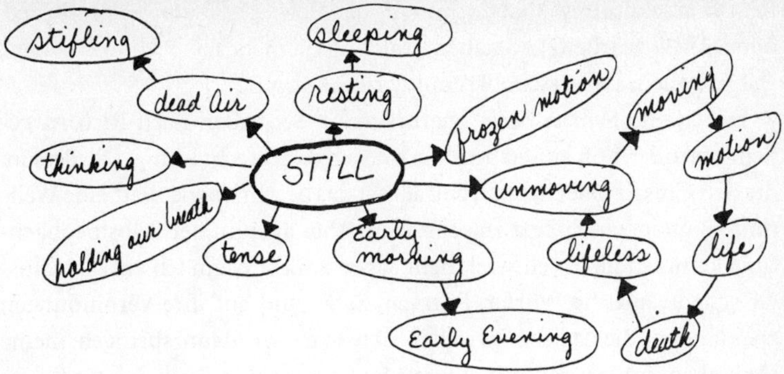

Abbildung 17: Cluster eines Studenten von Gabriele Rico zum Begriff «still».

Wenn ich vor dem leeren Papier sitze und den zentralen Begriff sehe, dann zieht er meine Aufmerksamkeit auf sich. Wenn ich meinem Bewusstsein die Gelegenheit geben will, zu erkunden, was ihm zu dem Begriff «einfällt», dann höre ich auf zu denken. Ich nehme die Gedanken von der Leine und lasse sie schweifen, streunen, vagabundieren. Ich suche *nicht* aktiv nach Begriffen, sondern lasse sie von allein auftauchen. Das ist zu Anfang nicht immer ganz einfach. Wenn ich in mein Gehirn hineinhöre, dann ist da zunächst eine ganze Menge Lärm. Um wahrzunehmen, was der vorgegebene Begriff in mir auslöst, muss ich diesen Lärm beruhigen. Ich beginne ihn zu filtern und mit dem «inneren Ohr» Worte, Phrasen, Sätze herauszuverstärken. In diesem Bewusstseinszustand bin ich zugleich passiv, weil ich vom bewussten, reflektierenden Denken ablasse, und im selben Moment aktiv, weil ich neu auftauchende Vorstellungen, Einfälle, Assoziationen, Bewegungen, Geräusche und Bilder als Antwort auf den zentralen Begriff selektiere und in geschriebene Worte verwandle. Ich bin hellhörig für das, was der Begriff in mir anrührt.

Ohne weiteres Zutun tauchen mehr und neue Wörter, Bilder und Begriffe auf, egal mit welchem Zentrum begonnen wird. Und immer wenn eine angeregte Kette von Begriffen abbricht, kehrt die Aufmerksamkeit wieder zum Keim zurück und beginnt neu auszuschweifen. Wenn ich den Cluster abbreche (man hat meist ein gutes Gefühl dafür, wann ein

Begriff erschöpft ist), habe ich nicht das Bewusstsein, etwas produziert oder geistig gearbeitet zu haben, sondern vielmehr habe ich nur notiert, was mir mein Gehirn zu diesem Begriff anbietet.

Der zweite Schritt beim «natürlichen» Schreiben nach Rico ist geheimnisvoller. Von außen besehen tut sich dabei recht wenig. Die Person, die den Cluster gefertigt hat, betrachtet das beschriebene Blatt eine Weile und fängt an, einen Text zu schreiben. Aber auch in der Selbstbeobachtung kann ich nicht sehr viel mehr sagen außer: Wenn ich auf den Cluster schaue, auf die Wörter, Phrasen, Sätze und auf ihre Verbindungen zueinander (die Striche zwischen den Kreisen), dann springen meine Gedanken umher, und mit einem Mal gibt es einen Ruck. Ich weiß, was ich zu schreiben habe, und kann damit unverzüglich beginnen. Entweder ich habe eine Idee, was ich sagen will, oder mir «fließt» ein erster Satz aus dem Stift aufs Papier. Daraus entfaltet sich der Text. Ob dieser Text ein lyrisches Naturgedicht oder ein dadaistisches Wortgewitter wird, ist natürlich völlig offen. Und ebenso natürlich ist, dass mit dem gleichen Begriff an einem anderen Tag ein anderer Cluster entsteht, ein Konglomerat, das einen neuen Ruck auslöst, der in einen neuen Text mündet.

Von all dem wusste Alexander nichts, als er begann, zu den Stichworten seines Arztes Gedichte und Texte niederzuschreiben. Er befand sich aber möglicherweise in der Grundstimmung des Clusterns. Seine Aufmerksamkeit konzentrierte sich auf das Thema, er hörte ganz offenbar in sich hinein und ließ dann die Worte so, wie sie dem Thema entsprangen, auf das Papier fließen. Er ging nicht den Umweg über den notierten Cluster. Bei ihm sind die Sammlung der Ideen und ihre Übertragung in Gedichte nicht getrennt. Und doch lesen sich einige Passagen seiner Texte so wie ein in Zeilen gebrachter Cluster. Das Zerrissene, Sprunghafte, Unmotivierte, Widersprüchliche und das Versehentliche ist in den Clustern Nichtschizophrener genauso zu finden wie in Alexanders Gedichten. Ebenso das Unkontrollierte, Unzensierte, das die Grammatik und Semantik ohne weiteres Ignorierende: die Spuren der Erregungen eines normalen Gehirns – wenn man es sich selbst überlässt.

Die Pfade der Erregungen

Die spontan notierten Gedichte Alexanders und die Cluster sind verwandt. Sie sind unmittelbarer entstanden als mit Absicht geformte Sätze, die einer weitgehenden Einengung unterliegen, denn dabei werden überwiegend *nicht* die spontan aktivierten Worte geschrieben, sondern Worte anhand von Schablonen gesucht und gewählt, die in einen gegebenen logischen Zusammenhang passen, die einer Grammatik genügen und die eine ausgewählte Sprachebene nicht verlassen. Die spontanen Niederschriften sind eng verknüpft mit den für sie verantwortlichen spontanen Vorgängen bei der Erregung von Nerven im Gehirn. Im Folgenden nenne ich einige häufige sprachliche Bewegungen, dic offenbar typisch sind für das unmittelbare Schreiben und die deswegen Aufschluss über die Dynamik der Erregungen geben könnten. Alle Beispiele sind von Alexander.

> Blumen am Rande des Feldes
> die Sprache.

Jedem bewussten Begriff lässt sich eine lokale, intensive, rhythmische Aktivität zuordnen. Um sie herum wird ein diffuser «Hof» von weiteren Nervenzellen mit angeregt. Die Aktivierung eines Begriffs ist dadurch nicht isoliert, sondern breitet sich über den Hof auf das Umfeld aus. Das Umfeld besteht aus den neuronalen Zentren anderer Begriffe. Nach dem Abklingen der Aktivität des ersten Begriffs wird ein Nachfolger aktiviert. Dessen intensive Anregung erzeugt ein neues rhythmisches Zentrum mit einem neuen Hof und eine weitere Ausstrahlung auf das Umfeld begrifflicher Möglichkeiten. Über die Höfe springt die Kette von einem Begriff zum nächsten.

Man muss sich das Gehirn als ein Tohuwabohu von Erregungen vorstellen. Klänge, Bilder, Phrasen, Emotionen, Kategorien, Erinnerungen, Fetzen, Müll, Triller, Splitter, Bruchstücke, Blitze, Farben, Fragen – alles angelegt im unkoordinierten Feuern der Nerven. Im Prinzip kann alles mit jedem verbunden werden, alles lässt sich wieder trennen. Durch Erfahrung, Übung und Konvention wird zwar die *Auswahl* an Worten beim

Aufbau von Sätzen enorm eingeschränkt, doch neurophysiologisch scheint auch das Gehirn des erwachsenen Menschen bemüht, im Ruhezustand *vor* der Auswahl ein maximales Durcheinander an Erregungen und Aktivitäten sicherzustellen. So viele «Blumen» wie möglich, eine Konkurrenz um die Aufmerksamkeit des Bewusstseins. Das ist sein schöpferisches Potenzial.

Zehn Wörter, die mir einfallen
Geographie
Zigarette
Herr
Lehrer
Mutter
Kinderheim
Bleistift
Feder
Feuer
Rauch

Eine Liste beliebiger Worte lässt sowohl das Durcheinander ihrer Aktivierung ahnen als auch die Einschränkungen. In diesem Beispiel kommen ausschließlich Substantive vor, und man kann Brücken von einem Begriff zum nächsten erkennen. «Rauch» schließt sich dem «Feuer» an, und beide wirken wie eine Wiederaufnahme des Hofs um das Wort «Zigarette», aber es fehlt eine nachvollziehbare Geschlossenheit durch die Schlusswendung wie beim «Leben» («so schön schwer») oder beim «Tod» («als Mädel»). Die Liste bricht ohne jeden weiteren Anhaltspunkt mit «Rauch» ab. Versucht man dagegen aufzuschreiben, was einem zu einem gegebenen Thema einfällt, dann verändert sich die Situation. Ein Begriff oder eine Idee wird dominant aktiviert und beginnt, die übrigen Aktivitäten auf sich zu beziehen, zu sich ins Verhältnis zu setzen. Das Thema provoziert Reaktionen und Assoziationen, die in irgendeiner Weise zu ihm gehören. Der zentrale Begriff wird zu einem *Sensor*, der das sprachliche Innenleben abtastet.

Eine einfache Form, einem dominanten Begriff gerecht zu werden, ist, ihn zu wiederholen. Die mehrfache Aktivierung im Bewusstsein hält ihn präsent und verstärkt seine Ausstrahlung («Der Tod ist …»). Sie bestätigt ihn als Zentrum der Gedanken und macht ihn auch zum Thema des Geschriebenen. Pausenlose und monotone Wiederholung eines Begriffs dagegen schwächt seine Ausstrahlung wieder und stimuliert das Ausweichen auf andere Begriffe. Hundertfache Wortwiederholung, wie sie beim Gilles-de-la-Tourette-Syndrom (der «Tic-Krankheit») oder beim Parkinsonismus auftreten kann, ist eine aus der Kontrolle geratene Aktivierung, die sich der Tendenz des gesunden Sprachbewusstseins zum Ausweichen (oder Aufhören) entzieht. Dies sind keine Probleme der Entstehung der Sprache, sondern fehlerhafte Erregungen von Teilen des Gehirns (den Basalganglien), die für koordinierte Bewegung von Muskeln verantwortlich sind. Darin sind sie dem Veitstanz verwandt, bei dem sich eine fehlerhafte Erregung als hüpfendes Zucken von einem Körperteil in den anderen verlagert.

die Hoffnung ist weiß
die Hoffnung ist immer schwarz

Zu vielen Begriffen gibt es einen zweiten Begriff, mit dem sie stark verbunden sind. Dies kann ein Gegenpol, das andere Extrem, ein scharfer Kontrast oder eine Verneinung sein. Der zweite Begriff wird nicht automatisch mitaktiviert, aber beim Hören oder Lesen des ersten *voraktiviert.* Für die nachfolgende Aktivierung bietet er sich dadurch prominenter an als Alternativen, die eine ähnliche Verbindung nicht besitzen.

ist die Orchidee groß
und riecht auch famos

Ein Begriff wirkt nicht nur durch seine Bedeutung, sondern auch durch seinen Klang. Er aktiviert deshalb auch inhaltlich beziehungslose Worte vor, die ähnlich klingen oder die gemeinsame klangliche Komponenten haben. Von Ausnahmen abgesehen (zum Beispiel in lautmalerischen Gedichten oder im Dada) besteht in geschriebenen Texten eine gewisse Hemmschwelle, einen zweiten Begriff *ausschließlich* deshalb zu aktivieren, weil er ähnlich klingt. Meist wird noch ein zweiter Grund dazutreten, der die klangliche Vorstellung auch inhaltlich rechtfertigt. Die

Aktivierung entspringt dann der gleichzeitigen Voraktivierung aus unterschiedlichen Motiven. In Gedichten übt der Gleichklang einen besonderen Reiz aus, wenn er als Reim am Ende einer Gedichtzeile steht.

> Rot ist der Wein, rot sind die Nelken
> Rot sind die Lippen und der Mund
> Rot ist die Wirklichkeit und der
> Herbst. Rot sind manche Blaue Blätter

Viele Begriffe haben konventionelle Verbindungen zu anderen Begriffen. Bestimmte Kombinationen von Begriffen sind so häufig, dass sie zum Klischee neigen und sich fast aufdrängen, zusammen aktiviert zu werden (Rot-Wein-Lippen). Für ein sensibles Ohr allerdings erzeugen häufig gebrauchte und abgenutzte Klischees eine Unzufriedenheit, die von Zeit zu Zeit zu klischeesprengenden Pointen (blaue Blätter) und Absurditäten anstachelt.

Der Anfang und der Schluss sind das Wichtigste

Es scheint eine dem gesunden Gehirn innewohnende Tendenz zu geben, die Suche nach Worten im Gefolge eines dominierenden Begriffs nach einer gewissen Zeit zu beenden und zu einem Abschluss zu kommen, das heißt, innerhalb des durchsuchten, aktivierten Wortraums eine Formulierung zu finden, die ein vorläufiges Ganzes erzeugt: ein Bild, ein Statement, eine Einsicht, eine Frage, die im momentanen Umfeld einen gewissen «Sinn» macht. Ob dieser Sinn grammatikalisch, logisch, bildlich, melodisch oder sprachrhythmisch ist, spielt beim freien und unmittelbaren Schreiben eine untergeordnete Rolle. Es ist, als ob die aktivierten Begriffe eine Resterregung hinter sich lassen. Die Auswahl des Schlusses unterscheidet sich dann von den anderen Worten. Er fällt bevorzugt so aus, dass die Aktivierung mit den Resterregungen des schon Geschriebenen und insbesondere mit dem Anfang eine letzte Steigerung erfährt, bevor sie wieder verebbt.

Alexanders Texte sind in ihrer Unmittelbarkeit und Unverblümtheit Dokumente einer flexibel arbeitenden Gehirntätigkeit. Sie tragen auch Züge seiner schizophrenen Erkrankung, am auffälligsten während des

Aufflackerns der Psychose. Betrachtet man die Werke aber als ein In-sich-hinein-Hören, als Versuche sprachlicher Selbsterkundung, dann wirken sie überraschend «normal». Wiederholung, Umschlag ins Gegenteil, Gleichklang, Klischee, Absurdität und wie zufällig wechselnde Auswahlkriterien für Inhalt, Klang und Rhythmus sind Charakteristika eines jeden Gehirns beim kreativen Umgang mit Sprache.

Fasst man den Inhalt der letzten drei Abschnitte mit dem vorherigen Kapitel zusammen, dann erklärt sich die Gehirnaktivität als eine Sequenz von vorübergehenden kollektiven Erregungen einer sehr großen Zahl spontan und zufällig aktiver Komponenten. Wollte man ein Modell für diese Aktivitäten des Gehirns entwickeln, dann müsste man von ihm verlangen, dass es außerdem auch noch den «Alexander-Test» besteht: Die Wortfindungen nach einer gegebenen Stimulation «von außen» müssten die natürlichen Charakteristika, den Witz und das Orakelhafte der Gedichte Alexanders imitieren. Um aber die Dynamik einer solchen Selbstorganisation und Selbstentwicklung nicht nur analytisch zu zerlegen, sondern in seiner Kraft und seinen Grenzen auch sinnlich zugänglich zu machen, möchte ich den letzten Abschnitt einer Musizierform widmen, die sich von der konventionellen sinfonischen Praxis stark unterscheidet, die aber einige bemerkenswerte Analogien zu den kreativen Prozessen im Gehirn zeigt.

Kollektive Improvisation mit eigenen Themen

Eine Gruppe von Chorsängern hat sich in einem Raum verteilt. Jeder steht an einem beliebigen Ort. Alle Stimmlagen sind vertreten, aber die Gruppierung nach Sopran, Alt, Tenor und Bass hat bei diesem Treffen keine Gültigkeit. Es gibt keine Noten und keinen Dirigenten, der den Takt vorgibt. Das bevorstehende Experiment ist eine «Vokalimprovisation».

Landläufig denkt man bei Improvisation zunächst einmal an Jazz und Blues. Dort wird ein ausgearbeitetes Thema inklusive Harmonie und Rhythmus vorgegeben und die Instrumentalisten haben Gelegenheit, ihre musikalischen Einfälle zu den Harmonien und dem Rhythmus zu entfalten. Trompete, Klarinette, Saxophon – jeder bekommt eine abgesprochene Anzahl von Takten, in denen die Mitspieler zurücktreten und nur noch den Solisten unterstützen. In den alten Stilarten, zum Beispiel im New Orleans und im Dixie, wurden intensive Passagen auch gemeinsam improvisiert. Allerdings waren jedem Instrument dabei feste Rollen zugewiesen, und alle Bandmitglieder mussten sich an die konventionellen Skalen halten. Im Vergleich zu diesem engen Korsett bot die Einzelimprovisation einen größeren Spielraum für Ausdruck und Virtuosität. Bei der Vokalimprovisation dagegen gibt es keine Vorgabe. Keine Vorgabe? Nun, es versteht sich, dass die Teilnehmer keinen Notenständer bauen wollen, sondern sich getroffen haben, um zu singen. Es fehlt aber eine harmonische Grundlage, es fehlt ein Thema und die Einigung auf einen musikalischen Stil. Die Idee ist, dass jeder singt, *was er will*, und dass jeder dabei sich selbst hört, die anderen hört – und als Antwort auf das, was er hört, wiederum singt, was er will; eine Zeile wie aus einem gregorianischen Choral oder eine Melodie aus einem Schlaflied oder was immer die Stimme zu leisten vermag. Selbstverständlich fehlt auch jede Regel, wie während der Improvisation zu verfahren sei. Und die Dauer des Stücks? Sie ist beliebig. Es wird eben einige Zeit gesungen, und wenn keiner mehr will, ist Schluss.

Was ergibt sich daraus? Das nackte Chaos, die pure Kakophonie? Eine musikalische Variante dessen, was man in der Physik das weiße Rauschen nennt, eine Wand aus Geräuschen aller Frequenzen, aller Tonlagen, ohne die geringste musikalische Beziehung, der das Ohr etwas abgewinnen kann? Das ausdrückliche Gegenteil von Musik also? Aus der Mitte des Raums ist erstauntes Lachen zu hören, in einer Ecke kurzes Husten. Jemand räuspert sich, zwei Stimmen flüstern miteinander. Ein erster Dreiklang wie bei einer Stimmübung markiert den musikalischen Start der Vokalimprovisation. Nach und nach wagen sich neue, auch lang gehaltene Töne in den Raum. Die Färbung wird etwas kräftiger, ein Knurren kommt hinzu. Ein kurzer Koloraturversuch, der an eine bekannte Arie erinnert, erhebt sich spitz, und ein Bass setzt mit Inbrunst einen Kontrapunkt. Ein dichter, breiter Klang schwillt an und füllt den Raum. Zwei Dutzend Sänger, die stimmlich tun, was sie wollen, besitzen einen kaum vorstellbaren musikalischen Reichtum. Jeder Einzelne ist voll von melodischen, klanglichen und rhythmischen Ideen. Seine Musik ist im Gehirn nicht in kompletten Sätzen abgespeichert wie auf einer CD, die zur Wiedergabe nur noch Zentimeter für Zentimeter abgetastet werden muss. Musik wartet im Gehirn in Form von ungeordneten Bruchstücken, Keimen, Fetzen, Geräuschkulissen, strukturellen Beziehungen und mehr oder minder expliziten Regeln auf ihre Aktivierung. Naturgemäß mischt eine willkürlich in den Raum geworfene Auswahl aus diesem Reichtum erst einmal Kraut und Rüben durcheinander. Und ähnlich wie bei Partys, wenn zu viele Gäste gleichzeitig reden, wird aus dem Durcheinander ein unstrukturierter, unmusikalischer, grauer Klangbrei. Dabei bliebe es auch, wenn die Sänger nicht aufeinander achten würden, wenn sie isoliert in schalldichten Kammern säßen, und nur ein Außenstehender könnte alle gleichzeitig hören. Dann wäre das Produkt in der Tat ein Mischmasch beziehungsloser Komponenten. Es entstünde keine Musik. Aber im selben Raum vereinigt, dem Schall aller Kehlen ausgesetzt und mit geöffneten Ohren …

Zwei Melodielinien begegnen sich versehentlich im gleichen Ton, und die Sänger bleiben einen Moment lang an diesem Ton hängen. Ein Schnauben und ein Pfiff aus zwei verschiedenen Kehlen wechseln sich einige Male ab, sodass es dem I-aah eines Esels ähnelt. Ein Triller schwillt an und wieder ab. Mit angedeutetem Walzertakt ermuntert ein Sänger seine Nachbarn zum Mitschwingen. Die harmonische Passage wird durch einen Schrei empfindlich gestört. Ein sägendes Geräusch wiederholt sich. Einzelne rhythmische und melodische Elemente heben sich vom Geräuschuntergrund ab. Einige sind auffälliger, markanter, eingängiger als andere und nicht bereit, schnell wieder zu verschwinden. Sie kehren wieder. Andere Einfälle verpuffen sofort und machen Platz für neues Material. Marschähnliche Strukturen werden prominenter, wenn sich ihr zwei oder mehr Sänger anschließen. Zwei Melodien, die eine Beziehung zueinander finden, helfen sich gegenseitig, fortzufahren. Die stärker profilierten Ideen wollen sich ausbreiten. Da sie dem Zufall entsprungen sind, widersprechen sie sich und treten in Konkurrenz zueinander. In dem Klangbrei baut sich eine Spannung auf. Mit einem Male stehen verschiedene Teile des improvisierenden Chors miteinander im

Konflikt. Unter den gegebenen Umständen weichen die Sänger dem Konflikt nicht aus, sie können es gar nicht, so haarsträubend und irritierend er für ihr musikalisches Empfinden auch klingen mag. Sie alle sind hier, um zu singen, und schließlich waren sie ja gehalten, zu singen, was *sie* wollen – nicht, was die anderen wollen.

Nur wenige Motive passen sich in die Dynamik des Chors «richtig» ein, sodass sie, von den Kollegen des Erfinders aufgenommen, passend rhythmisiert und kontrapunktiert andere Motive dominieren oder mit ihnen verschmelzen können. Die einfachste Art, Vorstellungen zu behaupten und sogar noch zu verstärken, ist es, rhythmische Koalitionen zu bilden. Da eine vorherige Absprache nicht möglich war, werden solche Koalitionen stimmlich spielerisch und durch Mimik, Gestik und andere Körperbewegungen bestätigt – Kopfnicken, Lächeln, Wiegen des Oberkörpers, kleine Schritte. Doch es sind der Reize zu viel, die Willkür ist zu groß. Gelungene rhythmische Koalitionen halten nur kurz und brechen wieder auseinander, harmonische Beziehungen zerfallen. Das musikalische Unbehagen wächst.

Motive wiederholen und verschärfen sich, Melodien und Klangfarben verwandeln sich, die Sänger stellen sich unwillkürlich oder bewusst darauf ein. Und merkwürdig heimlich, ohne dass ihn jemand gerufen hat, ist inmitten dieser wirren, sich jagenden Konstellationen auch ein Rhythmus da. Ein Puls, eine einheitlich verbindende Grundbewegung. Erst kaum spürbar, überschichtet von den vielen Einzelsträngen, scheinbar zu schwach, um sich zu erheben. Dann offen und stark. Ermutigend und störend, ordnend und auswählend. Ein Puls, der sich mitteilt und über die ganze Gruppe verbreitet. Und in den Puls hinein entfaltet sich so etwas wie ein Thema. Mit klarem Klangcharakter und scharfer rhythmischer Kontur. Die schrille Dissonanz ist einem breiten Mollakkord gewichen. Einige Sänger verketten und verweben ihre verschnörkelten Melodien. Dazwischen kehliges Gurren und Zungenschnalzen. Die Fetzen und Triller, das Summen und Schreien, der Belcanto und das Falsett vereinen sich zu einem Thema, das jeden Sänger erfasst und den ganzen Raum besetzt, der dieser Gruppe zur Verfügung steht. Klanglich und rhythmisch durch sich und in sich organisiertes Material, eine Lösung des angestauten Konflikts und eine Dynamik, die ihren Fluss gefunden hat.

In der Willkür des «Was ihr wollt» wirkt es auf den unbeteiligten Zuhörer natürlich wie ein höchst unwahrscheinlicher Zufall, welche der vielen möglichen musikalischen Strukturen sich schließlich herausschält und durchsetzt. Aus der Sicht des Sängers aber hat die Entwicklung der Spannung und ihre (vorläufige) Lösung aber (zumindest streckenweise) auch eine gewisse Konsequenz. Der Chor hat nicht nur sehr viele klangliche Vorschläge gemacht und sie aufeinander prallen lassen. Jeder einzelne Sänger hat darüber hinaus sich selbst und die anderen konzentriert angehört und auf das Gehörte reagiert. In diesen Phasen wurden rhythmische und melodische Versatzstücke geprüft und mit musikalischem Empfinden beurteilt und gewichtet. Dadurch hat der Chor aus den unendlich vielen denkbaren Kombinationen nach verschiedensten Kriterien ausgewählt, in Dutzenden kleinen, momentanen Entscheidungen. Er hat eine ganz bestimmte musikalische Struktur, das Thema, durch sein ununterbrochenes Improvisieren herausgefiltert. Die Freiheit jedes Sängers vermochte einerseits verhindern, dass ein Einzelner den anderen seine Vorstellungen gegen ihren Willen aufzwingt, und gerade diese Freiheit konnte andererseits die Anpassung zu einer kollektiven musikalischen Struktur begünstigen.

So, wie das Thema entstanden ist, vergeht es auch. Es wird von jedem Sänger anders gehört. Die Vorgaben zur Fortsetzung fehlen, und so entwickelt es jeder spontan in seine eigene Richtung weiter. Die Einfälle sind zum Teil konstruktiv in dem Sinn, dass sie das Thema unterstützen und gewillt sind, es weiterzutragen. Aber da sind auch Beiträge, die karikieren, polarisieren, die sich aneinander reiben und schließlich Strukturen zerstören. Die eben noch gespürte Kohärenz des Themas verliert sich in einer verschwimmenden, zerfransenden, Struktur auflösenden Phase. Die Kohärenz war nur flüchtig und vorübergehend, der Fluss der individuellen Improvisationen drängt weiter. Gelegentlich erinnern Phrasen und Motive an das Thema und auch daran, wie es entstanden ist. Dann versuchen einige das Thema noch einmal zurückzuholen – das kehlige Gurren, eine ziselierte Melodie –, aber es gelingt nur kurz und unvollständig. Die auseinander fallende musikalische Stimmung trägt das «alte» Thema nicht mehr, sie sucht nach neuen Kombinationen, lenkt den Fluss in eine neue Richtung.

Das schönste Thema wird in einer Vokalimprovisation nicht überleben. Die Auffassungen davon, was seine Qualität ausmacht, laufen zu weit auseinander. Jedes musikalisch geschulte Bewusstsein hat eine sehr persönliche Vorstellung davon, wie ein Thema abgewandelt, erweitert und verbessert werden kann. Selbst ein sehr stimmiges Thema, das alle ergreift, findet seine Kritiker. Manche werden des Themas schnell müde und überdrüssig, andere opponieren, weil ihnen die Stimmigkeit zu weit geht. Körper und Gehirn wollen Veränderung. Die kollektiv improvisierte Musik ist ständige Erneuerung. Sie kann nicht stehen bleiben.

Erstaunlich, dass das Experiment überhaupt gelingt. Nicht nur einmal, sondern oft. «Gelingt» heißt dabei nicht, dass die Sänger eine halbe Stunde lang einen Saal bis unter die Decke mit beliebigen stimmlichen Geräuschen füllen können. Das ist selbstverständlich. Gelingen heißt, dass aus dem wie zufällig gewürfelten Durcheinander akustischer Ideen von zwei Dutzend eigenständigen musikalischen Persönlichkeiten während des Singens (ein Begriff aus der Chemie dafür ist *in situ* – im Werden) aus einer bloßen Geräuschkulisse vorübergehend eine sinnvolle zeitliche Struktur entsteht. Erstaunlich ist, dass Musik erklingt.

Das Besondere an der Vokalimprovisation ist, dass sie nicht nur Struktur erschafft, die Musik genannt werden kann, sondern dass diese Form von Musik streckenweise außerordentlich originelle Züge trägt. Die Vokalimprovisation ermöglicht musikalische Ideen, die über die Einfälle der einzelnen Sänger hinausgehen. Sie bedient sich dazu nicht des reflexiven Verstandes oder bewusst praktizierter handwerklicher Kompositionstechniken, sondern der unmittelbaren musikalischen und körperlichen Kommunikation. Sie aktiviert Ideen aus dem Moment heraus. Sie beweist, dass die musikalische und körperliche Interaktion zu mehr fähig ist als zur notengetreuen Wiedergabe auskomponierter Werke. Ideen bekommen die Gelegenheit, gehört zu werden und sich auszubreiten. Zufall und Freiheit, in den richtigen Rahmen gebracht, entwickeln komplexe zeitliche Muster. In einem gewissen Sinn kann man sagen: Die Musik organisiert sich selbst. Sie bedient sich der aktiven, freien und willigen Sänger und ihrer Möglichkeiten, um sich mit ihnen und in ihnen zu entfalten.

In diesem Aspekt zeigt die Vokalimprovisation Parallelen zur Entstehung kollektiver Erregungen aus dem zufälligen Feuern vieler Nerven oder vieler Verbände von Nerven. Selbstverständlich sind neben originellen und komplexen Strukturen auch die perfekte Synchronisation und das totale Fehlen von Strukturen im Grenzfall möglich. Alles, was durch Kopplung und Rückkopplung entsteht, erzeugt nicht nur Komplexität, sondern kann sie auch zerstören. Doch die Natur hat dieses Risiko bei der Evolution des Gehirns in Kauf genommen, weil es ihr ermöglicht, die konstruktiven und kreativen Potenziale der rhythmischen Kollektive von Nervenzellen voll auszuschöpfen.

Musikalisches Feedback

Rhythmische Attacke auf den Körper

Wieder verfehlt! Gegen das böse Virus war so nicht anzukommen. Da blieb als ein letztes Gegenmittel nur noch die Blitzbombe. Zu viel Schaden war schon entstanden, und weiteres Übel musste verhütet werden. Pikachu konzentrierte sich. Der Angriff musste nur noch im richtigen Augenblick gestartet werden …

Die Folgen der Attacke: Schwindelanfälle, Sehstörungen und Krämpfe. Ein Mädchen begann erst wieder richtig zu atmen, als ihr die Mutter auf den Rücken klopfte, ein Junge musste durch eine sofortige Herzmassage aus seinem Schock befreit werden, aber die meisten Kinder dürften durch die Blitzbombe eine Art epileptischen Anfall erlitten haben. Etwa siebenhundert betroffene Kinder wurden behandelt, mehr als hundertfünfzig mussten vorübergehend im Krankenhaus bleiben, ein Mädchen kam auf die Intensivstation.

Dabei waren die Kinder und ihre Eltern davon ausgegangen, dass die Attacke gar nicht ihnen, sondern den Feinden des Helden Pikachu in der Comicserie «Pokemon» im japanischen Fernsehen gegolten hatte. Jedenfalls war der Angriff auf das Computervirus gut inszeniert. Auf die kleinen Zuschauer, die gebannt auf den Bildschirm starrten, hagelte ein Blitzgewitter aus den Augen Pikachus. Ein roter Blitz, ein blauer Blitz, zehnmal in der Sekunde wechselnd, gerade so, dass sie noch als einzelne Blitze erkannt wurden, begleitet von dem kontrastierenden Wechsel des Hintergrundes, ebenfalls zwischen blau und rot, verstärkt durch ein akustisches Bombardement. Ein unison schmerzhaft greller Bildschirm hätte die meisten Zuschauer bewogen wegzusehen, aber dieser schnelle Wechsel der Blitze aus den Augen Pikachus fesselte den Blick der Kinder – und er verfehlte seine Wirkung nicht. Als hätten sie direkt in die Sonne geguckt, erinnerten sich einige später. (In den Presseberichten stand auch ein interessantes Detail für jemanden, der plant, den Effekt gezielt in unlauterer Absicht anzuwenden: Ein behandeltes Kind konnte sich am nächsten Tag nicht mehr erinnern, die «Pokemon»-Folge gesehen zu haben. Wäre es ein Einzelfall gewesen, käme niemand auf die Idee, wo die Ursache der Beschwerden zu suchen sei ...)

Fernsehzuschauer sind sich für gewöhnlich nicht darüber im Klaren, dass die sinnlichen optischen und akustischen Reize ausdrücklich auf sie und ihre Körper ausgerichtet sind. Filme werden so gemacht, dass sie nachhaltiger und eindrucksvoller werden als die Bilder und Geräusche, die der Zuschauer von seiner Wohn- oder Kinderzimmerumgebung empfängt (und die in der Regel kaum mehr bewusst sind, sobald man sich an sie gewöhnt hat). Und weil ein Film vom Bildschirm aus nicht direkt körperlich angreifen kann (die intensivste Art, einen «Eindruck» zu hinterlassen), nimmt er den hör- und sehbaren Umweg über das Gehirn.

Solche Effekte seien allgemein gebräuchlich, er verstehe die Wirkung nicht, wunderte sich der «Pokemon»-Produzent nach dem Bekanntwerden der Vorfälle. Auch Alfred Hitchcock versuchte in seinen Filmen häufig, seine Zuschauer mit psychologisch geschickt gewählten Bildern und Geräuschen nicht nur seelisch, sondern auch körperlich unter Druck zu setzen. In «Psycho» verwendet er dazu (während einer Autofahrt) scharf geschnittene Wechsel von Schwarz-Weiß-Kontrasten, unterstützt durch penetrant quietschende Scheibenwischer und ein aufwühlendes schrilles Streichorchester. In der Regel beschränkt sich die Wirkung solcher Techniken aber auf einen beschleunigten Herzschlag, erhöhte Schweißproduktion und verspannte Muskulatur. Nur bei Epileptikern kann es vorkommen, dass ein Anfall durch schnellen Kontrastwechsel auf dem Bildschirm ausgelöst wird.

Die Mehrheit der betroffenen japanischen Kinder litt aber nicht an Epilepsie. Ein Teil von ihnen hätte auch mit den Wechseln von Schwarz und Weiß keine Probleme gehabt. In einer späteren Untersuchung reagierten die Kinder nicht auf den Wechsel allein, sondern nur auf die spezielle Farbkombination aus Blau und Rot. Solch eine Wirkung von Farbwechseln auf gesunde Kinder ist einmalig und der schwerste bekannte Fall einer simultanen Stimulation von klinischen Symptomen durch das

Fernsehen. Aber *warum* die Blitzbombe des japanischen Comics so ungewöhnlich heftige Reaktionen auslöste, bleibt ein Rätsel. An der Vorgeschichte des Abenteuers an diesem Abend allein dürfte es nicht gelegen haben. Auch andere Kinder, die nur die Szene mit dem Bombardement in den Nachrichten sahen, wurden von der Attacke betroffen. Der Produzent sagte, ihm sei an der fraglichen Passage nichts aufgefallen. Es seien schon viele ähnliche Effekte in dieser Fernsehreihe eingesetzt worden, ohne dass es zu Problemen bei den zuschauenden Kindern gekommen sei. Wahrscheinlich war man, ohne es zu wissen, auf eine «optimale» Kombination aus Farbkontrasten mit schnellen optischen und akustischen Wechseln gestoßen, die deutlich tiefer in die Gehirne drang und die Kontrolle erfolgreicher übernehmen konnte als die sonst üblichen Bilder- und Tonfolgen. Ein Phänomen, das eine Untersuchung (in lauterer Absicht) verdiente.

Der Rhythmus des kleinen Übels

Gehirne sind anfällig. Sie sind riesige Netzwerke dynamischer Aktivität mit kaum zählbar vielen Kontrollschleifen. Ihre Arbeit besteht im ständigen Wechsel von Unordnung und Ordnung. Wenn auch vorübergehende Ordnung für viele Funktionen gut ist, kann eine zu hohe Ordnung ernste Probleme bereiten. Paradoxerweise ist eine der extremsten Ordnungen im Gehirn mit dem (mathematischen) Chaos verknüpft.

Ähnlich wie beim Herzen lässt sich auch die elektrische Aktivität des Gehirns aus einiger Entfernung messen. Für das Elektroenzephalogramm werden mehrere Elektroden auf die Kopfhaut gesetzt, um die Tätigkeit des komplizierten Gewebes aus Nervenzellen zu verfolgen. Sollte man vermutet haben, im Schlaf oder bei Bewusstlosigkeit sei nichts Spezifisches zu sehen, bei wachem Verstand und reger Denktätigkeit dagegen würden auffällig strukturierte Signale erscheinen, so ist dies nicht der Fall. Das Elektroenzephalogramm (oder EEG) eines gesunden, wachen Menschen, der seine Augen und Ohren offen hält, ist geradezu dramatisch nichts sagend (Abbildung 18, oben). Die gemessenen Potenzialschwankungen sind klein, meist weniger als fünfzig Mikrovolt. Jedes Augenzwinkern verursacht einen stärkeren Ausschlag. Eine spezifische Struktur ist in dem Zittern des Potenzials weder mit dem Auge zu sehen noch in einer Vertonung mit den Ohren zu hören. Für alle praktischen Zwecke ist das Elektroenzephalogramm im wachen Zustand überwiegend *zufällig*. Die Schwankungen scheinen ausgewürfelt zu werden. Das Signal lässt nicht darauf schließen, dass ihm ein irgendwie sinnvoll gestalteter Prozess zugrunde liegen könnte – weder beim gedankenlosen Stieren in die Luft noch beim Nachdenken, der vermeintlich höchst entwickelten kognitiven Tätigkeit des menschlichen Gehirns, auf dessen Vernunft, Konsistenz und Nichtzufälligkeit wir so stolz sind.

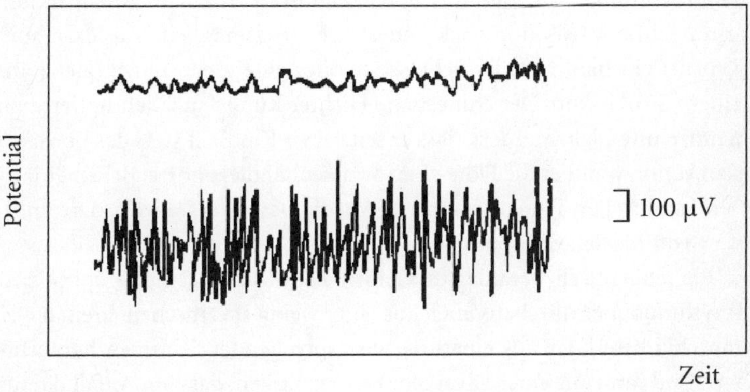

Abbildung 18: Normale Gehirnaktivität (unten) und Aktivität während eines epileptischen Anfalls (Grand Mal)

Dies kann sich bei einigen Menschen vorübergehend ändern. Wie in der Abbildung 18 unten zu sehen, schlägt das EEG plötzlich um. Danach sind die Ausschläge des Potenzials bis zu zweihundert Mikrovolt groß und zeigen einen ausgeprägten, einfachen Rhythmus. Nach spätestens fünf Minuten ist die «Episode» wieder vorbei, und das zufällige Zittern des Wach-EEG kehrt zurück. Während der Episode sind alle normalen Denkvorgänge gestört, die Muskeln verkrampfen sich spasmisch, und gelegentlich macht der Besitzer des Gehirns auch ungewollt «in die

Hose». Der Rhythmus im EEG signalisiert einen heftigen epileptischen Anfall, in unserem Bild den so genannten Grand Mal (das große Übel).

Epilepsie wird definiert als abnorme rhythmische Aktivität eines Teils des zentralen Nervensystems. Sie ist damit das klassische Beispiel einer dynamischen Krankheit. Die Attacken des Grand Mal befallen vor allem Personen, die durch Vererbung für eine Epilepsie disponiert sind. Sie durchziehen oft weite Bereiche des Gehirns bis in die ältesten Schichten im Stammhirn und sind dann so stark, dass sie von fast jeder Stelle der Kopfhaut so registriert werden können, wie es in der Abbildung zu sehen ist. Die Anfälle entstehen zum Teil spontan, aber auch als Reaktion auf emotionale Belastung oder Fieber. Auffällig ist, dass insbesondere die Wahrnehmung von rhythmischen Ereignissen zu einem Anfall führen kann. Laute Musik und flackerndes Licht sind mögliche Auslöser, zum Beispiel ein hämmerndes Schlagzeug oder eine grelle Blitzsequenz aus einem Stroboskop. Der chinesische Dichter Kung Tsu Chen notierte im neunzehnten Jahrhundert, dass er seit seiner Kindheit stets das Bewusstsein verlor, wenn er die Flöte eines Strassenhändlers hörte. Bei einer jungen japanischen Patientin werden Anfälle besonders durch «Dreamlover» von Mariah Carey ausgelöst.

Ein epileptisch veranlagtes Gehirn kann sich «seinen» abnormen Rhythmus aber durchaus auch aus einer wenig spezifischen, breiten Geräuschkulisse oder aus einem Gewirr sprechender Stimmen herausfiltern und ihn (mit einer Divergenz) so verstärken, dass ein Anfall daraus wird. Dabei treten alle anderen Geräusche und Wahrnehmungen in den Hintergrund und der eine Rhythmus wird immer lauter, bis die Attacke einsetzt. Doch unabhängig davon, ob der Anfall induziert ist oder spontan: er bedeutet immer eine *aktive* Umorganisation des Gehirns.

Das Beispiel, das ich nun bespreche, wurde 1986 von Agnessa Babloyantz und ihrem Kollegen Alain Destexhe studiert. Sie suchten sich aus einem Vierundzwanzig-Stunden-EEG eines Epileptikers eine Passage von fünf Sekunden mit einem «Petit-Mal»-Anfall aus (dem kleinen Übel). Der Anfall offenbart sich im EEG als ein prägnantes Muster mit einem Motiv, das sich neunzehn Mal wiederholt. Die Petit-Mal- oder Absenzepilepsie dauert üblicherweise nicht länger als eine Minute. Die befallenen Personen werden vorübergehend bewusstlos. Dabei zucken

Muskeln am Kopf und im Gesicht, vor allem auch die Augenlider. Nach dem Anfall kehrt das Alltagsbewusstsein ohne merkliche Folgeschäden wieder zurück.

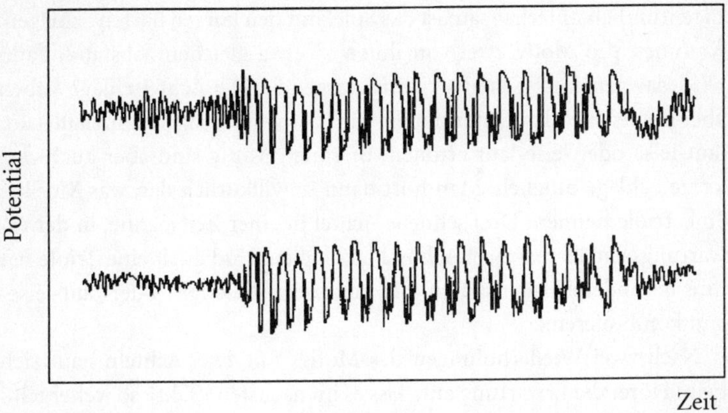

Abbildung 19: Umkippen der normalen Gehirnaktivität in einem Petit-Mal-Anfall

CD-Ton 16: Ein epileptischer Anfall

Die Abbildung zeigt zwei charakteristische Komponenten des Petit-Mal: breite Wellen und schmale Spikes, die jeweils zusammen ein Motiv bilden. Wird die Messung auf die bereits bekannte Weise vertont, dann erklingt das Motiv des Petit Mal als Kombination aus einem weichen lauten Klang (der Welle), gefolgt von zwei oder drei kurzen Schlägen (den Spikes). Dabei dauert der Klang jeweils etwa doppelt so lang wie die kurzen Schläge zusammengenommen. In der Vertonung dominiert ein Dreierpuls, der durch den Beginn des lauten Klangs akzentuiert wird und den gesamten Anfall durchzieht. Mit Sprachlauten versehen wird daraus: Maaa-aaal ti-ti Maaa-aaal ti-ti Maaa- … Musikalisch notiert hätte man das Motiv eines Dreivierteltaktes, der von einer halben Note und zwei Achteln gefüllt wird. Die Länge der motivischen Einheiten ist nicht immer exakt gleich, sie fluktuiert allerdings nur in engen Grenzen.

Das musikalische Gefühl, dass kein starrer, aber dennoch ein regelmäßiger Puls zugrunde liegt, wird dadurch nie zerstört. So baut sich die Verlässlichkeit einer durchgängigen rhythmischen Basis auf.

Uns interessiert aber weniger das Schema selbst als seine Variationen. Eigentümlich unterhaltsam ist das Spiel mit den kurzen harten Schlägen. Kommen pro Motiv zwei von ihnen in etwa gleichem Abstand, dann wird das genannte Schema richtig ausgefüllt. Die Achtelschläge haben aber unterschiedliche Intensitäten. Ein Paar von Schlägen kann laut-laut, laut-leise oder leise-laut ertönen. In einem Motiv sind aber auch *drei* kurze Schläge möglich. Man hört dann unwillkürlich das, was Musiker eine Triole nennen: Drei schnelle Achtel in einer Zeitspanne, in der erwartungsgemäß nur zwei Achtel Platz haben. Und auch eine Triole hat ihre besonderen Intensitäten. Sie kann leise-leise-laut oder laut-leise-laut kombinieren.

Nach zwei Wiederholungen des Motivs mit zwei Achteln baut sich beim Hörer die Erwartung auf, dass es im nächsten «Takt» so weitergeht. Es folgt aber eine Triole. Das überrascht und verunsichert zugleich. Für kurze Zeit ist der Fortgang infrage gestellt. Doch schon das nächste Motiv stellt klar, dass die rhythmische Basis erhalten bleibt. Nur die kurzen Schläge eines jeden Motivs werden in ihrer Zahl und Lautstärke variiert. Die Einwürfe der Triolen kommen, ohne dass sie vorauszusehen wären. Ihre Phrasierung kann leise-leise-laut, oder laut-leise-laut aufgebaut sein. Sie wirken dadurch verspielt und beleben den Rhythmus in ihrer Leichtigkeit. In der Kombination von stabiler Basis und gelegentlichen Irritationen durch die Triolen und die launischen Phrasierungen des Schemas, die sich nie exakt wiederholen, sich aber in den Fortgang nahtlos einfügen, macht der Rhythmus des Petit Mal sogar Spaß. Man entdeckt etwas, das man in einer epileptischen Attacke nicht vermuten würde: Für das unbedarfte Ohr hat dieser Rhythmus einen gewissen Witz – ein sicheres Zeichen dafür, dass er vom Ohr musikalisch «verstanden» wird.

Für die neurophysiologische Interpretation der Epilepsie hilft uns der Vergleich mit dem Wach-EEG. Wir hatten gesagt, dass zum Beispiel das begriffliche Denken von der rhythmischen Synchronisation von einzelnen Verbänden von Nervenzellen begleitet ist. Gleichzeitig wurde aber auch klar, dass die meisten Verbände untereinander *nicht* synchronisiert sein dürfen, um den Fortgang der Denkprozesse offen zu halten. Eine Elektrode auf der Schädeldecke aber kann nicht einen vereinzelten Verband mitten im Gehirn registrieren. Sie misst immer die überlagerte Aktivität sehr vieler Verbände. Da die meisten dieser Verbände untereinander *desynchronisiert* sind, wirkt ihre kombinierte Aktivität im EEG wie das Produkt des Zufalls. Wenn während eines epileptischen Anfalls starke und charaktervolle Rhythmen beobachtet werden, dann müssen sehr viele Verbände von Nervenzellen synchronisiert sein und gemeinsam in diesem Rhythmus schwingen. Die großen Ausschläge im EEG verraten stark koordinierte Salven von Aktionspotenzialen in ausgedehnten Arealen des Gehirns. Das Muskelzucken ist eine Folge davon, dass auch die motorischen Zentren von diesen Salven betroffen sind. Die eigentliche Fehlfunktion während eines epileptischen Anfalls ist also nicht der Rhythmus selbst, sondern die Tatsache, dass zu viele Nervenzellverbände im *gleichen* Rhythmus arbeiten.

Generell scheint jedem Anfall eine Art Übererregung vorauszugehen. Die mittlere Feuerrate vieler Nervenzellen ist erhöht. In dieser Übererregung gelingt es einem Verband, seinen lokalen Rhythmus nicht nur der näheren Umgebung mitzuteilen, sondern starke Aktivitätswellen zu verbreiten, die mit jedem Schub weitere, entferntere Verbände erreichen und ihnen den Rhythmus aufzwingen, bis schließlich ein ganzes Areal oder sogar das ganze Gehirn davon dominiert wird. Während beim gesunden Herzschlag das Herzgewebe kollektiv unter der erwünschten Dominanz des Sinusknotens steht, ist im Gehirn die rhythmische Dominanz einer kleinen Region unerwünscht. Der Zerfall des kollektiven epileptischen Rhythmus zum «Gehirnflimmern» bedeutet die Rückkehr in die Normalität. Entfernt ein Neurochirurg operativ ein etwa erbsengroßes Stück Gewebe aus dem Gehirn, dann können Patienten von den epileptischen Anfällen befreit werden. Dies beweist die Existenz eines «epileptischen Zentrums», von dem die gefährlichen Wellen ausgehen. Ohne den «Schrittmacher» kommt die krankhafte Koordinierung des Feuerns nicht zustande.

Interessant ist schließlich noch das Ergebnis der Untersuchung von Babloyantz und Destexhe. Sie hatten sich nicht auf klinische Aspekte, sondern auf die *Dynamik* des Petit Mal konzentriert und fanden, dass diese abnorme Aktivität des Gehirns nichts anderes ist als ein Beispiel für *Chaos* – deterministisches Chaos, wie es im Kapitel «Dynamische Experimente» beschrieben wurde: die irreguläre Dynamik, die aus der Kombination eines erregbaren Elements und einer periodischen Oszillation entsteht. Die erregbare und die oszillierende Komponente sind jetzt aber nicht mehr in einer einzelnen Nervenzelle zu suchen. Der Oszillator wäre das aktive epileptische Zentrum. Das erregbare Element könnte ein anfangs nicht synchronisiertes Areal um das Zentrum herum sein. Die «Erregung» bestünde in der erzwungenen Synchronisation des Areals und in seiner Rückkopplung auf das Zentrum. Das Ergebnis ist ein kollektives deterministisches Chaos, genannt das «kleine Übel».

Diese Erklärung ist ausschließlich dynamisch. Sie setzt nicht unbedingt einen organischen Schaden der Nerven voraus. Es genügt, dass das Schrittmacherzentrum die geeignete Frequenz findet, um den Anfall zu erzeugen. So können einer Epilepsie ähnliche Störungen im Prinzip auch in gesunden Gehirnen auftreten. Die Folgen des Blitzgewitters im Pokemon-Cartoon sind ein Beispiel dafür, dass durch spezielle Wahrnehmungen Anfälle auftreten können. Schon dadurch, dass es wahrnimmt, ist das Gehirn auch (dynamisch) verwundbar.

Dizzards Koma

Eines Tages erstarrte der Programmierer C. Dizzard während der Arbeit vor dem Bildschirm seines Computers. Er fiel ins Koma und starb kurze Zeit später. Da weder die Erstarrung noch der Tod Dizzards eine erkennbare körperliche Ursache hatten, wurde der Fall eingehend untersucht. Auffälligerweise fielen auch die Personen, die mit der Untersuchung betraut waren, ins Koma und verstarben. Offenbar war die Ursache allgemeiner Art und hatte nicht speziell etwas mit Dizzards Konstitution oder Gesundheit zu tun. Weitere Nachforschungen ergaben, dass die Erstarrung stets eintrat, sobald sich jemand mit dem Programm beschäftigte, an dem Dizzard zuletzt gearbeitet hatte. Der erste konkrete Verdacht fiel folglich auf das Programm. Diese Hypothese wurde jedoch schnell wieder erschüttert, denn in der Folge traten neue Fälle von ähnlich unerklärlichem Koma auch bei Leuten auf, die mit Dizzards Programm gar nicht in Kontakt gekommen sein konnten, und schließlich auch bei einem Mathematiker, der vom Programmieren nichts verstand. Durch diese Ausweitung wurde die ganze Geschichte aber publik und erregte hysterische Reaktionen in der Bevölkerung. Offenbar war niemand gegen das geheimnisvolle plötzliche Koma gefeit, und jedermann ahnte, dass es gegen einen Angreifer, den niemand kannte (weil jeder, der ihm begegnete, starb), keine Abwehr gab. Eine Kommission erhielt den Auftrag, alle Fakten zu dieser Angelegenheit zu sammeln und zu analysieren.

Durch einen Essay des Science-Fiction-Autors Christopher Cherniak sind wir im Besitz einer Zusammenfassung der Chronologie, die aus der Arbeit der Kommission entstanden ist. Einige Indizien sprechen dafür, dass dieser Bericht über die ungeklärten Fälle von Koma und Tod entweder aus der näheren Zukunft oder aus einem anderen Universum als dem unsrigen stammt. Die auffälligen Parallelen zur Arbeitswelt, Politik und Psychologie der Menschen auf unserem Planeten lassen aber befürchten, dass etwas ähnlich Bedrohliches auch bei uns möglich ist und die Bevölkerung unseres Planeten bei Bekanntwerden ebenso in Angst und Schrecken versetzen würde.

Da weder eine materielle Ursache (Hardware) noch eine materiell manifestierte Information (Software) das Koma hervorzurufen scheinen, schlussfolgert die Chronologie, dass es sich um eine *Idee* handelt, die in Computerprogrammen und auch in abstrakten Überlegungen auftauchen kann und so raffiniert konstruiert sein muss, dass sie das Gehirn eines intelligenten Lebewesens, das sie wahrnimmt und versteht, lähmt. Vermutet wird eine selbstreferenzielle Struktur, die derjenigen des gödelschen Beweises über die prinzipielle Widersprüchlichkeit logischer Systeme ähnlich sein könnte. Die Autoren der Chronologie teilen die Befürchtung der Bevölkerung, dass gezielte Maßnahmen gegen eine so heimtückische Idee unmöglich sind. Sie schließen ihren Bericht mit der ängstlichen Warnung, dass sie nicht einmal ausschließen können, dass schon das Lesen ihres Berichts das Risiko erhöht, in das unheilbare Koma zu verfallen.

Was also könnte es sein, das einen Menschen tötet, ohne Spuren über seine Ursache zu hinterlassen, und das sich jeder Aufklärung erfolgreich entzieht? Douglas Hofstadter, der das Lesen und Nachdenken über den Bericht der Dizzard-Komission schadlos überstanden (und ihn zusammen mit eigenen Überlegungen in dem Buch «The Mind's I» abgedruckt) hat, nennt zwei Beispiele für selbstreferenzielle Strukturen. Das erste Beispiel ist das Videofeedback. Eine Videokamera, die einen Ausschnitt ihrer Umgebung filmt, und der angeschlossene Monitor, auf dem der gefilmte Ausschnitt zu sehen ist, bilden zusammen ein normalerweise passives, dynamisch uninteressantes System. Für dieses passive System ist es gleichgültig, worauf sich die Kamera richtet – mit einer Ausnahme: *Ein* Motiv unterscheidet sich radikal vom Rest des Universums. Sobald sich die Kamera auf den Monitor richtet, auf dem ihr eigenes Bild zu sehen ist, wird das System aus Kamera und Monitor aktiv. Es kann sich zwar immer noch passiv verhalten, dann ist auf dem Monitor nichts weiter als ein Bildschirm in einem Bildschirm in einem Bildschirm zu sehen, nicht anders als bei zwei gegenübergestellten Spiegeln ein Spiegel in einem Spiegel in einem Spiegel zu sehen ist. Aber es besteht auch die Möglichkeit, dass sich das Videofeedbacksystem aktiv aus diesem Zustand befreit. Man sagt, es *destabilisiert* sich selbst. Dann löst sich das Bild des Bildschirms im Bildschirm auf, und spontan formiert sich ein neues Muster, das weder mit einem Bildschirm noch sonst mit der abgefilmten Umgebung etwas gemein hat. Weiße Blitze können über den sonst schwarzen Untergrund zucken, oder komplizierte, verwobene Labyrinthe aus weißen, schwarzen und grauen Kanälen schlängeln sich über den Schirm. Ein bemerkenswertes Phänomen. Doch leider versäumt Hofstadter, die Analogie zu Dizzards mysteriösem Tod explizit zu ziehen. Wo ist die entsprechende Rückkopplung in Dizzards Programm? Verfolgte Dizzard auf seinem Computermonitor die Aktivität seines eigenen visuellen Kortex, sah er (wie die Videokamera) selbst die Bilder, die sein Gehirn aus den Seheindrücken der Augen formte? Und wenn ja, warum sollte ihn das lähmen und töten? Würde man nach dem Videomodell nicht zuckende und labyrinthische Halluzinationen erwarten?

Hofstadters zweites Beispiel ist keine Wahrnehmung, sondern eine abstrakte Konstruktion. Er zitiert einige logische Paradoxien, die daraus entstehen, dass ein Aussagesatz auf sich selbst bezogen werden kann. «Dihser Satz hat drei Feler» ist so eine Version, die einen Widerspruch enthält, sobald man den Inhalt des Satzes als eine Aussage über die Rechtschreibung desselben Satzes (= selbstreferenziell) deutet. So etwas fordert das Nachdenken von Logikern heraus und stimuliert die Phantasie von Wissenschaftlern, die in guter abendländischer Tradition (dem gödelschen Beweis zum Trotz) nach Widerspruchsfreiheit in der Erklärung der Welt suchen. Kann die Entdeckung eines logischen Widerspruchs aber einen Menschen vollständig lähmen? Ist ein Widerspruch dazu nicht zu harmlos? Die Tücke an der Sache ist, dass die Schleife der Selbstreferenz wie beim Videobeispiel immer wieder neu durchlaufen werden muss. Die Möglichkeit besteht, denn ein erkannter Widerspruch ist die Aufforderung, nicht zu ruhen, sondern weiterzudenken. Widerspruch ist die Quelle von Instabilität und möglicherweise auch eine Quelle destruktiver Selbstverstärkung. Darf man also vermuten, dass eine Idee existiert, durch deren Kreisen sich das Bewusstsein so überhitzt, dass schließlich seine internen Regelkreise «durchbrennen»?

Hofstadter geht noch einen Schritt weiter und spekuliert, dass nur eine Idee, welche die Struktur des Bewusstseins selbst erfasst hat, auch in der Lage sein kann, das Bewusstsein als Ganzes auszuschalten. Was bedeuten würde, dass man zwar durch Nachdenken über das eigene Bewusstsein in ein Koma fällt, aus dem man nie mehr erwacht, dass man aber eben auch gerade in diesem Moment sein eigenes Bewusstsein – und damit sich selbst – vollständig verstanden hätte! Anders als die laut Kommissionsbericht in Panik geratene Bevölkerung in Cherniaks Science-Fiction-Essay sieht Hofstadter in dem Koma, das alle Anzeichen von Leben vernichtet, nicht Tod und Verderben, sondern eine möglicherweise verzauberte alternative Realität, einen Zustand höchster Erleuchtung. Für ihn ist Cherniaks Essay süßer Sirenengesang, der ihn verlockt, weiter und tiefer über Selbstreferenz im menschlichen Bewusstsein nachzuforschen. Vielleicht sogar, um schließlich selbst Dizzards letztes Programm zu schreiben.

Es könnte auch ein Witz sein. Nicht die Idee der Zerstörung des Bewusstseins, sondern ihre Ursache. Die britischen Erzzyniker von Monty Python verraten in einem Sketch, dass es einen Witz gibt, der so gut ist, so markerschütternd, so umwerfend, dass er jeden, der ihn hört, umbringt – vor Lachen. Weil dieser Witz ebenso tückisch ist wie Dizzards Programm, und weil bei sorglosem Gebrauch die Gefahr einer Massenhysterie (nicht nur im Vereinigten Königreich) besteht, kann er in einer Comedy-Show auch nicht ohne negative Folgen erzählt werden. Er ist aber eine unschlagbare Waffe, denn der Feind wittert keinen Verdacht, bis es zu spät ist, und kann die Bedrohung daher auch nicht vorbeugend analysieren und entschärfen. Ein kleiner Haken an der Geschichte ist, dass eine einzelne Person den Witz nicht erzählen kann – aus einleuchtendem Grund. Der Witz muss in Stücke zerlegt sein und auf mehrere Personen verteilt werden, von denen keine die Pointe versteht. Wir ahnen sofort, wer (vor allen anderen Spaßmachern der Welt) als Hüter dieses gefährlichen Geheimnisses infrage kommt. Doch als selbstlose Patrioten schwören die Mitglieder von Monty Python, dass sie die tödliche Waffe keinesfalls selbst zum Einsatz bringen wollen, sondern den Witz der Königlich Britischen Armee zum Schutz des Vaterlandes und des britischen Humors überlassen werden.

Während sowohl Hofstadter als auch Cherniak davon ausgehen, dass Dizzards Programm eine Idee enthält, die so mächtig ist, dass sie durch einen nüchternen logischen Trick ein intelligentes Gehirn komplett ausschalten und, als Folge davon, einen Menschen physisch töten kann, möchte man vielleicht vermuten, dass ein Witz im Gehirn selbst wohl kaum größeren Schaden anrichten wird. Ein Witz braucht, um seine Wirkung zu entfalten, etwas, das einem rein logischen System fehlt: einen Körper mit Muskeln, Haut und Knochen. Ein nacktes Bewusstsein kann nämlich nicht lachen. Ein Witz ist eine zunächst unverdächtige Folge von Worten oder Wortbildern, die sich Zutritt zum Bewusstsein verschafft wie alle anderen Folgen von Worten auch. Er hält das Bewusstsein dabei in einem gemächlichen Fluss. Erst mit der Pointe reißt er es in eine neue Bahn und erregt es dabei heftig. Je besser die Pointe, umso heftiger. Die Erregung entlädt sich in einem rhythmischen Spiel von Muskeln, Atmung und Stimme. Das Besondere am Lachen ist, dass es nicht nur das Bewusstsein unter seine Kontrolle bringt, sondern dass es selbsterhaltend und, bei exzellenter Pointe, auch selbstverstärkend sein kann. Die Pointe am tödlichen Witz von Monty Python ist so gut, dass sich das Lachen immer weiter aufschaukelt, immer stärker wird, bis der Lachende schließlich über sein Lachen zu lachen, endlich schmerzgekrümmt nach Luft zu schnappen beginnt und dann auch noch über sein Schnappen lachen muss …

Der Vorschlag vom «letzten Witz» bringt uns an einen Schwachpunkt in Cherniaks Idee. Es ist sehr fraglich, ob ein und derselbe Witz beliebig viele Menschen töten kann. Denn das setzt voraus, dass das Bewusstsein eines jeden Menschen eine Struktur mit einer definierten, verwundbaren Stelle hat, einer mentalen Achillesferse, die auf genau einer Bahn zu treffen ist. Nur dann könnte genau eine Idee, genau ein Witz, ausreichen, mehrere Menschen auf die gleiche Art zu paralysieren. Nur dann träfe genau ein Schuss mit einem einzigen Pfeil in den richtigen Punkt.

Die Psychologie und Physiologie des Menschen bietet aber eine Fülle von Indizien dafür, dass dies nicht so ist. Zwei Menschen reagieren auf die gleiche Idee möglicherweise genau entgegengesetzt, und selbst ein einziger Mensch empfindet die gleiche Stimulation heute so und morgen ganz anders. Es ist möglich, dass jeder Mensch eine Schwachstelle hat, an der er tödlich verwundbar ist. Aber es scheint ausgeschlossen, dass diese Schwachstelle generell zugänglich ist, zu jeder Tageszeit, ohne dass zum Beispiel auf die Psyche, auf die momentane Verfassung Rücksicht genommen wird. Die allermeisten Pokemon-Fans hatten mit Pikachus Blitzbombe keine Probleme. Nein, die Vernichtung eines Menschen durch nichts als eine Wahrnehmung, eine Idee oder einen Witz muss gezielt auf das ausgewählte Opfer zugeschnitten sein. Die erfolgreiche Attacke auf Gehirn und Körper verlangt – ebenso wie die erfolgreiche Abwehr von Attacken – eine *individuelle* Strategie.

Migräne

Ein Mann berichtet, wie die Vibrationen der Lenkstange, des Sattels und der Pedale beim Motorradfahren in ihm ein Prickeln in Händen, Gesicht und Zunge auslösten. Er stieg vom Motorrad ab, um eine Pause zu machen, doch als er um sich herum das Zirpen von Grillen hörte, verwandelten sich die Geräusche in eine flackernde Farbvision. Dann löste sich das Prickeln in seinem Körper wieder auf und er spürte das Nahen der vertrauten Kopfschmerzen, die nicht mehr aufzuhalten waren.

Migräne wirkt wie ein Angriff des Körpers auf sich selbst. Sie umfasst eine große Gruppe verschiedenster Symptome. Neben dem Kopfschmerz gehören dazu Durchfall, Übelkeit, Fieber und Bauchschmerz. Gemeinsam ist ihnen, dass sie in zwar vorübergehenden, aber penetrant wiederkehrenden Attacken auftreten. Zwischen den Attacken sind die meisten Migräniker beschwerdefrei. Gewöhnlich kann ein organischer Schaden als Ursache nicht festgestellt werden. Liegen hier dynamische Störungen vor?

Bestimmte Formen von Migräne werden durch Rhythmen induziert. Außer dem Vibrieren eines Motorrads (einem Berührungsreiz) sind die Auslöser unter Umständen (ähnlich wie bei der Epilepsie) auch flackerndes Licht und hämmernde, sirrende oder ratternde Geräusche. Der betroffene Körper spricht dabei jeweils nur auf ganz bestimmte Frequenzen der Reizquelle an und wird durch sie in eine schmerzhafte Resonanz versetzt. Dass Musik in Einzelfällen einen Anfall auch besänftigen kann, spricht ebenfalls dafür, dass es sich bei der Migräne um eine dynamische Krankheit handelt. Im Gegensatz zur Epilepsie fehlt bei der Migräne aber ein einfach messbarer und spezifisch die Krankheit begleitender Rhythmuswechsel, der auf ihre Ursache zurückschließen ließe. Vor allem ist die Migräne nicht auf ein einziges Organ beschränkt. Sie kann sich überall im Körper entfalten. Da ihre Symptome aber zwischen den Anfällen verschwinden und die Attacken bei manchen Patienten auch ohne Behandlung eines Tages ganz aufhören können, darf man vermuten, dass der Körper *im Prinzip* die Fähigkeit besitzt, selbst damit fertig zu werden. Ihm fehlt lediglich die Möglichkeit, eine erfolgreiche Strategie zur Vorbeugung zu entwickeln.

Selbstregulation ist erlernbar

Ein epileptischer Anfall ist eine dynamische Störung. Das bedeutet, dass mit den am Anfall beteiligten Gruppen von Nervenzellen im Gehirn anatomisch gar nichts verkehrt sein muss. Das zentrale Problem ist die vorübergehende fehlerhafte Koordination ihrer Aktivität. Bei der Epilepsie ist das insbesondere die ungewollt starke Kopplung größerer Teile des Gehirns. Können solche dynamischen Störungen auch *dynamisch* angegangen werden, mit Hilfe der Stimulation der Gehirnaktivität etwa, die der Ausbreitung der epileptischen Aktivität entgegenwirkt und die zu starke Kopplung zerbricht? Da sich die Gehirnaktivität mit Beginn eines epileptischen Anfalls umorganisiert, liegt der Gedanke nahe, dass man sogar eine dem Anfall vorbeugende Gegenaktivität finden können müsste. Kann es sein, dass man einem Anfall durch nichts anderes als intensives «Nachdenken» oder durch lebhaftes Imaginieren vorbeugen kann? Durch die Vorstellung einer rasanten Achterbahnfahrt, durch die Erinnerung an den ersten Kuss? Die Vermutung, dass die damit verbundenen Schwingungen, wenn sie intensiv genug sind, in unmittelbare Konkurrenz zum Anfall treten können, um sein Entstehen erfolgreich zu stören, ist gar nicht so abwegig.

Im Allgemeinen können Epileptiker den nächsten Anfall weder mittelfristig korrekt voraussagen, noch ihn durch «Nachdenken» oder durch eine beliebige Vorstellung oder Erinnerung vertreiben. Allerdings sind sie in der Lage, eine gewisse Sensibilität dafür zu entwickeln, wann der nächste Anfall einsetzt. In so einem Fall bleibt ihnen noch etwas Zeit, sich auf den Ausbruch mental und körperlich einzustellen. Tatsächlich haben einzelne Patienten durch Ausprobieren für sich individuelle Strategien entdeckt, die sie bei den ersten Anzeichen eines drohenden Anfalls anwenden können, um ihm auszuweichen. Intuitiv haben sie eine Möglichkeit gefunden, die fehlerhafte Dynamik des Anfalls mit einer passenden aktiven Gegendynamik zu beantworten. Zu diesen Strategien gehört zum Beispiel ein rhythmisches Ballen der Fäuste oder eine gebetsmühlenartige Wiederholung von Worten oder Sätzen. Doch der Erfolg solcher Selbstversuche ist eher zufällig. Es fehlt die physiologische Grundlage, um aus der Erfahrung eines Patienten konkrete Ratschläge und allgemein anwendbare Therapievorschläge zu erarbeiten.

Eine Forschergruppe um den Tübinger Psychologen und Gehirnforscher Niels Birbaumer hat dieses Problem weitergedacht und in neurophysiologisch fundierte Experimente umgesetzt. Die Forscher konzentrierten sich auf die so genannten «langsamen kortikalen Potenziale» (in der Fachliteratur «slow cortical potentials»). Das sind Schwankungen der Gehirnaktivität, an denen sich der allgemeine (mittlere) Erregungszustand des Gehirns ablesen lässt. Die langsamen Potenziale können elektroenzephalographisch erfasst, das heißt mit Elektroden an bestimmten Stellen der Kopfhaut abgegriffen werden. Es ist bekannt, dass langsame Potenziale, die einem epileptischen Anfall vorausgehen, auch einem hohen Erregungszustand entsprechen. Die Gehirne von Epileptikern neigen zur Übererregung. Die Frage nach der Art und Weise, wie einem Anfall begegnet werden kann, ließ sich vor diesem Hintergrund präzisieren. Kann ein Epileptiker die langsamen Potenziale gezielt manipulieren und insbesondere den Erregungszustand seines Gehirns aktiv so absenken, dass Anfälle verhindert werden?

Da ein Mensch gewöhnlich kein unmittelbares Empfinden für die Potenziale in seinem Gehirn besitzt, muss ein Patient zunächst einmal lernen, wie der «allgemeine Erregungszustand» mit seinem momentanen Befinden zusammenhängt. Das ist möglich. Der Erregungszustand wird in Form der langsamen Potenziale bei vollem Bewusstsein und ohne größere Behinderungen des Patienten mit einer Elektrode gemessen und das Ergebnis der Messung auf einem Bildschirm mit Skala angezeigt. Der Vorteil der langsamen Potenziale ist, dass ein Patient bequem den Zeiger auf der Skala verfolgen kann. Dann beginnt er zu experimentieren: mit Vorstellungen, Erinnerungen, bewusstem Entspannen, inneren Dialogen, Atemübungen und Ähnlichem mehr. Immer kann er dabei prüfen, wie sich der gemessene Erregungszustand während seiner gedanklichen Spiele verändert. Zum Beispiel lernt er, wie das subjektive Gefühl «ich bin entspannt» den Erregungszustand beeinflusst und ob es ihn wirklich abzusenken vermag.

Sobald ein Proband durch diese Experimente ahnt, wie sich sein nicht messbares subjektives Empfinden und die Messgröße auf der Erregungsskala entsprechen, beginnt die gezielte Trainingsphase. Das Ergebnis der Messung wird auf einem Bildschirm in Form eines symbolischen Pfeils – der «Rakete», wie Birbaumer sagt – angezeigt. Die Position des Pfeils ist veränderlich, sie entspricht dem Erregungszustand des Gehirns. Steigt die Erregung des Gehirns, dann bewegt sich der Pfeil nach oben. Sinkt die Erregung, bewegt sich der Pfeil nach unten. Die Versuchsperson liest den Erregungszustand des eigenen Gehirns vor sich auf dem Bildschirm «online» ab. Sie wird dann gebeten, ihren Erregungszustand durch mentale Aktivität gezielt in eine vorgegebene Richtung zu verschieben. Wenn sie es ein paar Sekunden lang schafft, gibt es eine Belohnung (einen Pluspunkt), wenn nicht, darf sie ohne Belohnung wieder von vorn beginnen. Jede Person muss von sich aus Strategien erproben, sich anstrengen oder entspannen, positive oder negative Bilder oder Geräusche aus der Erinnerung «abrufen», mit der Vorstellungskraft spielen. Sie tut dies so lange, bis sie von sich aus eine erfolgreiche Strategie entdeckt, die sie dann so weit verfeinert, dass sie den Pfeil auf dem Bildschirm auf Kommando heben und absenken kann. Viele gesunde Probanden erreichen dieses Ziel schon nach wenigen Trainingsstunden. Probanden, die an epileptischen Anfällen leiden, brauchen oft sehr viel länger. Aber auch unter ihnen schafft es der Großteil, den Erregungszustand ihres Gehirns mit Hilfe des symbolisch dargestellten Signals auf dem Bildschirm mit Absicht in die gewünschte Richtung zu verschieben.

Im nächsten Schritt müssen die Epilepsiepatienten lernen, die langsamen Potenziale zu steuern, ohne dabei auf den Bildschirm zu schauen. Nach dieser zweiten Trainingsphase können sie den Erregungszustand ihres Gehirns auch manipulieren, ohne dass dies durch Messung überprüft zu werden braucht. Sie haben eine eigene interne Messskala entwickelt, die den Abgriff durch die Elektrode ersetzt. Was genau dabei in ihnen vorgeht, bleibt ein Geheimnis. Sie können darüber keine präzise verbale Auskunft erteilen. Wahrscheinlich sind die Strategien zur Lösung der Aufgabe individuell und nicht von einem Gehirn auf ein anderes übertragbar.

Die beschriebene Trainingsmethode heißt Biofeedback. Viele Körperfunktionen und insbesondere alle rhythmischen Vorgänge werden durch Rückkopplungen (= Feedback) erzeugt und reguliert. Die zentrale Idee des Biofeedback ist, dass der Körper bei dynamischen Störungen seiner internen Rückkopplungsschleifen (wie zum Beispiel einem epileptischen Abfall) im Prinzip selbst korrigierend, und das heißt: selbstheilend eingreifen kann. Die Möglichkeit, in physiologische Prozesse selbst heilend einzugreifen, muss einem Patienten aber erst bewusst gemacht werden. Dazu wird ihm beim Biofeedback vorübergehend eine künstliche äußere Rückkopplungsschleife zum Training angeboten (zum Beispiel die «Rakete» als Symbol eines Gehirnpotenzials). Die künstliche Rückkopplungsschleife ist nur eine Hilfe für die körpereigene Korrektur. Ein erfolgreiches Training macht sie nach einiger Zeit wieder überflüssig.

Im letzten Schritt muss sich das Biofeedbacktraining schließlich im Alltag des Patienten beweisen. Die Epilepsiepatienten versuchen, sobald sich bei ihnen ein neuerlicher Anfall ankündigt, gegenzusteuern. Sie senken den Erregungszustand ihres Gehirns bewusst ab. In Birbaumers Pionierstudie mit Patienten, die vor dem Biofeedback mindestens einen Anfall pro Woche hatten, schaffte es ein Drittel, *allen* weiteren Anfällen zu entgehen. Sie waren geheilt. Ein zweites Drittel konnte immerhin einen Teil der Anfälle verhindern und so ihre mittlere Anzahl signifikant senken. Nur ein Drittel hatte keinen Erfolg. Wichtig ist dabei, dass alle Patienten dieser Versuchsgruppe an einer Form der Epilepsie litten, die auf Medikamente nicht ansprach. Das Biofeedback mit Hilfe der langsamen Potenziale war für zwei Drittel von ihnen nicht nur eine hilfreiche Zusatzmaßnahme, um die Dosis eines antiepileptischen Medikaments herabzusetzen, sondern eine vollwertige Therapie von vorher nicht therapierbaren Anfällen. Durch das Biofeedback wurden die Patienten sensibler für das, was in ihrem Körper passierte. Sie lernten, eine neue Rückkopplungsschleife in ihrem Gehirn aktiv gegen eine Fehlfunktion einzusetzen, der sie vorher hilflos ausgesetzt waren.

Pension Isabel

Die abgelegene kleine «Pension Isabel» an der englischen Westküste bietet «einsamen Dichtern freundliche Aufnahme mit Familienanschluss und Vollpension». Wie in der Annonce versprochen, lernt der angereiste Dichter bei seiner Ankunft die Familie kennen: Zwei rührend bemühte ältere Schwestern, die in der Pension mit einem Neffen leben und den neuen Gast sofort freudig und aufmerksam bewirten. Der in sich gekehrte Neffe spielt wunderbar Klavier, und so erscheint die Pension dem neuen Gast als ein idealer Ort zum Rückzug aus der Welt, zum Schreiben an einem neuen Roman. Für alles Lebensnotwendige ist gesorgt.

Der Dichter bezieht ein gemütliches Zimmer und kann alsbald Spaziergänge in die Natur und ans Meer unternehmen. Die Damen des Hauses servieren das Essen und erkundigen sich stets nach dem Stand und dem Fortgang des Schreibens. Damit es auch wirklich an nichts fehlt, lassen sie ihren Gast fast keine Sekunde aus den Augen und bestehen energisch darauf, täglich ein Elektrokardiogramm und auch ein Elektroenzephalogramm mit Elektroden aufzuzeichnen und so seinen Herzschlag und seine Gehirnwellen zu überprüfen. Der Dichter ist zunächst befremdet über diese intensive Fürsorge, doch er will sich auf seine Arbeit konzentrieren und lässt das skurrile Treiben geduldig über sich ergehen. Dabei erzählen ihm die Damen stolz, dass die Klaviermusik, die aus dem Nebenzimmer ertönt, eine eigene, soeben begonnene Komposition ihres Neffen sei. Der Dichter muss zugestehen, dass sich hinter der buckligen, hässlichen Erscheinung des Neffen großes musikalisches Talent verbirgt, auch wenn ihm bei der neuen Komposition eher unbehaglich zumute wird.

Während ich an diesem Kapitel über die Pension Isabel arbeitete, erschien in einem Nachrichtenmagazin ein Artikel mit dem Titel «What you'll want next» (was Sie als Nächstes wollen werden). Der Artikel listet die Antworten einiger Manager großer amerikanischer Konzerne zu der Frage auf, wie unser Alltagsleben in naher Zukunft unter dem Einfluss neuer Technologien der Hard- und Softwareindustrie aussehen wird. Unter den Antworten finden sich: eine aufmerksame Bemutterung rund um die Uhr (der Frühstückskaffee ist fertig gekocht, wenn man aufsteht); eine Arbeitsumgebung, die jeden zusätzlichen Gang oder Handgriff überflüssig macht (alle wichtigen Informationen und Termine flimmern schon auf den Bildschirm des Computers, sobald man sich an den Arbeitstisch setzt); jede technische Unbill wird abgewendet (ein defektes Gerät wird nachts während des Schlafes über das Internet repariert); ständige medizinische Überwachung (jeder Stuhlgang wird noch in der Toilettenschüssel analysiert), Rundumversorgung mit allen notwendigen Pillen (Vitamine, Beruhigungstabletten, Vitaldragees); und ein umfangreiches Angebot zur individuellen Unterhaltung (in Form von Musik, Fernsehshows und interaktiven Spielen). Dass die Musik- und Fernsehprogramme ungefragt auf das aktuelle psychische und physische Befinden von «Dad» (wie das Opfer im Zentrum dieser Zukunftsvisionen liebevoll genannt wird) abgestimmt werden, ist nicht ausdrücklich erwähnt, fügt sich aber nahtlos in den Entwurf der Manager ein. Sollte man die genannten Vorstellungen auf den Punkt bringen, dann hieße die treffende Formel: Pension Isabel für alle!

Für unseren Dichter allerdings hat das Idyll einen gefährlichen Nachteil. Trotz der würzigen Seeluft und des kräftigen Essens kann er in den folgenden Tagen nicht gut schlafen, leidet unter Kopfschmerzen und ist angespannt. Die aufmerksamen Schwestern sind sichtlich alarmiert und intensivieren ihre Überwachung und Pflege. Der Dichter hofft, dass sein unangenehmer Zustand nur vorübergehend sei, und überlässt sich den strengen Anordnungen der alten Damen. Währenddessen macht die Komposition des Neffen Fortschritte.

Weil «Pension Isabel» ein Kriminalhörspiel ist, wird der einsame Dichter selbstverständlich ermordet. Der Bruder des Dichters, der sich einige Zeit später in der Pension eingemietet hat, erfährt aus dem Mund des Landarztes, dass an der Leiche keinerlei Fremdeinwirkung festzustellen gewesen sei, keine Gewalt, keine Vergiftung, nichts Unnatürliches, dass aber eigenartigerweise bereits vier weitere einsame Dichter in der Pension eines ähnlich rätselhaften, scheinbar «natürlichen» Todes gestorben seien. Es wird schnell klar, dass der musizierende Neffe für die Morde verantwortlich ist und dass seine zwei Tanten (in einer Persiflage auf «Arsen und Spitzenhäubchen») mit ihm unter einer Decke stecken. Das Motiv der Taten spielt in unserem Zusammenhang keine Rolle, aber die Methode des komponierenden Mörders hat es in sich. Die Geschichte offenbart nach und nach, dass seine Musik der Schlüssel zu den geheimnisvollen Todesfällen ist.

In privaten Forschungen in der Pension Isabel hat der Neffe herausgefunden, dass das Leben von uns Menschen, ebenso wie das von einsamen Dichtern, nach musikalischen Gesetzen strukturiert ist. Die musikalische Struktur eines Individuums lässt sich im Detail anhand seiner physiologischen Rhythmen registrieren. Um die Daten zu entschlüsseln, ist es am einfachsten, die Messungen der Rhythmen in Musik zu übersetzen, und man kann das Ergebnis der Untersuchung dadurch zum Beispiel als Klavierstück spielen. Das Leben, die Psyche und auch die Schwachpunkte jedes einzelnen Dichters, der in die Pension Isabel gerät, werden auf diese Weise hörbar gemacht. Als echter Bösewicht veröffentlicht der musikalische Neffe aber seine phantastische Entdeckung nicht, sondern missbraucht sie aus Rachsucht an den unschuldigen Opfern. Er hat nämlich auch beobachtet, dass das Hören von Musik einen Menschen psychisch und physisch beeinflusst. Aus der musikalischen Struktur eines Menschen hat er gelernt, präzise abzuleiten, wie dieser Mensch auf Musik im Allgemeinen und auf seine eigene Musik im Besonderen reagiert. Deshalb kann der Übelwollende aus dem EKG und dem EEG ein neues Stück komponieren – die «Antimusik», wie es im Hörspiel heißt. Ein Stück, das auf den nichts ahnenden Dichter so zugeschnitten ist, dass es seine Psyche quält, seine Physiologie Stück für Stück verstört und seinen Körper schließlich tötet.

Die neuartige Komposition ist aber nicht mit einer einzigen Messung und auf einen Schlag fertig zu stellen. Sie ist ein mehrstufiger Prozess. Mit einem ersten Datensatz findet der Neffe nur eine grobe Annäherung an eine Antimelodie oder ein Antithema. Dieses Thema spielt er seinem Urheber vor. Aus seiner Reaktion erstellt der Komponist eine neue Version, die dem Ziel der Zerstörung etwas näher liegt. So muss er die Komposition anhand täglicher Messungen immer neu auf ihr Ziel hin verbessern und in ihrer Wirkung verfeinern. Es gibt Phasen, in denen der angegriffene Körper noch stark genug ist, Gegenstrategien zu entwickeln, um die Wirkung der Musik aufzuheben und eine Flucht vor der sich anbahnenden Katastrophe zu suchen. Dann ist es entscheidend, dass sehr viele verschiedene Messungen genaue Auskunft über seine Aktivität geben. Die emsigen Tanten verstecken dafür empfindliche Mikrophone im Zimmer ihres Dichters und registrieren auch seine Atemzüge während des Schlafes und seine Bewegungsgeräusche, während er nachts im Zimmer auf- und abgeht, weil er nicht schlafen kann. Sein Zustand verschlechtert sich. Die Tanten selbst und der Neffe bleiben aber von dem für den Dichter immer qualvolleren Klavierspiel unbeeinflusst, weil ihre Körper und Psychen selbstredend musikalisch anders strukturiert sind und auf die Komposition nicht ansprechen.

Ein wichtiges Detail für den Erfolg der Antimusik ist die geborgene Isolation des Dichters. Es muss sichergestellt sein, dass er sich um nichts zu sorgen braucht, dass sein Tagesablauf nicht unvorhergesehen durcheinander gebracht wird und dass auch sonst alle irritierende Ablenkung durch menschlichen Kontakt mit der Außenwelt unterbunden ist. Nur so erlahmt seine Lebenskraft und schwächt sich sein Überlebenswille im Banne der Musik. Nur so fehlt es ihm im kritischen Augenblick an Trotz, Widerstand und Abwehrkraft, denn die Antimusik als gehörte Musik, als wahrgenommener Schall kann seinen Körper selbstverständlich nichts anhaben. Um zu wirken, um zu schaden und um schließlich den ganzen Körper in die Knie zu zwingen, muss die Musik körpereigene Schwachpunkte stimulieren. Sie muss die selbstzerstörerischen Triebe und Tendenzen entfalten und verstärken. Das Verfahren ermöglicht den perfekten Mord. Der Tod kommt aus dem Körper des Opfers, die auslösende Musik ist bald verklungen, und mit Hilfe der Messprotokolle von EKG und EEG «zur Überwachung der Gesundheit» lässt sich nichts beweisen. Mehr noch, der Neffe könnte sein «Stück für einen einsamen Dichter» sogar öffentlich aufführen und auch daraus ließe sich nichts erkennen. Die Verbindung zwischen der Musik und ihrer Wirkung ist so vergänglich wie die Musik selbst. Nach dem Tod des Opfers ist sie nicht mehr rekonstruierbar.

Der Gedanke des Mordes mit der Musik des Körpers ließe sich fiktiv sogar noch extremer gestalten, wenn man fragt, ob man nicht sogar auf den komponierenden Mörder verzichten könnte. Ist eine Situation denkbar, in der ein Opfer die zerstörende Musik *selbst* komponiert? Eine durchperfektionierte, von aller Mühsal befreite Lebenswelt (im Sinne der erwähnten Vision der Konzernmanager), in der ein überwachter und rhythmisch analysierter Mensch so manipuliert werden kann, dass er seine musikalische «Antiunterhaltung», ein destruktives Musik- und Fernsehprogramm auswählt und sich dabei, ohne es zu wissen, selbst zugrunde richtet?

Solche die Grundidee weiterführenden Gedanken sind wichtig, weil das Hörspiel «Pension Isabel» von Christina Calvo zuletzt noch eine Möglichkeit vorschlägt, wie dem Treiben des Neffen zumindest im Prinzip begegnet werden könnte, sobald das Opfer Verdacht wittert. Der Bruder des ermordeten Dichters mietet sich inkognito in der Pension ein, um den mysteriösen Todesfall aufzuklären. Auch ihn untersuchen und überwachen die Tanten, auch für ihn komponiert der Neffe ein Antistück. Durch die geschickten Ermittlungen geraten alle physiologischen Messungen sowie die auf Band aufgezeichneten Kompositionen zur Ermordung des Bruders in die Hände eines Musikwissenschaftlers. Dieser analysiert in mühevoller Kleinarbeit das Material und knackt den musikalischen Code des Neffen und ist dadurch in der Lage, eine «Anti-Anti-Musik» zu komponieren, die die negative Wirkung der Antimusik gerade aufheben soll. Das neue, diesmal als heilend gedachte Stück wird dem Bruder vorgespielt, der zwar den Angriff des Neffen durch das Antistück überlebt, aber schwer krank und angeschlagen in ein Krankenhaus kommt. Doch der Musikwissenschaftler hat Pech. Als der Bruder die auf ihn abgestimmte Anti-Anti-Musik hört, erstarrt er augenblicklich und fällt in ein tiefes Koma, aus dem er nicht mehr erwacht.

Krankheit und Musik

Eine Patientin, die an der parkinsonschen Krankheit leidet, hat jede Mobilität verloren und ist steif geworden wie eine hölzerne Puppe. Es widerfährt ihr, dass sie beim mühsamen Laufen auf dem Korridor ohne Vorwarnung erstarrt und sich in keiner Weise mehr bewegen kann. Für ihren Willen steht die Zeit still. Der Körper gehorcht nicht mehr. Als lebende Statue steht sie da – es gibt kein Vorwärts, kein Zurück. Sie ist ihrem Körper hilflos ausgeliefert. Dabei ist die «Befreiung» erstaunlich einfach: Sobald jemand ihre Hand berührt, erwacht die Statue. Und wenn jemand dann mit ihr und neben ihr läuft, kann die Patientin, die dies *sieht*, auf einmal wieder selbst laufen. Nicht geschoben oder gezogen, auch nicht im selben Schritt wie ihr Erwecker, sondern im natürlichen Gang. Die Betrachtung der Schritte neben ihr lässt sie ihren eigenen Schritt finden und ihren eigenen Weg gehen.

In seinem Buch «Awakenings» beschreibt Oliver Sacks mehrere spektakuläre Fälle der Wirkung von Rhythmen auf den Körper von Patienten, die an der parkinsonschen Krankheit leiden. Parkinsonismus ist eine Störung der Gehirnaktivität, welche die Bewegungen des Körpers vom freien Willen abkoppelt. Die Patienten können sich Bewegungen vorstellen und sie auch «wollen», aber ihr Leib gehorcht ihnen nicht. Im fortgeschrittenen Stadium können sie manchmal gar keine gezielten Bewegungsfolgen mehr ausführen. Es gibt Kranke, die dann jede Beweglichkeit verloren haben und sich praktisch kaum noch selbst bewegen, und es gibt solche, die sich unablässig, getrieben und überhastet bewegen, ohne dass sie dies wollen und ohne dass sie wissen, warum sie es tun. Der motorische Apparat beider Gruppen ist nicht mehr von der willentlichen Planung ansteuerbar. Im Allgemeinen ist die parkinsonsche Krankheit nicht heilbar. Gewollte rhythmische Bewegung wie das Tanzen oder das Schreiben mit einem Bleistift werden im Gehirn in den *Basalganglien* koordiniert. Komplizierte Wechsel von Erregung und Dämpfung nervlicher Aktivität bereiten die rhythmische Kontraktion und Entspannung der Muskulatur vor. Bei der parkinsonschen Krankheit ist ein Teil der Basalganglien zerstört, der diesen Wechsel dirigiert. Deshalb sind komplexe Bewegungen zwar im Prinzip noch möglich, aber ihre bewusste Ausführung ist erschwert oder sogar unmöglich.

Ein zweiter Patient, der praktisch völlig unbeweglich ist und nicht mehr gehen kann, beginnt gelenkig und mit Würde zu reiten, sobald er die Bewegungen eines Pferdes unter sich *spürt.* Ihm reicht es nicht, zu sehen, er muss auf dem Rücken des Tieres sitzen. Auch hier teilt sich dem Patienten ein «fremder» Rhythmus mit, und es wird von einem Moment zum nächsten offenbar, dass seine Fähigkeit zur Selbstkoordination der Bewegungen keineswegs verloren ist. Sie arbeitet nur nicht von allein, sondern braucht den Stimulus, in seinem Fall am Gesäß und an den Beinen.

Eine weitere Patientin fällt häufig in Krisen. Sie verkrampft, verbeißt sich in sich und ruckt wütend. Die Krise lässt sich nicht verhindern. Hat sie einmal begonnen, muss sie durchgestanden werden. Mit einer Ausnahme: Hört die Patientin während einer Krise eine weiche, getragene Musik, dann lösen sich die Symptome auf. Wie durch Zauberei verschwinden die Krämpfe, die Wut wird zum Lächeln und die Arme beginnen flüssig und leicht die Musik zu dirigieren. Und wenn sie gar aufsteht, um zu tanzen, ist die verspannte Aggression der Krise eine Minute davor schon gar nicht mehr vorstellbar.

Musik ist aber nicht gleich Musik. Schnelle Lieder oder hart akzentuierte Stücke beeinflussen die Patienten auch, aber weit weniger positiv. Sie lassen sie springen und rucken wie eine Marionette, sie machen sie zum Sklaven des Rhythmus. Nur behutsames melodiöses Fließen erlaubt ihr die Freiheit der *eigenen* Bewegung.

Die drei Beispiele beweisen eine dynamische Komponente der parkinsonschen Krankheit. Die natürliche Bewegung ist nicht mehr koordinierbar. Doch wie bei der katatonischen Patientin, die mit dem Hokey Pokey wieder erwachte, regeneriert sie sich durch die Wahrnehmung eines speziellen Rhythmus. Die Wahrnehmung kann eine Berührung, sie kann visuell oder akustisch sein. Die Stimulation ist bei jedem Patienten verschieden, aber die Erfolge ähneln sich. Anders als beim Taschenmonster Pikachu, anders als bei den induzierten Attacken der Migräne und Epilepsie operiert die Wahrnehmung hier konstruktiv. Epileptische Anfälle lassen sich durch rhythmische Stimulation auslösen. Das leuchtet ein, denn die Stimulation arbeitet wie ein Schrittmacher, der die massenhafte Synchronisation von Nerven beschleunigt. Der Rhythmus unterstützt die Krankheit. Doch auch bei der Epilepsie ist Musik nicht gleich Musik. In einer Studie an der Universitätsklinik von Chicago wurde einer Gruppe von Epileptikern klassische Musik vorgespielt. Während die Patienten zuhörten, hatten sie im Schnitt weniger und schwächere Anfälle als in Zeiten ohne Musik. In diesem Fall konnte die Musik offenbar mit dem Zentrum der Anfälle im Gehirn erfolgreich konkurrieren und das Gehirn in seiner gesunden, Epilepsie vermeidenden Arbeit unterstützen.

Die eingangs beschriebene «Statue»-Patientin hat noch einen zweiten Weg entdeckt, um sich ihrer Starre zu entledigen. Einen Anstoß dazu kann sie aus der *Vorstellung* von Musik holen. Wenn ihr in ihre Bewegungslosigkeit hinein ein Lied einfällt, ein altbekanntes, gern gehörtes, vielleicht sogar eines, zu dem sie früher gern getanzt hat, dann zerbricht die Starre, dann lebt ihre Beweglichkeit und ihre frühere Art sich zu bewegen wieder auf, und für ein paar Minuten kann sie zu sich selbst, zu ihrem früheren Selbst zurückkehren. In dem Augenblick aber, da das

Lied zu Ende ist und die Musik in ihrer Vorstellung verstummt, fällt sie wieder zurück in die stumpfe resignierte Starre.

Der eigenartigste Fall ist ein Patient, der zwei extreme Parkinsonsymptome in seinem Körper vereint. Seine linke Körperhälfte ist starr und bewegungslos. Seine rechte Hälfte ist zwanghaft zuckend und motorisch übererregt. Die widersprüchlichen Symptome haben sich den Körper aufgeteilt. Sobald er beginnt, Klavier oder Orgel zu spielen (was er gelernt hat), verlieren beide Körperhälften ihr ungewöhnliches Verhalten, und der Körper wird und bleibt während des ganzen Spiels eine einheitlich koordinierte Einheit. Wenn das Spiel endet, stellen sich die alten Symptome in jeder Körperhälfte spontan wieder ein, links starr und rechts nervös zuckend.

Auch in den zwei zuletzt genannten Beispielen ist die regenerierende Wirkung von Musik auffällig. Doch die Fälle haben gegenüber den vorhergehenden eine neue Qualität: Die Musik kommt nicht aus dem Radio, von einem CD-Spieler oder von irgendwo her. Sie wird vom Patienten selbst geschaffen. Sei es mit Händen und Füßen am Instrument oder durch virtuose Imagination, die Musik entsteht da, wo sie auch wirkt. Sie ist Teil des Körpers.

Von Friedrich von Hardenberg, mit Künstlernamen Novalis, ist der Aphorismus überliefert: «Jede Krankheit ist ein musicalisches Problem.» Mit Blick auf Melodie oder Harmonie lässt sich der Aphorismus nur als Sinnbild deuten, etwa dahingehend, dass sich die physiologischen Prozesse des Körpers «harmonisch» zusammenfügen sollen, und dass «Dissonanzen» oder «Disharmonien» dieser Prozesse den «Zusammenklang» stören und Krankheiten verursachen. Bezogen auf den Rhythmus als dritten Bestandteil der Musik kann der Aphorismus auch konkret gedeutet werden. Die physiologischen Rhythmen haben tatsächlich musikalische Qualitäten. Krankheiten, bei denen diese Qualitäten gestört sind (dynamische Krankheiten), werden daher auch zum «musicalischen Problem».

Als Ziel seiner Therapien nennt Oliver Sacks, den Parkinsonpatienten die natürlichen Rhythmen ihrer Bewegung wieder zurückzugeben. In den Beispielen dieses Kapitels ist dies zumindest vorübergehend gelungen: mit Musik selbst oder mit visuellen Eindrücken und Berührungsreizen, die eine musikalische Qualität besitzen. Wenn es gelingt, diesen Ansatz auszubauen, dann ist das Rhythmisch-Musikalische, das im Körper so allgegenwärtig ist, nicht nur ein wesentlicher Teil des Problems – es wäre auch der natürliche Ausgangspunkt für eine «musicalische Lösung» des Problems. Könnte der fiktiv komponierende Neffe aus der Pension Isabel nicht ein realer Wissenschaftler sein, der die Absicht hat, zu helfen statt zu töten?

Ein Nachschlag

Das Schlusswort. Auch wenn das Nachdenken über Rhythmen ebenso wenig stoppen wird, wie der Rhythmus selbst. Es ist nur ein vorläufiger Schlusspunkt, bevor es wieder von vorne beginnt.

Wohin haben die Überlegungen, Experimente, Beispiele und Vertonungen geführt? Keine Lösung für das Problem des plötzlichen Herztods! Hatte es nicht damit angefangen? War das nicht der Einstieg gewesen? Das Rätsel des Naheliegenden, Alltäglichen und Vertrauten – ein (impliziter) Aufruf an die Wissenschaft, doch bitte eine neue Idee beizusteuern, mit der die Herzrhythmusstörungen besser interpretiert und therapiert werden können. Statt einer Antwort sind die Gedanken abgeschweift. Statt einer Lösung tauchten immer neue Beobachtungen und verwandte Probleme auf. War es wie in einem Krimi, der mit einem Mord beginnt, um den Leser neugierig zu machen, und dessen Spurensuche zu nichts anderem führt, als dass man feststellt: Ja, der Mord ist tatsächlich ein interessantes Problem? Man sollte ihn aufklären! Nein. Es war nicht das Ziel des Essays, dieses ausgewählte medizinische Problem zu lösen. Die Idee war, herauszufinden, was es mit dem Rhythmus auf sich hat und was der Wissenschaft fehlt, um ihn in einem zu Beginn unmusikalisch erscheinenden Forschungsthema (der Physiologie des menschlichen Körpers) dingfest zu machen. Den «Mörder» haben wir nicht gefunden. Aber der Rhythmus hat sich als ein *Thema* entpuppt – für die Wissenschaft vom Menschen und für die Medizin. Ein heißes Eisen. Eines, das man heute, fünfundsiebzig Jahre nach der Einführung der Homöostase, zu schmieden beginnen kann.

Ein Kompliment geht an Aristoxenus. Er ließ keinen Zweifel daran, dass ein Rhythmus, der den Namen verdient, seine Ursache im Tanz, und das heißt, in der Bewegung hat. Er definierte den Rhythmus als etwas, das eine «innere Logik» besitzt, was ich dahingehend gedeutet habe, dass er nicht unbedingt periodisch, aber immer gesetzmäßig sein muss. Ein Schritt hat seine Ursache im vorhergehenden Schritt und ist selbst Ursache für den nachfolgenden Schritt. In gewisser Weise trägt dies den Gedanken der Selbstorganisation bereits in sich. Und schließlich bestand Aristoxenus darauf, dass Rhythmus kommunizierbar sein müsse. Dies folgt aus der inneren Logik, die so beschaffen sein muss, dass sie jedem Menschen einleuchtet. Seine in vielen Details ausgearbeitete Hypothese von den Verhältnissen kleiner ganzer Zahlen habe ich fallen lassen, weil mathematische Exaktheit im menschlichen Körper nie und nirgends zu sehen ist. Aber seine Analyse lässt bereits ahnen, dass musikalischer Rhythmus und die Physiologie des Menschen zusammengehören und dass die innere Logik körperlich sein muss.

Letztlich ist durch den Essay so etwas wie eine neue «Realität» entstanden. Es ist die Welt der klanganimierten Physiologie, des hörbaren Stoffwechsels, der musikalischen Erfahrung von bisher klanglosen, ungehörten Vorgängen. Der Herzschlag war dafür der ideale Aufhänger, nicht nur, weil er auch ohne Vertonung mit dem Stethoskop hörbar ist, sondern weil er (zufällig?) bereits die richtige Frequenz hat, um auch als Rhythmus verstanden zu werden. Bei den Störungen des Herzschlags denke ich daran, durch eine *Kombination* von Auge und Ohr weiterzukommen, zum Beispiel, um das Risiko einer Arrhythmie zuverlässiger abzuschätzen. Weder die Zahl der Extrasystolen noch die Regularität oder Irregularität als solche waren dafür optimal. Durch Schulung des Gehörs für die musikalische Logik der Arrhythmien anhand der Elektrokardiogramme lassen sich möglicherweise neue Kriterien dafür finden, ob an einer Störung zwei oder mehr Schrittmacher beteiligt sind. Nicht, dass dies für einen Kardiologen ein Problem wäre. Das Kunststück ist, die Gefahr bereits im Alltag zu erkennen, sobald sie auftritt, ohne dass dafür erst ein Kardiologe bemüht werden muss. Wenn es eine rhythmische Logik gibt, die zum Herzflimmern führt, muss sie auch zu finden sein.

Aus den Pulsen der Hormone im Blut oder den Aktivitäten im Gehirn entstehen neue, eigenartige akustische Kunstwelten. Ohne die Vertonung bliebe ihre Dynamik stumm. Auch wenn noch kein medizinischer Nutzen aus den rhythmischen Klängen gezogen wurde, muss weiter experimentiert und weitergehört werden. Allerdings wage ich die Behauptung, dass gerade beim Gehirn Erfolge zu erwarten sind, weil es gelingen könnte, den Inhalt seiner Aktivität musikalisch «verständlich» zu machen. Ich vermute, dass der Weg von feuernden Nervenzellen zu einem verständlichen Bild oder zu verständlicher Sprache sehr weit ist, der Weg zur Musik dagegen kurz. Vielleicht lohnt es sich, zumindest ein Stück in die angegebene Richtung weiterzugehen.

«Kann Wissenschaft ein Phänomen wie die parkinsonsche Krankheit verstehen?», fragt Oliver Sacks. Auch er sieht das Problem, dass Naturwissenschaft und Medizin bevorzugt «mit dem Auge» wahrnehmen. Die parkinsonsche Krankheit aber, meint er, habe mehr mit unsichtbaren Vorgängen in der Zeit zu tun als mit visuellen Strukturen. Sie sei ihrem Wesen nach musikalisch. Und in so einem Fall habe es die Wissenschaft mit dem Ohr zu tun. Ich denke, das gilt nicht nur für den Parkinsonismus. Ähnliches lässt sich von vielen rhythmischen Störungen behaupten, die im Text angesprochen wurden. Vor allem aber dürfte auch für den *gesunden* Menschen gelten, dass er musikalisch ist. Denn warum sollte das Musikalische erst mit der Krankheit einsetzen?

Die Idee der Körpermusik, einer möglichen musikalischen Diagnose und gezielten musikalischen Heilung (der menschenfreundlichen Anwendung der «Antimusik») liegt noch im Bereich der Science-Fiction. Sie wirft Fragen auf, die heute noch nicht zu beantworten sind. Gibt es die Körpermusik wirklich? Wie muss man sie vertonen? Kann jeder Mensch seine eigene Musik unter anderen wieder erkennen? Woran kann man entscheiden, ob sie stimmig ist oder gestört? Kann man sie wirklich gezielt beeinflussen? Wie? Durch das Hören von Klaviermusik? Indem man selbst Klavier spielt? Und warum nicht auch durch die anderen (nichtakustischen) Möglichkeiten, die doch ebenfalls im weiteren Sinn «musikalisch» sein können? Durch Bilder oder Filme mit Kontrast-, Helligkeits- und Farbwechsel? Durch Bewegungen, Tänze oder Massagen? Oder gar durch Sex, die lustvollste aller rhythmischen Erfahrungen?

Bei so vielen Fragen dürfte der Sache am besten gedient sein, wenn ihr eine kurze Pause gegönnt wird – damit die Idee neue Anregungen bekommen und sich weiterentwickeln kann, sich erproben und bewähren kann und damit ihr das gelingt, was auch den Rhythmus voranbringt: sich in einem Moment des Innehaltens zu regenerieren und danach den nächsten Schritt, einen neuen Anlauf, eine andere Bewegung zu beginnen.

Dank

Von den vielen Personen, die mir im Laufe der Arbeit zum Rhythmus begegnet sind und deren Beiträge das Thema bereichert haben, möchte ich mich bei einigen namentlich bedanken. An erster Stelle steht Jens Petersen, der ehemalige Betreuer der Science-Reihe beim Rowohlt Verlag, der dieses Projekt angeregt und ermöglicht hat. Nach ihm begleiteten Angelika Mette, Sabine Krecker und Karin Warmer das Manuskript professionell. Der Text bekam seinen Feinschliff von Imke Hoffmann.

Bei den verschiedenen Kapiteln unterstützten mich Valentin Demmel (CAST-Studie), Otto Rössler (Chaos), Klaus Prank und Georg Brabant (Hormone), Rolf-Dieter Hesch (dynamischer Code), Ursula Kummer (Kalzium und Enzyme), Lars Olsen (Enzyme), Gottfried Mayer (Vertonungen), Gerhard Kaufmann (Musik, Vokalimprovisation) und Niels Birbaumer (Biofeedback, Epilepsie). Sven Sahle hat mir durch seine Computerexperimente die akustische Dimension der physiologischen Rhythmen erschlossen und auch die meiste Arbeit an der CD geleistet.

Die Messungen, welche die Grundlage der Vertonungen auf der CD bilden, wurden freundlicherweise zur Verfügung gestellt von: PhysioNet des Massachusetts Institute of Technology (www.physio-net.org – Herzschlag), Hatsuo Hayashi (Kyushu Institute of Technology, Japan – Tintenfischneuron), Sabine Stahl (Tübingen – Wassertropfen), Klaus Prank und Georg Brabant (Medizinische Hochschule Hannover – Wachstumshormon), Jane Dixon und Anne Green (University of Liverpool – Kalzium), Ursula Kummer (EML, Heidelberg – Kalzium) sowie Ulrich Stefani und Andreas Galka (Klinik für Neuropädiatrie bzw. Institut für Angewandte Physik der Universität Kiel). Alle synthetischen Töne wurden als Teil eines Forschungsprojekts von Sven Sahle am Institut für Kunst und Medientechnologie in Karlsruhe produziert.

In der Phase, bevor ich das Thema entdeckte, ermutigten mich Sabine Stahl, meine Eltern, Otto Rössler und Axel Schönbucher, nicht aufzugeben, sondern weiter zu suchen. Die fachübergreifende Bedeutung des

Themas wurde mir während einer Gastprofessur an der Universität Odense in Dänemark bei einem Spaziergang mit Grethe und Maria Schrøder bewusst.

Wunderbare, inspirierende Stunden des Schreibens genoss ich bei der Familie Chen und im Dante Café in Tainan, Taiwan, auf der Terrasse von Carlos Díaz in Cuernavaca, Mexiko, und im Garten von Markus Müller (ebenfalls in Cuernavaca). Markus Müller war auch der hilfreiche erste Leser des Manuskripts.

Meine Ehefrau Su Zhen habe ich eine Woche vor der ersten Recherche für dieses Buch kennen gelernt. Unsere Beziehung war der stets beflügelnde Kontrapunkt zum einsamen Ringen mit den Worten: ein Tanz jenseits aller Theorie.

Verzeichnis der Abbildungen

Abbildung 1: Herzschlag
Original von Sven Sahle, Karlsruhe. Mit freundlicher Erlaubnis.
Abbildung 2: Maurice Escher, Wasserfall
Cordon Art B.V., Exclusive worldwide representative of the M.C. Escher Copyrights; M.C. Escher's «Waterfall» © 2001 Cordon Art B.V.–Baarn–Holland. All rights reserved.
Abbildung 3: Herzzellenaktivität
Aus: K. Goshima, Further studies on preservation of the beating rhythm of myocardial cells in culture. Experimental Cell Research 92, S. 347 (1975). Academic Press Inc. http://www.academicpress.com/
Abbildung 4: Wassertropfen
Aus: D. H. Peregrine, G. Shoker and A. Symon, The bifurcation of liquid bridges. Journal of Fluid Mechanics 212, S. 27 (1990). Cambridge University Press. http://jfm-www.damtp.cam.ac.uk/
Abbildungen 5 und 8: Abstand-Abstand-Diagramme
Aus: Robert Shaw, The dripping faucet as a model chaotic system. Aerial Press 1984, S. 8, 9 und 13. http://www.aerialpress.com/
Abbildungen 6 und 7: Aktivität eines Tintenfischnervs
Aus: Hatsuo Hayashi und Satoru Ishizuka, Chaotic Nature of Bursting Disharges in the Onchidium Pacemaker Neuron. Journal of Theoretical Biology 156, S. 276, 279 (1992). Academic Press. http://www.academicpress.com/
Abbildung 9: Wachstumshormon
Aus: Klaus Prank et al., Self-organized Segmentation of time series: separating growth hormone secretion in Acromegaly from normal controls. Biophysics Journal 70, S. 2541 (1996). Biophysics Society. http://www.biophysj.org/
Abbildung 10: Parathormon
Linke Abbildung aus: Klaus Prank et al., Nonlinear dynamics in pulsatile secretion of parathyroid hormone in normal human subjects. Chaos 5, S. 78 (1995). American Institute of Physics. http://www.aip.org/
Rechte Abbildung aus: Klaus Prank et al., Time series prediction of plasma hormone concentration. Journal of Clinical Investigation 95, S. 2911 (1995). The American Society for Clinical Investigation. http://www.jci.org/
Abbildung 11: Kalzium
Oberer Teil aus: Ursula Kummer et al., Switching from Simple to Complex Oscil-

lations in Calcium Signaling. Biophysics Journal 79, S. 1189 (2000). Biophysics Society. http://www.biophysj.org/
Unterer Teil: mit freundlicher Erlaubnis von Jane Dixon und Anne Greene, Liverpool, UK.
Abbildung 12: Luchse und Hasen
Aus: Karl Sigmund, Games of Life. Penguin Books 1995, S. 46 (ohne Angabe einer Quelle). http://www.penguinputnam.com
Abbildung 13: Karen Hansens Dissertation
Originalphotographie von Dr. Niels Pørksen, Aarhus, DK. Mit freundlicher Erlaubnis.
Abbildung 14: Masturbation
Original: Petersen and I. Stener, An electromyographical study of the striated urethral sphincter ... Electromyography 10, S. 23–44 (1970).
Reproduziert in: Leon Glass und Michael Mackey, From Clocks to Chaos. Princeton University Press 1988. http://pup.princeton.edu/
Abbildung 15: Divergenz
Original von Markus Müller, Cuernavaca, Mexiko. Mit freundlicher Erlaubnis.
Abbildung 16: Alexander
Aus: Alexanders poetische Texte, hrsg. von Leo Navratil. DTV, München 1977. S. 28. http://www.dtv.de/
Abbildung 17: Cluster
Aus: Gabriele Rico, Writing the natural way. G. P. Putnam's Sons, New York 1983. http://www.penguinputnam.com
Abbildung 18: Gehirnaktivität
Aus: Arthur C. Guyton und John E. Hall, Medical Physiology. W. B. Saunders Company 2000, S. 693. http://www.wbsaunders.com/
Abbildung 19: Epilepsie
Aus: A. Babloyantz und A. Destexhe, Low-dimensional chaos in an instance of epilepsy. Proceedings of the National Academy of Sciences USA 83, S. 3514 (1986). http://www.pnas.org/

Literatur

Leopoldo Alas: Das Hustenduett. In: Eine riesengroße Frau. Spanische Erzählungen, herausgegeben von Erna Brandenberger. DTV, München 1998.

Alexanders poetische Texte, herausgegeben von Leo Navratil. DTV, München 1977.

E. G. Brabant und U. Ranft: Pulsatilität von Hormonsystemen als physiologisches Prinzip. In: Endokrinologie, herausgegeben von Rolf-Dieter Hesch. Urban & Schwarzenberg, München 1989.

Christopher Cherniak: Das Rätsel des Universums und seine Lösung. In: Einsicht ins Ich – Fantasien und Reflexionen über Selbst und Seele, herausgegeben von Douglas R. Hofstadter und Daniel C. Dennett. Klett Cotta, 1986.

Leon Glass und Michael Mackay: From Clocks to Chaos – The Rhythms of Life. Princeton University Press, Princeton 1988.

Arthur C. Guyton und John E. Hall: Medical Physiology. 10. Auflage, W. B. Saunders, Philadelphia 2000.

Robert Jourdain: Das wohltemperierte Gehirn – Wie Musik im Kopf entsteht und wirkt. Spektrum, Heidelberg 1998.

R. Klinge: Das Elektrokardiogramm. Thieme Verlag, Stuttgart 1992.

Bernd Lüderitz: Geschichte der Herzrhythmusstörungen. Springer Verlag, Berlin 1993.

Bernd Lüderitz: Herzrhythmusstörungen – Diagnostik und Therapie. Springer Verlag, Berlin 1998.

Friedrich Nietzsche – Werke I (Die Geburt der Tragödie, Unzeitgemäße Betrachtungen, Menschliches, Allzumenschliches), herausgegeben von Karl Schlechta. Ullstein, Frankfurt/M. 1980.

Gabriele Rico: Writing the Natural Way. Putnam's and Sons, New York 1983.

Oliver Sacks: Awakenings – Zeit des Erwachens. Rowohlt, Reinbek bei Hamburg 1997.

Oliver Sacks: Migräne. Rowohlt, Reinbek bei Hamburg 1997.

Ulrich Schnabel und Andreas Sentker: Wie kommt die Welt in den Kopf? Reise durch die Werkstätten der Bewusstseinsforscher. Rowohlt, Reinbek bei Hamburg 1997.

Register

(-Aktivität 192
(-Rhythmus 192
Abstand-Abstand-Diagramm 70 f., 73
→ Tropfenfolge 80
Adrian, E. D. 155 f., 188
Akromegalie 88, 90
Aktionspotenziale 152–154, 188 f., 233 (→ Potenziale, langsame)
irreguläre 190
rhythmische Sequenz 153, 194
Alexander 205–207, 209, 211, 215, 218 f.
Anti-Arrhythmika 15, 51 f. (→ Herzrhythmusstörungen)
Antimusik 247–249, 256
Aristoteles 20, 64
Aristoxenus 20 f., 23, 69, 169, 254 f.
Grundthese 21
Arrhythmie 15, 17 → Herzrhythmusstörung
Atmung 36 f., 39, 114
→ Herzschlag 39 f.
Autokatalyse 96
AV-Knoten 25, 32 f., 46 (→ Schrittmacher; Sinusknoten)
Selbsterregung 33

Basilarmembran 149–151, 153 f.
Belousov-Reaktion 120
Beobachtung 62, 68
→ Gehirnaktivität 68
Moleküle 123
Beutepopulation 132, 134 (→ Räuber-Beute-Modell)
Bewegung, körperliche 19, 64 (→ Körperrhythmus)
→ Fötus 24, 31, 178
Skelettmuskeln 171 f.
Bewegung, rhythmische 13, 22 f., 171–175, 178, 250
synchronisierte 183 f.
Ursache–Wirkung 172
Bewegungsmangel 180
Bewegungsmessung 11, 66–68
alle Bahnen im Universum 66
Bewegungsstörungen 22 f.
Biofeedback 243 f. (→ Videofeedback; Rückkopplung- …)
langsame Potenziale 242–244
Birbaumer, Niels 241, 247
Blinken 164 f.
vertontes 164 f. (→ Vertonung)
Blitzbombe (Pokémon-Cartoon) 226, 228, 234, 239 (→ Epilepsie)
Blutzucker 85 f., 107, 139
Schwankungen 139, 141 f.
Blutzuckerhormon 99
Blutzuckerspiegel 85
«Bogen»-Chaos 80 (→ Chaos)
Brabant, Georg 88, 107
Bray-Oszillator 118 f., 138
Brustkorb-Zwerchfell-System 36
B-Schlag 48
Buckelwale 144, 148

CAST-Studie 52–54
Chaos 76 f., 80, 82, 84, 141 (→ Zufall)
anfängliches 186 f.

«Bogen»-Chaos 80
mathematisches 78, 228
Cherniak, Christopher 235, 237–239
Cheyne-Stokes-Atmung 112–114 (→ Atmung)
Cluster 212–214 (→ Sprachkreativität)
Cortisol 98 f., 108, 114
Crick, Francis 164

d'Ancona, U. 131, 133 f., 137
Darwin, Charles 134
Descartes, René 62 f., 65, 67 f.
Diabetes 86
divergentes System 194–198, 200, 230
«Dizzard-Programm» 234–238
DNS 143, 164, 166
Dreierrhythmus 47, 158, 231
Duda 152
dynamische Gesundheit 113 f.
dynamische Krankheit 112 f., 252 (→ rhythmische Krankheit)
dynamischer Code 107

Eigenwerte, konjugiert komplexe 135
Einerrhythmus 46, 157
Einstein, Albert 179–181
Einthooven, Willem 45
Eisprung 93 f.
Eizelle 13, 127 f.
Elektroenzephalogramm (EEG) 228 f., 230–233, 242, 245
«Pension Isabel» 245, 248
Elektrokardiogramm (EKG) 16, 19, 44–46, 49, 53, 155, 166, 255
«Pension Isabel» 245, 248
Epilepsie 113, 227, 230, 240 f.
neurophysiologische Interpretation 232
epileptischer Anfall 226, 229, 231 f., 240, 242–244, 251
Gegendynamik 241
Musik 251 f.
Potenziale, langsame 241–244
epileptisches Zentrum 233
Erregung, rhythmische 45, 50, 76–78, 158, 242 (→ Oszillation)
→ divergentes System 198
«harte» 175
Herzmuskelzelle 24, 28, 41
Muskel-Rückenmark 176
periodische 158
Witz 238 f.
Erregungssalven 153
Escher, Maurice C. 34 f., 37
Extrasystolen 47 f., 51, 54, 114, 255

Farbumschlag 115 f., 124, 227
Fernwirkungen 68
Feuern → Nervenzelle, feuernde
Fischpopulationen 131, 133 (→ Räuber-Beute-Modell)
Adria 134, 137
Fluktuation 131–135 (→ Oszillation; Tierpopulation)
Fötus 20, 31, 42, 178 (→ Bewegung, körperliche)
Bewegungen 24, 178
Zellschwingungen 31
Frequenzen 78, 146, 150 f., 158 f., 189
→ Herz 33, 38, 172
Frequenzfenster 147

Galilei, Galileo 64 f.
Gehirn 153, 171, 179 (→ Nerven- …)
dynamisch verwundbares 234
Nervenverschaltung 179
Repräsentationen 192, 210

surrealer Blick ins 56
vom Körper geformtes 179
Gehirn, Informationsverarbeitung 155
→ Nervenzelle, feuernde 188
synchronisierte 55 (→ Synchronisation)
Gehirnaktivität 13 f., 68, 166, 190, 193 f., 214 f., 229, 241–243, 250
abnorme 234
irreguläre 160
Orchester-Analogie 187
Schwankungen 242
→ Vertonung 255
Willensentscheidung 177
Gehirnareal 233
Gehirnhälften 177, 179, 199 f.
Gehirnrhythmus 13, 23 f., 153
gehörter 153 (→ Gehör)
rhythmische Codes 192
Gehirnwellen 10, 139
Gehör 160 f., 163, 165 f., 199 (→ Innenohr)
absolutes 195
Evolution 160, 162
irreguläre Rhythmen 165
Gehörkortex 193
Gehörnerven 153
Gigantismus 87, 107
Gilles-de-la-Tourette-Syndrom 22, 217 (→ Tic)
Gleichgewichtssinn 29, 161–163 (→ Innenohr)
Gleichschritt 55
Glykolyse 124
Gödelscher Beweis 235
Graham, Martha 30
gregorianischer Choral 168 f.
Grundfrequenz 172
Grundschlag 47 (→ Herzschlag)
Hansen, Karen Marie 139, 141
Hasen 132 f., 135–137
Hayashi, Hatsuo 73, 78
Hayashi-Zeitreihen 77
Herz
autonom arbeitendes 24
Computermodelle 54
mechanische Pumpe 16 f.
synchronisiertes 54 f. (→ Synchronisation)
Herzflimmern 18 f., 42, 50, 255
Herzinfarkt, überlebter 51
Herzkammer 24, 32 f., 45 f., 50 f. (→ Kammer- …)
Kontraktion 25, 27, 45
Herzkranzgefäße 17
Herzmuskelzelle 24, 28, 32 f., 41, 54, 74
Kontraktion 26, 33, 85 (→ Muskelkontraktion)
kultivierte 41
Herzrhythmusstörung 14, 16, 42, 46 f., 53 f., 166 (→ Arrhythmien; Extrasystolen)
regelmäßige 19
Risiko 255
Therapie 16, 254
Herzschlag 10, 13, 17–19, 27, 31, 36 f., 42 f., 45, 117, 172 (→ Schrittmacher; Sinusknoten)
irregulärer 42
Frequenz 38, 172
Koordination 46, 54
rhythmischer 85, 112, 114
Schwankungen 38 f.
Störungen 18, 41, 53
Herztod, plötzlicher 50 f., 254
Herztöne 85
Hirnanhangdrüse (Hypophyse) 86–90

Hof 215
Hofstadter, Douglas 236–238
Homöostase 142 f., 254
Hormon 87, 109 f. (→ Kontrollhormone; Wachstumshormon)
insulinähnliches 92
Kontrollaufgaben 92, 104 f.
luteinisierendes 93–96, 108
musikalische Struktur 100–103
Zielorgane 86, 107 f.
Hormon-Antikörper-Komplex 92
Hormonausschüttung 10, 55, 85, 93 f., 98, 105 (→ hormoneller Rhythmus)
hormonelle Regulation 92 (→ Kontrollhormone; Kontrollkreis)
hormoneller Rhythmus 86, 89, 97, 100, 109, 112, 166, 255
falscher 108
Muster 85, 92, 94, 110
Ursache einer Störung 96, 108
Hormonkonzentration 94 f., 98
Muster, bizarre 105
Hormonoszillationen 88, 99, 103, 107 (→ Oszillation)
Hormonrezeptoren 86 f.
Hormonschwankungen 91, 107 f., 110 (→ Wachstumshormon, Schwankungen)
als Information 107
gestörte 96, 108 (→ rhythmische Krankheiten)
Hormonspiegel 94, 98, 105, 107
Hormonsystem 13, 98, 103
Rhythmusnetz 103
rückgekoppeltes 93, 173 (→ Rückkopplung)
selbstverstärkende Regelung 93
Hudson Bay Company 135
Hustenduett 111
Informationsverarbeitung 194, 198 (→ Gehirn)
Innenohr 148, 152 f., 159, 199 (→ Gehör)
innere Uhr 95
Input 188 f., 196
fluktuierender 190
konstanter 196
Insulin 99
insulinähnliches Hormon 92

Jamsession (der → Hormone) 104, 109 (→ Kollektivimprovisation)
Jaunde 152
Jodpopulation 138
Joduhr, chemische 115–117, 124

Kalzium 26, 42, 126
in vivo 127
Kalziumoszillationen 127–130 (→ Oszillation)
Signalüberträger 128
Kammer 18, 33, 50 (→ Herzkammer)
Kammerflattern 49, 54
Kammerflimmern 50 f.
Kammertachykardie 19
Katatonie 30, 251
kausale Unregelmäßigkeit 58 f.
Kepler, Johannes 64, 66
klassische Physik 58, 60, 68, 123
Knochenumbau 104 f.
Kollektivimprovisation 101 f., 166 (→ Vokalimprovisation)
Koma und Tod 235, 237
Komplexität 11, 58
rhythmische 81 f., 163
Konkurrenzhormon 92
Kontrollhormon 87 f., 92, 108 f., 166 (→ Hormon- …)
Kontrollkreis 92 f., 96

Kontrollschleife 93, 109, 228
hormonelle 94
Konzentrationsoszillationen 117, 123 (→ Oszillationen)
Konzentrationsschwankungen 125
Kopplung 45, 170, 241
Körperbild 68, 179
Körperrhythmus 13, 22, 30 (→ Bewegung, körperliche)
Arbeitserleichterung 183
organisierter 22, 95, 169
→ Rückkopplungsschleife 106
virtueller 66
wiederholte Ereignisse 20, 169
Kortex 200, 241
auditorischer 199–202 (→ Gehör)
parietaler 179 f.
visueller 193

laplacescher Dämon 67
Lotka, Alfred 118–120, 138 f., 142
Lown, Bernhard 51–53
Luchse 132 f., 135–137
Lüderitz, Bernd 15
Luftdruckschwankung 144 f., 148 f.
luteinisierendes Hormon 93–96, 108

Magen-Darm-Trakt 36 f., 171
Mainen, Zachary 189 f.
Mathematik der Veränderungen 64
Melodien 168–171
Messungen, wissenschaftliche 11, 67, 70, 73
vertonte 144 f., 166 (→ Vertonung)
Mischen 75 f., 78 (→ Zufall)
molekulare Unordnung 124
Molekülbeobachter, hypothetischer 123
Molekülsorten, sich selbst vermehrende 118, 138
Musik 22, 168–171, 251 (→ Antimusik)
gemeinsames Singen 182–184
→ Gehirn 185
→ Hormone 100–103
Manipulation durch 14
regenerierende Wirkung 252, 256
Muskelbewegung 171–175, 180–182
Muskelkontraktion 11, 26, 35, 41, 171
Muskelzucken 11, 175 f., 181, 233

Naturgesetz 66
→ kausales 123
Nebenniere 85
Nebennierenrinde 99
Nerv (→ Tintenfisch)
Informationsübertragung 155
Nervenimpulse 155
Nervensignale 186
Nervensystem, vegetatives 38 f.
Nervenverbände → Nervenzellverbände
Nervenzellen 82, 146, 154, 156 f., 162
als Pulsgeber 154 f.
Eigenfrequenz 158 f.
Orchesteranalogie 204
→ Oszillation 156, 159
Reizung 156, 171
sich selbst erregende 37, 195, 215
Nervenzellen, feuernde 72–74, 82, 147, 152 f., 163, 174, 188 f., 191, 256 (→ Wasserhahn, tropfender)
Gehirninhalt 191
«Gewitterregen» 82
irregulär 72 f., 75, 189, 191, 215
periodisch 72 f.
simultan 193
Tonerzeugung 147 (→ Vertonung)
Nervenzellen, Rhythmus 74, 139, 147, 155, 159 (→ Nervenfeuern)

gekoppelter 193
irregulärer 143, 156
synchronisierter 232 f. (→ Synchronisation)
Nervenzellverbände 166, 188, 190–192, 195, 232 f., 240
desynchronisierte 233
sich hemmende 82
neuronaler Code 190
Newton, Isaac 63, 65 f.
newtonsches Weltbild 65 f., 75 (→ klassische Physik)
Nichtrhythmen 59
Nietzsche, Friedrich 30, 180
Notenständer 182–184, 220

Ohr → Gehör, Innenohr
Onchidium 73 (→ Tintenfisch)
Orchester-Analogie 187, 204
Osteoporose 104–106
Oszillation 39, 76–78, 109, 130, 133–136, 140, 154, 197 (→ Erregung)
als Störung 159
Artefakt 125
biochemische 119, 124 f., 130
Kalzium 127–130
periodische 124, 173, 234
spontane 117, 119–121, 124
Oszillator 46, 157
elektrischer 32 f.
oszillierender Zuckerabbau 120

Parathormon 100, 104–106
parkinsonsche Krankheit 22, 249 f., 252, 256
Peripathetiker 20
Pien Tse Io 21
Pikachu 226, 239, 251 (→ Blitzbombe)
Planetenbahnen 66, 141
Population 133 (→ Tierpopulation)
Fische in der Adria 131–134, 137
→ Oszillation 133
Populationsschwankungen 118, 133–135, 137
Potenziale, langsame 241–244 (→ Aktionspotenziale)
Potenzialschwankungen 228
Potenzialstoß 25, 31, 40
Prechtl, Heinz 178
Progesteron 99
Protonenkonzentration 121–123
Puls, menschlicher 21, 33, 38 f. (→ Herzschlag)
musikalisch verstandener 16
Pulse 74, 76, 99, 109, 154–156, 166 (→ Spikes)
Abstände zwischen 78, 156
irreguläre 99
Tonzuordnung 156 (→ Vertonung)
Pythagoräer 20 f.

Quantentheorie 58, 67

Räuber-Beute-Modell 132, 134, 136–138
Räuberpopulation 132 f.
Regelkreis 94–96, 106, 114, 142
Relativitätstheorie 58
Resonanzphänomene 203 f.
rhythmische Ereignisse 24, 198, 230, 256
Informationen im → Gehirn 13
rhythmische Katastrophe 45, 54
rhythmische Krankheit 14, 108, 256
rhythmische Logik 152
rhythmische Strukturen 56, 73
rhythmischer Code 110, 192 f.
rhythmisches Prinzip 143

Rhythmus 11, *passim* (→ Herzrhythmus- …)
Absprache 54
Definition 23
Druck, evolutionärer 161
EEG 230
Kalzium 128–130
Melodien 168–171 (→ Musik)
Ordnung 19
→ Tropfen 69
Ursache 86, 142
Rhythmus gebende Geräusche 150 f.
Rhythmus, Eigenschaften
antrainierter 200
de novo erzeugter 131
fremder 170, 250
irregulärer 74, 77, 79, 165 f. (→ Chaos)
kollektiver 191 f., 183 f.
musikalischer 10 f., 20, 247, 255 (→ Musik, Vertonung)
sich selbst stabilisierender 87
synthetischer 78
ultradianer 98 f.
wissenschaftlich erforschter 10–12
Rhythmus, wahrgenommener 151
akustisch 144–147
haptisch 146
visuell 146, 164, 167
Rhythmusgenerator 56, 74, 76, 79
chaotischer 81
klassischer 96
Rhythmuslosigkeit 168 f.
Rhythmusmischmaschine 76, 78
Rhythmustheorie, antike 169 f.
Rhythmusverarbeitung 202
Rhythmuswechsel 114
Rico, Gabriele 211–214
Rilke, Rainer Maria 23
Rössler, Otto 58, 75 f., 82
Rückkopplung 92, 97, 108 f., 173 (→ Biofeedback; Videofeedback)
negative 93 f., 96, 98, 112
positive 93, 96, 98
Rückkopplungsmodell, idealisiertes 97
Rückkopplungsschleife 112, 166, 243 f.
außer Kontrolle geratene 113
künstliche 244
stammesgeschichtlich alte 176

Sacks, Oliver 249, 252, 256
Schaukeln 181 f.
Schilddrüse 85, 100
Schizophrenie 113, 206, 218 (→ Alexander)
Schreibexperimente 211–214 (→ Sprachkreativität)
Schritt 20 f. (→ Bewegung, rhythmische)
Schrittmacher 13, 34, 37, 39, 41 f., 46, 54, 124, 172, 233, 251 (→ Herz- …)
autonomer 36
konkurrierende 50, 166
zweiter 33, 47, 49
Schrittmacher-Nerv 73
Schübe 88–90, 94–97
Sejnowsky, Terrence 189 f.
Sekundärtropfen 79 (→ Tropfen- …)
Selbstbeschleunigung 32, 93, 96
Selbsterregung 33, 46, 96 (→ Erregung)
Selbstreferenz 235–237
Bewusstsein 237
Selbstrepräsentation 180
Selbstvermehrung 120, 143
Selbstverstärkung, destruktive 237
Shaw, Robert 56, 62, 70, 73, 78
Sinusknoten 25 f., 31–33, 40, 45–47, 49 f., 96, 172

dynamischer 31, 135
Somatostatin 90, 93
Sperma 127 f.
Spikes 69 f., 74, 76–79, 188, 191, 195 f., 231
Abstände zwischen 189
gekoppelte 191
zeitliche Struktur 188
Spinne, fünfbeinige 160
Spracherkennung 152
Sprachkreativität 14, 22, 207, 211–214, 219
Stolperrhythmus 42, 55, 58 f., 81
Störfrequenz 158 f.
Störsignale, periodische 156, 160
Synchronisation 55, 183 f., 193
Herz 54 f.
Nerven 251
rhythmische 232
Synkopie 48

Tabula rasa 178
tagesrhythmische Schwankungen 95
Takt 22, 49, 169
unregelmäßiger 76
Tanz 11, 19 f., 30, 55, 250 (→ Veitstanz)
als Therapie 30
exzessiver 174
«hinkender» 76
kollektiver 29
Tänzer, Kommunikation mit 30
Tanzprozession 29
Tarantismus 29
Teilchen 116 f.
Teilchenbahnen 67
Thermodynamik 65
Zweiter Hauptsatz 119, 123
Tic 22 f., 217
Tierpopulation (→ Population)
Fischpopulation 131, 133
Fluktuation 13, 131, 133, 141
Tintenfisch 13, 72 f., 154
Nerv 78, 154, 188 (→ Nervenfeuern)
Triole 232
Trommelfell 149 f., 159 (→ Gehör; Innenohr)
Trommelsprache 152, 189
Tropfen 192 (→ Wasserhahn, tropfender)
Abstand 70 (→ Abstand-Abstand-Diagramm)
Detergens 81
Fließgrenze 62
Messung 59 f., 81
(un)regelmäßiger 58, 76, 79–82
Tropfenbildung 58
naive Vorstellung 61
tropfendes Geländer 82
Tropfensequenz 61, 75, 79–82

ultradiane Dynamik 99
Ursache und Wirkung 66, 172 f.
Urzeugung 115 f., 119

Veitstanz 23 f., 217 (→ Tanz)
Verstolpern 55, 81 (→ Stolperrhythmus)
Vertonung 166
Blinken 164 f.
Gehirnaktivität 255
Hormone 100
Nervenzelle 147
Pulse 156
Videofeedback 236 f. (→ Biofeedback; Rückkopplung)
Viererrhythmus 50
Vierertakt 157 f.

Vokalimprovisation 219–225 (→ Kollektivimprovisation)
Volterra, Vito 131–133, 135, 138 f., 142
Volterra-Modell 135–140
Voraktivierung 217 f.
Vorhof 25, 33, 46, 50
  Erregung 45, 50, 158
  Kontraktion 27, 45

Wachstumshormon 86 f., 89 f., 94 f., 108, 166 (→ Hormon- …)
  Kontrolle 90, 93
  Konzentration im Blut 88–90, 105
  → Schübe, tägliche 114
  Schwankungen 88, 90
Wasserhahn, südindischer 83 f.
Wasserhahn, tropfender 13, 56–61, 65, 69 f., 73 f., 78 (→ Tropfen)
  biochemisches Pendant 121
  regelmäßig 70 f.
  «Rückhang» 79
  Stellung, veränderte 60, 75
  Theorie 82
  unregelmäßig 75, 79
Wassertropfen → Tropfen
Watson, James 164
wechselseitige Interaktion 132, 136
Wechselspannung 145, 154
Wechselspannungsgenerator 145
Wille, freier 176 f.
Wolf, Marshal 51–53
Worterweckung 152, 189

Zählzeiten 22, 169
Zeitraffer 148
Zelle 125–127 (→ Herzmuskelzelle)
  dynamisch isolierte 188
Zellteilung 126 f.
Zufall 75 f.
  echter 76
Zwergwuchs 87, 107